Neue Auflage   Mai 2018
Verlagsanschrift   Kreuzstraße 23 D-91077 Neunkirchen
                      Deutschland
e-mail   helmut.moldaschl@gmx.net
Satz und Layout   *IPM Edition*

Bibliografische Information der Deutschen Nationalbibliothek:
Die Deutsche Nationalbibliothek verzeichnet diese Publikation in der
Deutschen Nationalbibliografie. Detaillierte bibliografische Daten sind im
Internet über http://dnb.dnb.de abrufbar.

Illustration:	*IPM Edition*
Translation:	*IPM Edition*
Bildnachweise:	*IPM Edition*

Herstellung und Verlag:
© 2018   ISBN 9783752859751
BoD – Books on Demand, Norderstedt

Diagnose Magenkrebs
Eine Autobiographie

Helmut Moldaschl

Meinem Professor Werner Hohenberger
Meiner Tochter Caroline
Meinem Freund Axel   + 2018

Inhalt

Geleitwort

Der Magenkrebs stellt trotz generell abnehmender Anzahl der Neuerkrankungen, allerdings bei relativer Zunahme der Tumorlokalisation im oberen Magendrittel, weltweit weiterhin eine der häufigsten Todesursachen unter den bösartigen Tumoren dar.

Somit hat sich in den letzten 20 Jahren die Gesamtprognose trotz Steigerung der kompletten Tumorentfernung (Ro-Resektion) bei gleichzeitiger Senkung der postoperativen Sterblichkeit nicht entscheidend verbessern lassen. Vor allem ist diese Tatsache darauf zurückzuführen, dass in der westlichen Welt auch bei allen Fortschritten in der modernen Medizin mit Einsatz erweiterter diagnostischer Maßnahmen zum Zeitpunkt des Therapiebeginns etwa zwei Drittel der Patienten ein lokal fortgeschrittenes bzw. metastasiertes Tumorstadium aufweisen. Im Gegensatz dazu werden z. B. in Japan in mehr als 60 Prozent der Fälle Magenfrühkarzinome nachgewiesen.

Trotzdem ist die Diagnose Magenkarzinom nicht zwangsläufig mit einem Todesurteil zu vergleichen, wie es der Autor dieses Buches als direkt Betroffener beschreibt. Sicherlich sind die Sorgen und Ängste eines Patienten und der direkten Angehörigen in einer solchen Ausnahmesituation nur zu verständlich, um so mehr, wenn man sich bei einer sehr differenzierten Persönlichkeitsstruktur in den modernen Medien entsprechend weiter informiert und logischerweise die Angaben zu dieser Erkrankung als Nichtmediziner in Relation zu den eigenen Erfahrungen aus den Naturwissenschaften setzt.
Solche Schlussfolgerungen sind aber äußerst problematisch bzw. zu pessimistisch, da sich die Behandlung des Magenkarzinoms in

einem Umbruch befindet, mit dem Ziel, den Patienten möglichst individuell optimale Therapieverfahren anbieten zu können. Dieses gilt sowohl für die lokal kurativen Maßnahmen in frühen Tumorstadien als auch für die mehrschichtigen Behandlungsansätze (Chemotherapie, ggf. Strahlentherapie einschließlich Operation) bei fortgeschrittenen Tumoren. Grundvoraussetzung für eine solche maßgeschneiderte Behandlung ist die möglichst exakte Erfassung des jeweiligen Krankheitsstadiums durch eine erweiterte Diagnostik, z. B. der vorgeschalteten Bauchspiegelung. Durch eine solche Untersuchung kann auch die Indikation zum Einsatz einer präoperativen (*Neoadjuvanten*) Chemotherapie gestellt werden. Angestrebt wird dabei eine Verkleinerung des Magenkrebses, damit eine vollständige Entfernung des Tumors möglich wird. Bisher vorliegende Ergebnisse zu diesem Vorgehen haben gezeigt, dass bei effektiver lokaler Tumorkontrolle – dies beinhaltet unverändert die Durchführung einer Ro-Resektion – und gleichzeitiger Kontrolle okkulter (verborgener) Tumorabsiedlungen die Prognose verbessert werden kann. Diesen Prozeduren hat sich der Autor unter Toleranz aller Nebenwirkungen unterzogen und erfreulicherweise konnte der Magenkrebs komplett operativ entfernt werden.

Helmut Moldaschl beschreibt in außerordentlich eindrucksvoller Weise die persönlichen Empfindungen und das Wechselbad zwischen Ängsten und Hoffnungen bei Konfrontation mit der Diagnose Magenkarzinom. Imponierend ist dabei die Darstellung zur Aufnahme des Kampfes gegen den Krebs („Sparringspartner"), gestärkt durch die Unterstützung der Familie und enger Freunde.

Der Wille zur Bewältigung der Erkrankung und Wiedererlangung der Leistungsfähigkeit hat siegen können: Der beste Beweis sind die Fotografien der postoperativ durchgeführten Fahrradtouren.

Nicht nur die in der Onkologie tätigen Ärzte, sondern auch andere Betroffene und deren Angehörige werden sich von den Aufzeichnungen im vorliegenden Buch angesprochen fühlen; besonders von der Tatsache, dass es sich zweifelsohne lohnt, den Willen aufzubringen, mit entschlossener Konsequenz gegen die Erkrankung Magenkrebs zu kämpfen, um dann auch eine entsprechende Lebensqualität, vor allem mit dem Grundbedürfnis einer oralen Nahrungsaufnahme, wiedererlangen zu können.

Hans-Joachim Meyer

Prof. Dr. med. Dr. med. h. c. H.-J. Meyer war langjähriger Chefarzt der Klinik für Allgemein- und Viszeralchirurgie im Städtischen Klinikum Solingen.
Seit August 2012 ist er Generalsekretär der Deutschen Gesellschaft für Chirurgie in Berlin.
E-Mail: prof.hj.meyer@gmail.com
Internet: www.dgch.de

Danksagung

Viele Personen, auch viele unbekannte, haben dazu beigetragen, dass ich nun, fast vierzehn Jahre nach der verheerenden Diagnose wieder fit bin und ein normales Leben führen kann.

Ihnen allen bin ich unendlich dankbar:

Meiner Tochter, die in der kritischsten Phase Ruhe bewahrt, meine nervlich zerrüttete Frau aufgerichtet und mich dem alles entscheidenden Chirurgen zugeführt hat. Hätte sie das nicht getan, wäre ich nicht mehr am Leben,

Florian, einem Freund meiner Tochter, der mir in den ersten Tagen und auch später mit Rat und Tat beigestanden hat,

meiner lieben Frau, die das alles viele Wochen ertragen und mir selbstlos beigestanden hat. Für sie und meinen Sohn muss es unendlich schwer gewesen sein, in meiner Gegenwart ruhig zu wirken, kräftezehrende Ereignisse von mir fern zu halten und mich zu unterstützen, ohne die weitere Entwicklung der Situation und ihren Ausgang zu kennen,

meinen Onkologen, die mit ihrer Einschätzung, dass eine weitere medizinische Behandlung ohne eine Operation chancenlos sein würde, diesen lebensrettenden Eingriff durchgesetzt und mir während der Zeit der Chemotherapie mit Sachverstand und Ruhe geholfen haben. Mit ihnen habe ich bis jetzt sehr persönlichen Kontakt,

den Schwestern, Helfern und Assistenzärzten von Chirurgie und Innerer Medizin, die mich in dieser Zeit betreut und mir stets Hoffnung signalisiert haben.

Ich danke Ludwig Köppen, dem Autor des Buches 'Mozarts Tod', der mich bis zu seinem Tod oft in der Klinik angerufen und mir stets Hoffnung gemacht hat,

meinem Freund Max, der mich in besonders hoffnungslosen Zeiten besucht und mich beraten hat. Meinem Jugendfreund Heinz, dem ich mich in einer schweren Stunde anvertraut habe und der mir Hoffnung zugesprochen hat,

meinem Schwiegervater, der mit seinen damals 95 Jahren seine Tochter jeden Tag aus Österreich angerufen und sie immer wieder aufgerichtet hat,

allen, die gedanklich bei uns waren, meine Angehörigen unterstützt und ihnen Last von ihren Schultern genommen haben.

Ich danke meinem Freund Axel, der sich ungemein geduldig die fortwährende Schilderung meiner Befindlichkeit angehört und mich nach meiner Krankheit auf unseren Radtouren durch Deutschland, die Schweiz, Italien und Frankreich begleitet hat. Er ist vor kurzem durch einen überaus tragischen Vorfall gestorben.

Und da ist, vor allen, mein Chirurg, Professor Hohenberger.

Mit seinen überragenden Fähigkeiten hat er mein Leben gerettet. Wohl kaum jemand auf der Welt außer ihm, es wurde mir mehrfach bestätigt, wäre in meinem schrecklich fortgeschrittenen Zustand noch erfolgreich gewesen. Man kann heute sagen, dass er mich geheilt hat, auch wenn man bei Krebs mit einer solchen Feststellung nicht hoffärtig umgehen sollte.

Es war mir stets ein Bedürfnis, ihm von jeder meiner Radreisen eine Karte zu schreiben. In persönlichen Sprechstunden haben wir einiges voneinander erfahren und mittlerweile arbeiten wir an einem gemeinsamen Buch, das die Ansichten von Ärzten und Patienten beschreiben wird.

Die Krankheit

2004 erhielt ich die Diagnose: Magenkrebs.

Es gibt keine Verniedlichung dieser Krankheit, denn das Leben hat damit eine neue, bisher nicht gekannte Wendung erhalten.

In jedem Fall werden Sie bilanzieren. Wie lange wird es noch dauern. Wie wird es zu Ende gehen. Was und wie wird es geschehen. Was wird mit den Angehörigen sein. Habe ich noch eine Chance.

Es wird eine direkte Auseinandersetzung mit dem Tod werden. Fragen über Fragen werden kommen. Unsicherheit. Angst. Der Boden wird Ihnen unter den Füßen weggezogen. Sie werden feststellen, dass alles auf dieser Welt nur geliehen ist, werden alles hinterlassen müssen, von dem Sie gemeint haben, sich niemals davon trennen zu können.

Ab jetzt ist die Frage nicht mehr ob, sondern wann wir sterben müssen. Auch Axel musste es völlig überraschend vor einigen Wochen.

Doch selbst wenn Ihre Chancen noch so gering scheinen, vielleicht als miserabel eingeschätzt werden, durch Verwandte, Bekannte, Besserwisser, Fachleute – niemand von ihnen weiß wirklich, was geschehen wird.

Chancen wird es immer geben, auch wenn die Sache noch so trist aussieht. Sonst würde ich nicht mehr leben.

Das Buch als Hilfe

Krebs ist schrecklich. Man nimmt ihn als existentielle Bedrohung wahr. Als Todesurteil. Man spürt sofort, dass es jetzt ums Ganze geht. Geist und Körper laufen Gefahr, völlig unterminiert zu werden. Und doch wird manches anders sein, als gemeinhin dargestellt. Es wird über diese Krankheit so viel geredet und so wenig gesagt.

Die meisten möchten damit nichts zu tun haben, möchten nicht einmal darüber sprechen, denn sie wollen sich nicht anstecken. Krebs aber ist eine ansteckende Krankheit, denn Angst ist ansteckend.

Es gibt zahllose wissenschaftliche Abhandlungen, mit denen ein verschreckter, eingeschüchterter, demoralisierter Patient nur wenig anfangen kann. Es ist schwierig, kompetente Ansprechpartner zu finden, kaum welche, die Ihnen nach ihrer Krankheit oder währenddessen etwas erzählen möchten. Sie ziehen sich lieber in ihr Gehäuse zurück.

Für mich hingegen war es wichtig über meine Befindlichkeiten erzählen zu können. Diese Haltung hat mir geholfen, die vielen kritischen Phasen psychisch unbeschadet zu überstehen. Auch wenn ich Naturwissenschaftler bin, meine ich, dass wir viele Dinge nicht rational erklären können. Die Psyche muss deshalb in diesem Fall besonders gestützt werden.

Ich werde also frank und frei erzählen. Das Buch beschreibt, wie ich erkennbare Chancen ergriffen habe, es enthält natürlich auch persönliche Details. Ohne solche Freiheiten wäre eine authentische Beschreibung der Ereignisse nicht möglich. Um die persönliche Sphäre von Dritten zu wahren, habe ich Beteiligte und Orte so weit es möglich und nötig war anonymisiert und einige Erfahrungen und Begegnungen sogar weggelassen, weil sie zu persönlich gewesen wären. Damit wollte ich verhindern, dass Erfolge oder Misserfolge, Vorteilhaftes oder weniger Vorteilhaftes aus dem Zusammenhang gerissen oder gar falsch interpretiert werden.

Jeder Krebsfall sei anders wurde mir von erfahrenen Leuten bedeutet, deshalb könne meine Geschichte grundsätzlich nur eine Singularität in der Dimension des unerfreulichen, aber durchaus interessanten medizinischen Gebietes sein. Das ist richtig, und wahrscheinlich wird mein Fall mit Ihrem Anliegen, Ihrer konkreten Situation, Ihrer Krankheit nicht in allen Belangen übereinstimmen. Ich bin aber davon überzeugt, dass es viele allgemeine und vor allem wichtige Elemente gibt, deren Beschreibungen auch auf Sie zutreffen.

Ich kann mir gut vorstellen, wie es Ihnen geht. Jetzt, wo Sie Ihre Diagnose haben. Nur jemand, der das selbst erlebt hat, kann es verstehen. Kein Arzt. Kein Psychiater. Kein Freund. Nicht der Partner. Niemand. Vielleicht die eigene Mutter. Aber auch da bin ich mir nicht mehr sicher. Darum will ich Ihnen nichts vorjammern, denn es gibt genügend Jammerliteratur. Sie sollen sich auch nicht durch viele Seiten hindurchquälen müssen, um letztendlich das Ergebnis zu erfahren. Da eine solche Krankheit die Bedeutung der Lebensereignisse und die Zeit, in der sie stattgefunden haben, in hohem Maße verwischt, werde ich den Verlauf der Krankheit nicht durchgehend chronologisch beschreiben. Die Hoffnungslosigkeit mancher Situationen wird in einer solchen Darstellung durch die positiven Ergebnisse der tatsächlichen Entwicklung relativiert, die Hoffnung gestärkt, und sie ist in allen ernsten Krankheitszuständen ein wichtiges Element zur deren Bewältigung und Heilung.

Sie sollen also schon vorher erfahren, dass es gut ausgegangen ist. Damit soll Ihre Hoffnung gestärkt werden, dass es auch bei Ihnen durchaus so sein kann.

Zu Ihrer Orientierung: Am Beginn jedes Kapitels wird ein ungefährer Zeitpunkt des Ereignisses stehen. Manche Zeitangaben sind genauer, andere vage, denn ich habe kein Tagebuch geführt, sondern mir nur gelegentlich Notizen gemacht, vor allem um keine wichtigen Termine zu vergessen. Ich habe mit dem Buch unmittelbar nach meiner Entlassung aus dem Krankenhaus begonnen. Im Februar 2007 war ich damit schon fast fertig, dann habe ich es ein Jahr liegen lassen. Warum weiß ich heute nicht mehr. Während es entstanden ist, habe ich bereits intensiv Sport betrieben, Wanderungen und unter anderem mehrere lange Reisen mit dem Rad unternommen. Dabei ist der Gedanke gereift, dem Leser zu zeigen, was er neben den Schrecknissen einer solchen Krankheit später auch an Positivem erwarten kann.

Heute geht es mir sehr gut. Ich bin fit, dreifacher Großvater, die Enkelkinder gehen zur Schule. Die ehemaligen Reflux-Erscheinungen, eine Folge des massiven Eingriffs am Bauchfell, sind nach Jahren praktisch verschwunden und ich brauche auch keine Medikamente mehr.

Doch überall Menschen sind zugange und daher kann für keine medizinische Aktion eine Erfolgsgarantie gegeben werden. Der Erfolg, den alle Beteiligten mit ihrer Arbeit, ihrem Wissen und ihrer Einsatzbereitschaft bei mir erreicht haben, spricht uneingeschränkt für sie.

An der Donau im Sommer 1946

Als ich noch klein war, ist meine Großmutter manchmal mit mir an die Donau gegangen.

Wir haben auf der linken Seite des Stromes gewohnt. Das Stadtzentrum Wiens mit dem Stephansdom, dem Parlament, der Universität, der Oper und dem Burgtheater und vor allem dem Riesenrad befinden sich auf seiner rechten Seite. Die Donau in Wien ist ein eindrucksvoller Strom – breit und schnell und unbezwingbar. Wir sind fast immer in der Nähe des Ufers gelaufen. Großmutter hat mir dabei eingeschärft, niemals zu nahe ans Wasser zu gehen: „Wenn du hineinfällst, bist du verloren", hat sie gesagt.

Die Leben der Donau hat mir Respekt eingeflößt. Man hörte den Lärm der zahllosen Steine, die sie auch heute noch vor sich hertreibt. Ich hatte selbst welche hineingeworfen und beobachtet, wie sie verschwanden. Was würde ihr Schicksal sein? Würden sie bis ins Schwarze Meer geschoben, das doch unendlich weit weg war und über das mir mein Vater oft erzählte? Ich hatte mir also viele Gedanken über diese Steine am Grund der Donau und ihren Weg gemacht. Wie lange würde es wohl dauern bis so ein Stein das Schwarze Meer erreichte?

Ich habe zugeschaut, wie die Boote am Ufer ihre Netze in das Wasser gesenkt und sie nach einiger Zeit herausgezogen haben. Man musste geduldig warten, bis die Netze wieder an die Oberfläche kamen. Für einen kleinen Jungen waren einige Minuten eine lange Zeit. Manchmal waren dann Fische im Netz. Sie sprangen wild herum, um wieder ins Wasser zu kommen und taten mir dabei sehr leid. Es musste ein großes Unglück für einen so kleinen Fisch sein, aus diesem riesigen Strom mit einem Netz herausgefischt zu werden.

Warum gerade ich, musste sich der gefangene Fisch fragen, warum wurde gerade ich herausgefischt? Aber es hatte ihm selten geholfen. Er hatte sich einfach seinem Schicksal zu fügen.

Ich war schon einige Male mit meiner Mutter auf der anderen Seite der Donau in der großen Stadt gewesen, aber noch nie auf dem Ufer direkt gegenüber.

Dieses andere Ufer des Stromes war für geheimnisvoll. Man sah den Leopoldsberg mit seiner Kirche, die Hügelkette vom Kahlenberg bis zum Anninger und wenn schlechtes Wetter im Anzug war sah man sogar den Schneeberg. Da waren aber auch dieses große Haus da drüben und eine kleine Siedlung, das Kahlenbergerdörfl, eine Straße auf der Leute gingen und manchmal Autos fuhren. Dieses andere Ufer schien mir unerreichbar weit weg, und es hatte mich immer eine merkwürdige Sehnsucht danach erfasst. Dort drüben war eine andere, unbekannte, unerreichbare Welt. Ob ich jemals diese Welt erreichen würde, dachte ich mir.

Während der Zeit im Krankenhaus musste ich oft an die Donau und an meine Großmutter denken. Irgendwie war ich auf diesem anderen Ufer gelandet. Wie interessant war die Sicht aus dieser völlig anderen Welt auf meine gewöhnliche. Bevor ich dieses andere Ufer betreten hatte, war mir vieles entgangen.

Nun kann ich über dieses andere Ufer erzählen. Die Menschen haben Angst vor diesem Ufer, weil sie sich vor allem fürchten, was sie nicht kennen. Dieses jenseitige Ufer ist nicht schrecklich. Es ist nur ungewöhnlich und es ist sehr interessant.

Wieso gerade ich?

Es gab keinen eigentlichen Beginn meiner Krankheit. Oder vielleicht doch und ich habe ihn nur nicht wahrgenommen. Vielleicht wollte oder konnte ich ihn auch nicht bemerken. Vielleicht waren es zunächst zu kleine Veränderungen, auf die ich hätte achten sollen. Vielleicht haben andere es mitbekommen, es mir aber nicht gesagt. Vielleicht waren es der Beruf, das Essen, das Umfeld, vielleicht nur nebensächliche, alltägliche Gewohnheiten. Stress. Ärger. Vielleicht hätte man, hätte man sollen, hätte man nicht dürfen, hätte man müssen ...

Vielleicht hätte man alles auch vermeiden können, indem man zur sogenannten *Vorsorge* ging. Ich war niemals bei der Vorsorge. Vor-Sorge war für mich stets gleichbedeutend mit Sorge, um die eigene scheinbar unverbrüchliche Gesundheit, die gar nicht das war, für das man sie stets gehalten hatte.

Und nun hatte ich mir zunächst natürlich Vorwürfe gemacht. Andererseits hatte man mir später versichert, dass eine Vorsorge damals auch nichts geholfen hätte, weil sie die Situation eben nicht rechtzeitig zutage gefördert hätte, denn der Tumor hatte sich schließlich schon ansehnlich entwickelt.

Vielleicht wäre ich gar nicht mehr am Leben, wenn ich zur Vorsorge gegangen wäre, denn letztendlich hatte sich ja ohnedies alles nahtlos zum Guten gefügt. Und wäre es mit der Vorsorge abgelaufen?! Wer weiß das schon. Niemand konnte es wissen, denn niemand kann *zweimal dasselbe Leben leben*.

Einerseits war da also der Schleier der Ungewissheit, der sich über die Versäumnisse der Vergangenheit gelegt hatte, andererseits die Gewissheit dieser schrecklichen Krankheit und eines zweifelsfrei lebensbedrohlichen Zustands.

Dazu gab es keine Ausrede mehr, keine Ausflucht. Der Zustand war respektlos definitiv, verbunden mit der ebenso respektlos-definitiven Aussicht, dass nun alles bald zu Ende sein könnte oder sogar sein würde.

Verbunden mit Unsicherheit und Angst, ob und wie man mit all dem fertig würde, was nun auf einen zukäme, wo man doch schon so viel Fürchterliches darüber gehört hatte. Verbunden mit der Furcht vor diesen vielen unbekannten Maßnahmen, die auf einen warteten, der Furcht vor dem Krankenhaus, der Operation, der Chemotherapie – den Torturen. Verbunden mit der Frage, wie lange der Todeskampf dauern würde. Jahre, Monate, Wochen? Und was dann mit den Angehörigen würde. Mit der Frau, den Kindern.

Es war wie die Begegnung mit einem Raubtier im ruhig-duftenden Wald scheinbar immerwährender Gesundheit, und die Ungewissheit, was alles in der unmittelbaren und in der ferneren Zukunft sein würde. Das alles war für mich zunächst mindestens genau so belastend wie die Krankheit selbst.

Ich hatte demzufolge beschlossen, alle kräftezehrenden Einflüsse so weit wie möglich zu identifizieren, zu analysieren und zu eliminieren und alle meine physischen und psychischen Kräfte für den Ringkampf mit meinem neuen, ungebetenen Gast *Krebs* einzusetzen.

Diesen ungewollten Besucher habe ich damals bewusst nicht *Feind* genannt, ich habe ihn offiziell als *Sparringspartner* bezeichnet, auch in meinen zahlreichen Diskussionen mit den Ärzten. Ich habe mich als Projekt definiert, was die Leute zu verlegenem Schmunzeln bewogen hat, aber damit habe ich diesen Gast gedanklich von Anfang an personifiziert und aus meinem Körper verbannt.

Er durfte nicht ein Teil von mir werden. Er war und blieb ein Unerwünschter. Nicht mehr, aber leider auch nicht weniger.

Er sollte mich nicht einschüchtern. Mein primäres Ziel war, mit jeder Form von Angst fertig zu werden. Denn Angst könnte ein unangenehmer Begleiter der Krankheit werden. Angst würde auszehren, würde einen Großteil meiner Kräfte rauben.

Ich habe ohnedies immer Sport getrieben, bin in den Alpen gewandert, mit dem Rad gefahren. Wir haben über viele Jahre einen Hund gehabt, der uns bei gutem und schlechtem Wetter auf Trab gehalten hat, sind also sehr viel an der frischen Luft. Eigentlich durfte ich darüber gar nicht krank geworden sein.

Mein Leben hat sich bisher nicht großartig vom Dasein der meisten Menschen unterschieden. Ich habe in Wien Physik, Mathematik, Psychologie und Violine studiert, bin nach dem Studium in ein großes Unternehmen in Deutschland eingetreten und habe dorthin mein Wissen verkauft, bin über Jahrzehnte einem normalen Beruf nachgegangen. Die Arbeit hat die meiste Zeit Spaß gemacht. Die Violine hat mich mein ganzes Leben begleitet und mir besonders in anstrengenden Zeiten Entspannung und Freude bereitet.

Es gab in der Zeit vor der Krankheit keine von mir als außergewöhnlich empfundenen Spannungen, aus denen ich irgendetwas hätte ableiten können. Oder vielleicht doch ... Im Nachhinein erinnerte ich welche, sogar regelmäßige. Aber ich wollte doch eigentlich nichts ableiten. Es hatte gelegentlich Ärger gegeben, wie es eben überall Ärger gibt. Besonders, wenn meine Identifikation mit einer Sache außergewöhnlich intensiv und ich der Meinung war, etwas durchsetzen zu müssen. Dann hatte ich schon gespürt, dass dafür Ressourcen der besonderen Art einzusetzen waren. Auch familiäre Spannungen hatten zu meiner Gesundheit nicht gerade positiv beigetragen.

Jedenfalls habe ich faktisch nicht geraucht, in der Jugend, vielleicht insgesamt eine Schachtel Zigaretten, habe kaum scharfe Alkoholika getrunken, höchstens ab und zu ein Glas Wein und auch sonst habe ich nicht über die Stränge geschlagen.

Schon sagen einige Leute: Und? Was hast du jetzt davon! Hättest du gequalmt und gesoffen, dann hättest du wenigstens vorher etwas vom Leben gehabt.

Jedenfalls war ich vor dieser Sache nicht ernsthaft krank gewesen. Probleme mit meinen Zähnen hatte ich allemal und ich hatte sie bis zur Operation. Sie haben mich aufgrund einer Zahnfehlstellung seit meiner Jugend fortwährend gepeinigt und auch viel Geld gekostet. Ich bin bei vielen Zahnärzten und Österreich und Deutschland ein- und ausgegangen.

Es war aber niemals etwas wirklich Ernstes. Ich konnte immer normal essen. Ein selbst behandelter Furunkel an einem Oberschenkel hat mich vor vielleicht zehn, fünfzehn Jahren unglaublich lange dreizehn Wochen vorübergehend in einen akut lebensgefährlichen Zustand gebracht. Daran erinnere ich mich noch gut. Wie gesagt, das war der ,Erfolg' meiner Selbstbehandlung. Aber von solch läppischen Dingen habe ich mich immer distanziert. Sonst war außer leichten Erkältungen praktisch nichts. Oder?

Eine Pilzerkrankung an einem Zehennagel vor etwa fünf Jahren. War das schon ein Hinweis auf etwas Außergewöhnliches? Ich habe sie einige Wochen lang etwas lässig mit Nageltropfen behandelt. Das hat nichts gefruchtet, also war ich in der Hautklinik, hatte mich dort untersuchen lassen, mich informiert und auf eigenes Risiko eine Anti-Pilz-Kur durchgeführt. Nach jeder Etappe wurde eine Blutuntersuchung vorgenommen und bei negativem Befund, also bei keiner krankhaften Veränderung eines Blutwertes, die Heilbehandlung nach einer Pause von 14 Tagen wieder fortgesetzt. Das Ergebnis dieser Untersuchung war schon nach der ersten Etappe angeblich bestens. Ihr Blut möchten wir haben, hatten die Ärzte der Hautklinik gesagt.

An eine geringfügige Irritation des Magens nach der zweiten Etappe allerdings kann ich mich heute noch erinnern. Diese Verstimmung habe ich während des Verfahrens in der Klinik zu Protokoll gegeben. Eine ärztliche Reaktion in Richtung Abbruch der Behandlung erfolgte nicht und war nach meiner Einschätzung auch nicht erforderlich. Dennoch habe ich selbst die Behandlung nach diesen beiden Etappen mit Einverständnis der Ärzte abgebrochen, da der Nagel schon scheinbar gesund nachgewachsen war.

Die Ärzte behaupteten damals und verschiedene andere Ärzte meinen auch heute noch unabhängig voneinander, dass die erwähnte Irritation nicht vom Medikament gekommen sei. Eine allgemeine gesundheitliche Beeinträchtigung war jedenfalls vorhanden und ich habe sie weder ganz ignoriert noch vollständig verdrängt. Sonst hätte ich die Behandlung nicht nach einiger Zeit aus freien Stücken abgebrochen.

Und dann war da die Geschichte mit der Synkope einige Jahre vor der Krebsdiagnose. Damit bezeichnet man einen mehr oder weniger spontanen Schwächeanfall mit gegebenenfalls kurzzeitiger Bewusstlosigkeit. Meine Frau war für einige Tage verreist gewesen, und ich hatte diese Zeit verwendet, um daheim wichtige Dinge zu erledigen, hatte einen leichten grippalen Infekt, war den ganzen Tag vor dem Computer gesessen, ohne etwas gegessen zu haben. Die Synkope war just an diesem Tag in einem Restaurant aufgetreten, das ich mit meinem Freund Axel besuchte. Schon vor dem Restaurantbesuch war mir nicht ganz wohl. Es geschah dann während des Essens. Die Töne im Lokal wurden immer dumpfer, ich verstand meinen Freund immer weniger und war so lange tapfer, bis ich letztendlich für etwa eine Minute das Bewusstsein verloren hatte und erst aufwachte, als die Türen im Lokal durch ein Notarztteam aufgestoßen wurden.

Mit ihm war Frischluft hereingekommen. Die allgemeine Aufregung hielt sich in Grenzen, zumal der Ober – offensichtlich geschult im Umgang mit synkopierenden Kunden - einen in Essiglappen brachte, ihn mir unter die Nase hielt und von ähnlichen Ereignissen in seinem Lokal berichtete. Bald danach war es geschlossen, was aber nichts bedeuten mag.

Die Notärztetruppe jedenfalls hatte Blutdruck und Blutzucker gemessen, mich gefragt, ob sie mich mitnehmen sollten, aber ich bestand auf der Heimfahrt mit dem eigenen PKW, mein Zustand war wieder völlig stabil. War das schon wieder ein Hinweis?

Meiner Frau wollte ich diese Begebenheit zunächst verschweigen, um sie nicht zu verunsichern. Ich habe es ihr dann aber einige Tage nach ihrer Rückkehr berichtet. Mit unglaublichen Folgen. Sie bestand auf einer umfassenden Untersuchung. Erst Neuro-Untersuchung mit Ultraschall – alles o. k. Verengungen der Kopfarterien konnten nicht festgestellt werden. Der Neurologe lachte über meinen Hinweis, man könne die Carotis, eine Kopfarterie, doch ohne weiteres durch einen Plastikschlauch ersetzen und beruhigte mich der Bemerkung, ich hätte Arterien wie ein Fünfzehnjähriger. Nun gut.

Die Computertomographie – kurz *CT* – des Kopfes hatte auch einen negativen Befund ergeben. *Negativ* heißt ja medizinisch: Es ist alles in Ordnung. Hier lautete der Bescheid, man hätte ‚keine auffälligen Verdrängungen' feststellen können – eine wertneutrale Umschreibung von möglichen Tumoren. Und es war interessant, dass einige meiner Gesprächspartner, denen ich von diesem Ereignis erzählte, auch Ähnliches erlebt hatten oder jemanden kannten, dem so etwas widerfahren war. Meine

Offenheit löste bereits zu dieser Zeit bei den Leuten die Hemmungen, etwas über sich selbst zu erzählen.

Die internistische Untersuchung stellte eine leichte Hypertonie fest, Bluthochdruck mit 150/95 mmHG. Dem Ratschlag meines Arztes, dies mit Medikamenten zu verbessern, wollte ich nicht ohne weiteres folgen, denn ich hatte bis zu diesem Zeitpunkt nahezu ohne Arzneimittel gelebt – bei gelegentlichen Kopfschmerzen nichts genommen, bei meinen ständigen Zahnschmerzen auch keine schmerzstillenden Tabletten. Aber waren die in der letzten Zeit immer häufiger auftretenden Kopfschmerzen und das nächtliche Schwitzen nicht doch ein Hinweis auf eine Anomalie?

Als er etwa 45 Jahre alt war wurde bei meinem Vater ein Magengeschwür diagnostiziert und in einer sogenannten Billroth I-Operation entfernt. Dabei werden die unteren Abschnitte des Magens entfernt und der Restmagen direkt mit dem Zwölffingerdarm verbunden.

Mein Vater starb mit 75 Jahren an einem Herzinfarkt, vermutlich an den Spätfolgen seiner Raucherei, die er trotz seiner Magenoperation niemals ganz aufgegeben hatte. Ob sein Magengeschwür bösartig war, ist mir nicht bekannt. Ich weiß nur, dass damals auch über seine Bauchspeicheldrüse (*Pankreas*) diskutiert worden war. Ein Pankreas-Karzinom hatte er wohl nicht gehabt, sonst hätte er wahrscheinlich nur mehr sehr kurz gelebt.

Meine Mutter hatte einmal ein Zwölffingerdarm-Geschwür. Die Gründe dafür blieben unbekannt, psychische Faktoren könnten eine Rolle gespielt haben. Es wurde mit Tabletten viele Monate behandelt und letztlich auskuriert. Sie ist 2007 im 90. Lebensjahr an einer Krankheit gestorben, die man früher Altersschwäche nannte.

Mein Großvater mütterlicherseits war mit 74 Jahren an einem Mastdarmkarzinom gestorben. Er hatte allerdings die während des Krieges und in der Nachkriegszeit beliebten Virginia-Zigarren geradezu zwanghaft verzehrt. Meine Großmutter mütterlicherseits starb mit 82 Jahren. Angeblich an einer Leberzirrhose, obohl sie nie getrunken hatte. Sie hatte aber lebenslang massiven Bluthochdruck und mit 77 Jahren einen Schlaganfall, von dem sie sich recht gut erholte und noch fünf Jahre lebte.

Über die Krankheiten meiner Großeltern väterlicherseits ist mir nichts Genaues bekannt.

Es gibt also eine gewisse genetische Vorbelastung in unserer Familie. Sie ist zwar meiner Erkrankung nicht eindeutig zuordenbar, hätte mich aber schon viel früher sensibilisieren können. Nur was hätte das schon genützt.

Für Vorzeichen keine Zeit

April 2004: Fünf Monate vor der Diagnose

Die Jahre bis zu meiner Krebsdiagnose sind also bis auf die wenigen geschilderten Ereignisse eher unauffällig, und diese kurz geschilderten Ereignisse haben nach Ansicht meiner Ärzte nichts mit der darauf folgenden Krebserkrankung zu tun.

Dann kam das Jahr 2004, in dem ich mich heute noch genau an das erste bemerkenswerte Ereignis erinnere.

Es ist der 16. April und ich habe geschäftlichen Kontakt mit einem namhaften Automobilunternehmen. Das Datum ist mir deswegen so genau in Erinnerung, weil die Verständigung mit den Repräsentanten dieses Unternehmens so spontan und erfreulich ist und weil auch die weiteren direkten Kontakte vor

Ort angenehm sind. Allerdings ist die Zeit unmittelbar nach dem 16. April geprägt von der Ankündigung eines großen Arbeitspensums, das mit diesem Auftrag verbunden sein wird. Und diese latente Belastung verursacht spontan Magenbeschwerden. Ich sage nach dem Telefongespräch mit der verantwortlichen Vertreterin des Unternehmens zu meiner Frau:

„Wenn ich daran denke, wie viel Arbeit ich bis zu diesem Termin habe, dann dreht sich mir der Magen um."

Was hätten Sie denn in einer solchen Situation getan? Geben Sie doch zu, Sie hätten den Auftrag auch angenommen, denn wir haben verlernt *Nein* zu sagen. Jetzt, wo ich weiß, was in diesem nachfolgenden Jahr geschehen ist, weiß ich auch, dass ich hätte ablehnen sollen. Aber nennen Sie mir jemanden, der wegen ein bisschen Magenschmerzen auf eine wichtige Sache verzichtet.

Die Belastung war mit großer Wahrscheinlichkeit nicht die Ursache der folgenden Ereignisse, aber sie hat diese vielleicht beschleunigt oder sogar ausgelöst. Heute würde ich jeden Auftrag ablehnen, wenn ich ähnliche Beschwerden bemerkte, denn Gesundheit ist unbezahlbar.

Und so habe ich mich an die Arbeit gemacht.

Sie gefällt mir, aber es sind da ständig die Gedanken, ob ich die Anforderungen in dieser kurzen Zeit werde erfüllen können. Andererseits freue ich mich auf die Kurse, die damit verbunden sind.

Bei den ersten Vorbesprechungen vor Ort – bereits wenige Wochen nach der ersten Kontaktaufnahme – stelle ich plötzlich fest, dass ich massive Probleme mit dem Essen habe. Das ist mir daheim bisher noch nicht aufgefallen, denn hier ist mir das Umfeld vertraut, der Stress deshalb nicht so groß. In der fremden Umgebung ist das anders. Wenn ich etwas gegessen habe, wird mir einige Stunden später davon schlecht. Ich ignoriere diese

Warnsignale einfach, verdränge sie, interpretiere sie in meinem Sinn. Vielleicht sind sie zu schwach. Vielleicht bin ich durch das Ziel der Arbeit zu sehr abgelenkt. Vielleicht bestanden diese Signale schon einige Zeit vorher. Wer weiß das nachher schon? Jedoch kann ich aus heutiger Sicht nicht abschätzen, was gewesen wäre, wenn ich die Vorzeichen schon sehr viel früher wahrgenommen hätte und in irgendeine Klinik gegangen wäre. Vielleicht wäre ich heute nicht mehr am Leben. Denn alle nachfolgenden Ereignisse passen ganz einfach so perfekt zusammen, dass sie mich letztlich retten.

Ich arbeite also mit hohem Tempo weiter, bemerke meine steigende Nervosität und kann mich nachträglich auch an besondere Symptome erinnern – an die Schmerzen in der Magengegend, an den schlechten Stuhlgang, an die Unpässlichkeiten einige Stunden nach jedem Essen. Nicht aber an irgendein Nachlassen der Leistungsfähigkeit.

Mein Magen wird rabiater

Juni 2004: Drei Monate vor der Diagnose

In der Zwischenzeit habe ich mich schon fast daran gewöhnt immer weniger essen zu können, obwohl der Appetit nach wie vor gut ist. Ich beginne mir sozusagen das Essen abzugewöhnen, esse mehr Traubenzucker und fahre nach wie vor mit dem Rad auf die Berge, kann keinen Leistungsverlust erkennen, habe aber gleichzeitig immer häufigere und stärkere Magenbeschwerden.

Eines Morgens stelle ich mich nach längerer Zeit wieder auf die Waage und merke, dass ich fast fünf Kilo weniger wiege als noch vor einigen Monaten. Habe sofort ein halbes Dutzend Gründe parat, warum das so sein muss. Keiner davon ist der Verdacht auf

Krebs. Der Gewichtsverlust aber ist bereits ein wesentliches Indiz dafür. Alle Onkologen fragen nachher sofort nach dem Verlauf des Gewichtes.

Trotz des massiven Drängens meiner Frau gehe ich nicht zum Arzt. Es ist wohl die Furcht vor einem schlechten Befund, die mich abhält.

Ich erinnere mich an Vorkommnisse, bei denen sich mein Magen immer rabiater meldet. Auf einer Reise, auf der Hochzeitsfeier meiner Tochter, dem Geburtstag meiner Frau, wo ich einige Stunden nach dem Essen mit massivem Brechreiz kämpfe.

Schlimm und schlimmer

August 2004: Ein Monat vor der Diagnose

Während der langen Heimfahrt mit dem Auto von Stuttgart nach Salzburg muss ich eine Notübernachtung in Erwägung ziehen, so schlecht fühle ich mich. Ich bin nicht einmal mehr imstande zu tanken, obwohl der Tank nahezu leer ist, als ich nach Hause komme.

Das Tückische daran ist, dass der Spuk am nächsten Morgen vorbei ist. Ich fahre also an den Wolfgangsee, um dort zu schwimmen. Der Tag ist herrlich, die Sonne scheint, es ist warm. Aber mir ist kalt. Unheimlich kalt, wie bei einer Erkältung, die ich aber nicht habe. Im Normalfall gehe ich bei fast jeder Temperatur ins Wasser. Ich liebe das frische Wasser, es kann mir nicht zu kalt sein. Hier allerdings kommt in mir plötzlich eine unerklärliche Endzeitstimmung auf und die Frage, ob ich dort jemals in meinem Leben wieder schwimmen werde.

Das ist das erste Mal, wo mir der Ernst der Situation so richtig bewusst wird. Ich fühle instinktiv, dass ich ernsthaft krank bin. Aber was sollte das für eine Krankheit sein?

In der Pause eines Konzerts meiner Tochter im Schloss Goldegg muss ich mich auf einem Parkplatz übergeben. Es ist der 19. August 2004.

Ich interpretiere mein Unwohlsein nun als Gastritis und setze mich mit dem Gedanken auseinander, irgendwann doch meinen Hausarzt in Deutschland aufzusuchen. Der würde mir vermutlich ein paar Tabletten verschreiben, und die Sache wäre in einigen Tagen wieder im Lot. Das sind meine Gedanken und ab nun meine stille Hoffnung. So kann ich mich wieder um die von mir so gefürchtete Magenspiegelung drücken. Meine Frau bereitet diesem Zustand ein Ende, indem sie mich ganz einfach bei meinem Hausarzt anmeldet und auf einem Besuch besteht.

Der Besuch beim Hausarzt

31. August 2004

Ich schildere meinem Hausarzt meine Situation und meine Beschwerden. Als Naturwissenschaftler ist man geschult, so etwas ganz genau zu tun.

Auf meine mehrfachen Fragen, was seine Meinung dazu ist, gibt er mir, ohne mir etwas über einen Verdacht zu sagen, ein Medikament. Es ist ein *Protonenpumpenhemmer*, der die Magensäureproduktion verringert. Er schärft mir ein, nach zwei Tagen wieder zu kommen und ihm zu berichten, ob sich die Beschwerden verringert haben. Wenn sie in dieser Zeit verschwunden wären, so sei das Problem offensichtlich gelöst.

Ich habe ihn verstanden. Und ich will ihn einfach so und nicht anders verstehen. Die Beschwerden werden verschwinden, denn ich kann ja nicht krank sein.

Nach diesen zwei Tagen fühle ich mich daher schon etwas besser, zumindest interpretiere ich es so. Ich komme also wie versprochen in die Praxis und berichte ihm darüber.

Nach einigen Tagen ist diese sogenannte Besserung aber wieder dahin. Ich habe auf meinen Wanderungen mit dem Hund gelegentlich spontane und bisher niemals beobachtete Anfälle von extremem Speichelfluss, so als ob die Speicheldrüsen eine besondere Leistung erbringen müssten. Auch habe ich immer wieder solche Magenbeschwerden, dass ich mich fast übergeben muss.

Der Hausarzt untersucht mich wieder und nach einigen Tagen erhalte ich einen Blutbefund, der ohne Auffälligkeiten ist. Auch eine Ultraschalldiagnose erbringt nichts Besonderes. Einer seiner Assistenzärzte erklärt mir das Ultraschallsignal meines Herzens, deutet auf eine leichte, seiner Einschätzung nach unbedeutende Verdickung einer Herzwand, mit 62 sei das wohl keine Ausnahme, und rät mir zur Einnahme von Blutdrucksenkern.

Sein Chef verdreht auf meine insistierenden Fragen nach seiner Einschätzung die Augen und diagnostiziert ein Magengeschwür, was ich daheim meiner Frau mit „Nonsens!" kommentiere. Denn ich kann ja nicht krank sein.

Ich hätte aufmerksam werden sollen bei den immer öfter und immer heftiger werdenden Symptomen des Aufstoßens, den permanenten Blähungen, bei dem außerordentlich spontan einsetzenden und extrem starken Speichelfluss und den Stauungsbeschwerden einige Stunden nach jeder Mahlzeit.

Sie besteht nun entschlossen und so schnell wie möglich auf der Gastroskopie bei unserem Internisten, vor der ich ungemeinen Respekt habe, um nicht zu sagen Angst. Dass ich in den folgenden Monaten zahlreiche dieser *Spiegelungen* absolvieren werde, das ahne ich zu diesem Zeitpunkt noch nicht.

6. September 2004 Der Hausarzt telefoniert in meiner unmittelbaren Gegenwart mit dem Internisten, und dabei fällt zusammen mit seiner sorgenvollen Miene das Satzfragment „... das wollen wir denn doch nicht hoffen ...“

Dass das so etwas wie mein Todesurteil ist, erkenne ich zu diesem Zeitpunkt nicht.

Mich fragt er nur, ob mir der 10. September beim Internisten passt.

Mein zehnter September

10. September 2004

Wie vor drei Jahren der elfte September ein besonderes Datum für unsere Gesellschaft war, so sollte es der Tag davor nun für mich werden.

Ich gehe also am Freitag, zehnter September 2004, um elf Uhr in die Praxis meines Internisten. Die höllische Angst vor der Magenspiegelung ist mit einer kleinen Infusion Beruhigungsmittel vorbei. Liegend blicke ich auf ihn und seine Assistentin, sehe und spüre ein wenig, wie er den Schlauch mit dem Metallansatz in meinen Mund und meine Speiseröhre einführt, bin angstfrei, völlig entspannt und beruhigt, höre in dem abgedunkelten Raum die leisen Anweisungen „... noch eine Probe, noch eine Probe ...“, vernehme ganz undeutlich das Klicken des Werkzeugs. Es ist beruhigend nun endlich untersucht zu werden und wohl bald zu wissen was los ist.

Es kann ja nicht viel sein, vermutlich die besagte Gastritis.

Er zieht den Schlauch heraus, ich setze mich auf, es ist vorbei. Ich bin stolz, es war nicht arg. Er gibt letzte Anweisungen an die Assistentin und sagt mir, dass er elf Proben genommen hat. Das sei Standard. Ich bin erleichtert, denn *Standard* klingt normal, also gut. Jetzt muss bald die von mir erwartete Diagnose *Gastritis* kommen. Vielleicht noch nicht einmal das, vielleicht nur die eine oder andere Kleinigkeit, ein Diätvorschlag oder Ähnliches.

Einige Minuten später bittet er mich und meine Frau in sein Zimmer zu einer Nachbesprechung. Aha, die Medikamente und die Verhaltensmaßregeln. Die Diät. Er bietet meiner Frau einen Stuhl an. Er nimmt einige Blätter und einen Bleistift und schaut mich an:

„Sie haben ein Magengeschwür."

Was?! Hat der Hausarzt also recht gehabt. Als geschulter Laie, der ich mich in dieser außergewöhnlichen Situation fühle, stelle ich die Frage, die ich noch nicht als die Gretchenfrage erkenne, deren Antwort die Überquerung des Stromes bedeuten wird – die Entscheidung zwischen Leben und Tod:

„Und? Ist dieses Geschwür bösartig?"

Er sieht über uns hinweg auf die leere Wand. „Sie haben ein Magenkarzinom."

So einfach spricht sich die Wirklichkeit. So einfach codiert man ein Todesurteil.

Meine Frau ist verstört.

Am Großglockner

13. August 2007

Von Bruck an der Glocknerstraße geht es einige Kilometer nach Ferleiten. Von dort weiter zur Mautstelle. Trotz des Wochentags sind doch einige Leute unterwegs. Das Wetter ist zwar nicht super, doch verspricht es ein interessanter Tag zu werden, mit einem Wetterwechsel, der das Hochgebirge in sein charakteristisches Licht tauchen wird. Vor langen Jahren, als wir noch nicht verheiratet waren, fuhren wir mit unserem alten Studentenauto hier herauf. Das war damals vielleicht ein Abenteuer.

Ich bin irgendwie dankbar, dass ich heute wieder hier sein kann. Von der Mautstelle geht es ständig bergan, die Sicht auf gewaltige Hänge und das in der Ferne verschwindende Tal ist eindrucksvoll. Es beginnt leicht zu nieseln, was die Landschaft noch dramatischer erscheinen lässt, als sie schon ist.

Obwohl Hochsommer ist es hier eisig auf über 2000 Metern. Das also soll die tolle Klimakatastrophe sein, denke ich. Die mollig eingehüllten Autofahrer haben es besser als die Motorradfahrer bei diesem kalten Nieselregen. Die können einem fast leid tun, wie sie so bewegungslos und den Kräften der Natur ausgesetzt auf dem Motorrad sitzen. In Heiligenblut im sonnigen Kärnten, der Wetterbericht hat es so vorausgesagt, soll das Wetter warm und sonnig sein, eher schwül. Kaum vorstellbar.

Wenn man vom Rand der Begrenzungsmauer am Fuscher Törl hinüber zum Hochtor blickt, kann man den Verlauf der Straße hinunter auf 2200 Meter und bis zur Passhöhe beim Hochtortunnel auf über 2500 Meter überblicken.

An markanten Stellen stehen Tafeln mit Bezeichnungen der Schlüsselstellen, *Piffkar*, beispielsweise, *Hochmais* oder *Hexenküche*, wie hier, etwas über zweitausend Meter. Ich habe beschlossen, einen kurzen Stopp einzulegen. Vielleicht sollte ich mir doch die Jacke anziehen. Ein Fremder spricht mich an und wir tauschen die Fotoapparate. *Hexenküche*, dass passt gut zu meinen Erfahrungen vor drei Jahren. Nach ein paar hundert Höhenmetern bleibe ich wieder stehen und gehe an zahlreichen Motorradlern vorbei über die Eisentreppe hinauf zum Kiosk.

Meine Gedanken sind wieder beim Professor, der mir mit seinem Wissen und seinen chirurgischen Fähigkeiten diesen Besuch der Straße ermöglicht hat. Wahrscheinlich freut er sich, wenn er von hier aus von einem Patienten eine Karte erhält. Vielleicht ist eine solche Karte von einem ehemals hoffnungslosen Fall ein kleiner Lohn, den er dafür verdient, dass er sein Leben solchen Fällen in der Gesellschaft gewidmet hat. Ein paar Zeilen sollen ihm das Erlebnis von hier oben schildern.

Ich erinnere mich an die kurzen wackeligen Spaziergänge auf dem Flur der Internen, kaum zwanzig oder dreißig Schritte am Arm einer Hilfsperson waren es jeweils. Dann war ich völlig kaputt und musste ins Bett zurück.

Ihr erinnere mich an die Kälte auf der Salzachbrücke im Januar 2005, als ich in der Zeit der Chemotherapie einmal mit meiner Frau von der Wohnung in die Altstadt ging. Damals ging es mir zwar schon etwas besser, aber ich hatte das Gefühl, dass mir der Sensenmann hinter den Schal griff. Die Kälte hatte meinen ganzen Körper durchdrungen.

Es ist auch hier zwar sehr kalt, doch ist diese Kälte eine völlig andere. Selbst auf über 2000 Metern Höhe ist sie nicht so gnadenlos, wie jene damals in der Stadt. Jetzt setzt sich der Körper mit einer Intensität ohnegleichen dem nasskalten Wetter entgegen, das mich auf dem Anstieg zum Kiosk umfängt. Ein paar Fotos noch. Dann aber weiter. Es sind mehr als 25 Kilometer bis nach Heiligenblut. Sicherlich gibt es unterwegs etwas zu essen. Seit dem Frühstück habe ich nichts Warmes mehr gehabt. Nur einige Müsliriegel und etwas Fruchtsaft. Mit dem Anstieg zum Hochtor, das noch weit in der Ferne liegt, zeigt die Landschaft ihre Wucht.

Dieses winzig kleine Loch da oben ist die Verbindung in eine völlig andere, warme Klimazone. Wenn man so will ist sie der Übergang in eine andere Welt.

Unvorstellbar bevor man nicht oben ist. Doch ist der Anstieg länger als vermutet, der Eindruck täuscht, in dieser bedrohlichen Düsternis der Landschaft. Dann tatsächlich, unvermittelt, die Sonne. Mit einem Schlag ist man frei, ein anderer Mensch. Der Tiefblick, der steile Abfall der Rampe hinunter, am Wallack-Haus vorbei, nach Heiligenblut.

Der kleine Ort von weit oben, die Kirche, die wenigen Hotels, die Hoffnung auf eine Dusche, auf ein gepflegtes Abendessen. Vielleicht ein Besuch der Kirche.

Die Einfahrt in den Ort, hier das Hotel. Sie haben sicher noch ein Zimmer. Woher ich komme. Aus dem Salzburger Land, aus Bruck, von der anderen Seite.

Das zieht sich, meint sie. Das stimmt, antworte ich.

Dabei bin ich gut in Form. Aber meine Schaltung ist eben nicht optimal für diese Steigungen. Ich hätte doch das Fahrrad mit der Bergübersetzung nehmen sollen.

Morgen wird das Wetter hoffentlich besser sein, der Mölltal-Radweg ist herrlich, nur die 600 Höhenmeter nach Mallnitz hinauf werden sich auch wieder ziehen, ein Drittel des Glockners, immerhin. Wie schon voriges Jahr eben. Da hatte ich allerdings nach der langen Tour durch Deutschland, Italien und Frankreich fast 30 Kilo Gepäck auf dem Rad. Diesmal sind es kaum zehn.

In der Krypta der Kirche ist es still. Welch ein Unterschied zu den kreischenden Motorrädern. Jedes gegen alle auf der grotesken Jagd um eine irreale Bestzeit durch die herrlichsten aller Landschaften Österreichs.

Wie wenig die Menschen doch von ihrem Leben wahrnehmen. Dabei ist es so kurz.

Nach dem Todesurteil

10. September 2004

Ob ich noch unter dem Einfluss der Infusion stehe? Möglich. Jedenfalls nehme ich die Nachricht bewusst und vollständig und mit stoischer Ruhe auf.

Irrwitzig ist das hier. Zunächst stört mich mein Fehlurteil am meisten. Der Unterschied zwischen meiner eigenen falschen Gastritis- und der arrogant-richtigen Magenkrebsdiagnose ist doch erheblich. Das irritiert mich zunächst mehr als der verheerende Befund. Wie konnte ich mich nur derart irren?

Vielleicht aber ist dies aber auch schon der allererste Schritt, mich innerlich von meiner Krankheit zu distanzieren, mich ab nun von außen, als Projekt zu betrachten. Denn es gibt in mir nicht die geringsten Zeichen von Angst, geschweige denn Panik. Vermutlich würde sich das erst einige Zeit später einstellen. Ich würde also auf die Panik zu warten haben. Außerdem gäbe es da ja noch eine Chance zu entkommen.

„Wie hoch ist die Wahrscheinlichkeit, dass mein Geschwür bösartig ist?"

Als Mathematiker bin ich gehalten, die Wahrscheinlichkeiten nochmals zu hinterfragen. Ich lasse sie mir quantifizieren:

„Nach meiner Erfahrung zu 98 Prozent", sagt der Internist. Ich bin erstaunt. Wie kommt er auf 98 Prozent? Wie kann er das so genau wissen, nach dieser eher oberflächlichen Untersuchung? Es ist vermutlich 3 Sigma, die Unschärfe bei Schätzungen mit hoher Genauigkeit. Aber selbst wenn er sich um relative zehn Prozent irrte, es wäre immer noch ein Volltreffer, nahezu total sicher, und er rechtfertigt daher das sofortige Einleiten aller weiteren Schritte.

Also bin offenbar ich wieder dran. „Vermutlich muss operiert werden?" Eine blödsinnig arrogante Frage, nur durch die Narkose gerechtfertigt, und darauf natürlich gleich die Antwort:

„Sie werden um eine Operation nicht herumkommen.", sagt er und genehmigt sich dabei noch 10 Prozent verbaler Unsicherheit.

„Ist diese Operation schwer?", möchte ich wissen.

„Ja. Billroth, vermutlich. Die Standardoperation in diesen Fällen. Dabei werden 70 bis 80 Prozent der unteren Abschnitte des Magens entfernt. Eventuell muss der Magen auch komplett entfernt werden."

Na bum, sagen die Wiener in einem solchen Fall. Die Deutschen bezeichnen es als *heftig*. *Standard* sagt der Arzt. Der standardisierte Tod also. Alles klar. Privat oder auf Krankenschein. Diese Wahl hat man ja immer noch. Die Restwirkung des Beruhigungsmittels ermöglicht diesen Überlebens-Sarkasmus in meinen Überlegungen.

Meine Frau ist still und kreidebleich.

Im Gegensatz zu meinem Beruhigungsmittel-Ich hat sie voll erfasst, worum es ab nun geht.

„Wann soll eine solche Operation gemacht werden, und wer führt solche Operationen durch?", fragt sie.

„Möglichst bald. Am besten sofort."
Was, hier, denke ich.
„ Wir schicken die Proben mit der Post hin. Sie brauchen aber den Befund der Gewebeuntersuchungen nicht mehr abzuwarten, die Diagnose ist sicher. Verschiedene Krankenhäuser führen solche Operationen durch. Erkundigen Sie sich. Ich kann Ihnen allerdings dazu keine Empfehlungen geben, doch Sie werden sehen, in einigen Wochen sieht die Welt schon wieder anders aus."

Ja klar sieht das Jenseits anders aus.

Wir bedanken uns beide artig für die nichtssagende Prognose. Er meint noch, dass wir uns wohl häufig wiedersehen werden, und irrt sich. Ich kann mir zwar im Moment nicht vorstellen wozu, stecke aber die nette Ankündigung in die Jackentasche. Denn allzu viel Positives wird es in der nächsten Zeit sicherlich nicht mehr geben.

Später wird sich herausstellen, dass er die Chemotherapie gemeint hat, für die wir uns bald häufig treffen sollten. Davon ahne ich im Moment noch nichts, ist aber auch egal. Wir gehen, schleichen jedenfalls aus dem Raum und zu den Assistentinnen. Die wissen ES natürlich bereits. Sie wissen alles. Sie sehen uns betroffen an. Magenkrebs. Sie wissen, was los ist. Ein Todeskandidat eben. Aber bis zum Zieldurchlauf ein guter Kunde. Ein Garant für die Krisensicherheit unseres Jobs, denke sie.

Es wird ein Jahr lang keinen Termin beim Internisten geben. Die Chemotherapie werde ich in der Klinik durchführen lassen. Später einmal werde ich bei ihm vorbeischauen. Eher aus Eitelkeit. Nur kurz, um mich darzustellen. *Mir geht es gut. Wie geht es Ihnen?* Nachdem ich jetzt seinen persönlich-unverbindlichen Ton ertragen muss, werde ich diese Entscheidung selbst treffen. Das weiß ich jetzt schon. Selbst in dieser prekären Situation. Ich bin stark verärgert. Wie konnte er mir nur mein Todesurteil präsentieren.

Die Narkose lässt nach und so stehen wir beide nun auf der Straße und die Welt ist nicht mehr dieselbe. Sie hat sich dramatisch verändert. Wir steigen in unser Auto ein. Wir fahren nach Hause. Meine Frau hat so etwas wie einen Nervenzusammenbruch. Ich habe sie noch nie so erlebt. Eigentlich braucht sie nun meine Hilfe. Sie tut mir leid. Ich fühle mich nicht wohl. Wir haben die Hölle betreten.

Konfusion

11. September 2004

Wie sagte einst Henry Ford: „Es gibt keine Krise, die nicht eine Stunde auf ihre Lösung warten könnte."

Das galt damals für Autos. Wir aber sind auf hektischer Suche nach einem Operateur, denn es muss ja ganz offensichtlich operiert werden, und zwar sofort. Dass es auch bei mir nicht auf Stunden ankommt, ist uns in diesem Moment nicht klar. Jetzt schon Panik eben.

Meine Frau will unbedingt sofort jemanden finden, der operiert. Und mit Sofort meint sie sofort. Heute noch. Oder morgen spätestens. Morgen ist Samstag. Übermorgen Sonntag, und übermorgen kann es nach ihrer Meinung schon zu spät sein.

Das ist natürlich keineswegs der Fall, denn wenn der Krebs schon Monate hindurch herumwerkelt, kann es nicht auf Tage ankommen. Aber das ist eben ihre Meinung, und ich bin zu schwach, um ihr zu widersprechen. Mir ist außerdem alles ziemlich egal, ich möchte schlicht nur wieder etwas essen können, ohne dass mir nachher so speiübel wird.

So ist sie also wieder beim Hausarzt und bittet um Rat. Er will ihr aber nichts raten und rät ihr deshalb auch nichts. Was sollte er ihr schließlich auch schon raten, und warum sollte er etwas raten, wenn er dabei ein hohes Risiko eingeht, bei den miserablen Chancen.

Die Frau seines jungen Assistenzarztes kennt eine Klinik, die so etwas noch operiert. Sie soll recht gut sein, meint sie. Genaues weiß sie aber auch nicht für den Krebs. Sonst kriegen die Leute dort nur Kinder und lassen nicht ihr Leben. Meine Frau meldet mich sicherheitshalber sofort dort an. Besser als nichts, meint sie.

Sie teilt es mir mit. Ich widerspreche nicht. Ich möchte nur wieder essen können, ohne dass mir schlecht ist, fühle mich miserabel, schwach, krank, spüre, dass ich das nicht allzu lange werde durchhalten können.

Ich werde schlussendlich in diesem Krankenhaus nicht operiert werden, und ich kann heute sagen, dass ich vermutlich nicht mehr leben würde, wenn ich dort operiert worden wäre. Denn wegen der Schwere der Erkrankung und vor allem wegen ihres verheerenden Fortgangs waren, wenn überhaupt, nur beste Operateure mit größten Erfahrungen imstande zu operieren. Das wissen wir aber in diesem Moment noch nicht.

Die Sache nimmt ja einen derart krassen Verlauf, dass es einem noch heute die Schuhe auszieht.

Machen wir dazu hier einen kurzen klärenden und nur vorläufigen zeitlichen Sprung.

Im Dezember 2017 etwa, wird mir jemand, den ich jetzt, 2004, noch nicht kenne, den ich aber sehr bald kennenlernen werde und der mein weiteres Leben entscheidend bestimmen wird, unter für mich unvorhersehbaren Umständen erklären, warum und wie ich damals – eben 2004 – dem Tod nur knapp entronnen bin.

Dazu wird er mir mit wenigen Strichen auf einem schlichten DIN A4-Papier die damalige medizinische Situation skizzieren und mir darin zeigen, warum ein kleiner Ausläufer des Bauchfells, das *Omentum Minus*, den kritischen Punkt in meinem Leben darstellte.

Weil ich das aber 2004 noch nicht wissen kann, werde ich seinen Satz „Ich kann Sie jetzt nicht operieren" aus Entsetzen als „Ich kann Sie nicht mehr operieren" hören, was freilich einen krassen Unterschied macht, den man als Todkranker aber offenbar nicht erkennt.

Auch mein Bettnachbar wird genau diesen Satz hören und in irgendeiner Weise verstehen und mich fragen, ob ich *das auch gehört hätte*, was immer dieses ‚das' war, und ich werde ihm antworten, dass ich es am Magen hätte und nicht an den Ohren, und wird er mich dann fragen, was ich denn jetzt zu tun beabsichtige, worauf ich ihm antworten werde, dass ich erstens auf den Balkon ginge – nicht um vom zehnten Stockwerk hinunter zu springen auf den Parkplatz vor der Klinik, es sei jetzt nicht die richtige Zeit dazu –, sondern weil heute doch ein so schöner Herbsttag wäre, dass ich zweitens ein Testament anfertigen und drittens sterben würde. Und zwar in dieser Reihenfolge.

Und dass ich ihn bäte, nicht derart hektisch mit seinen Zähnen an seinem neuen Verband herumzureißen, weil mich das wahnsinnig mache.

Der kleine und scheinbar unbedeutende Unterschied zwischen *jetzt nicht* und *nicht mehr* aber wird – unter anderem – den Anstoß zu einem Buch geben, das wir beide, der für mich noch große Unbekannte und ich, gemeinsam schreiben werden. Ein Buch über Missverständnisse.

Ein Engel reist an

11. September 2004

Engel treten recht selten in Erscheinung, auch wenn kirchlich orientierte Betriebe das Gegenteil behaupten und mit Hilfe zahlreicher Gipsdarstellungen solcher transzendenten Erscheinungen unzählige Anhänger gewinnen.

Tatsächlich zeichnen sich engelsgleiche Spezies durch eine andere Wahrnehmung dessen aus, was wir normale Sterbliche als Wirklichkeit bezeichnen. Zumal der Standard-Engel auch sterblich ist, treibt er sich unter uns gewöhnlichen Sterblichen herum und hilft dann, wenn er kann.

So steht am Tag nach der verheerenden Diagnose meine Tochter bei uns in Deutschland auf der Matte. Sie ist aus Salzburg angereist. Am Telefon schon hat sie aus den wirren Reaktionen meiner Frau erkannt, dass diese die neuen Dinge nicht mehr im Griff hat und sie daher aus dem Ruder zu laufen beginnen.

So rational, präzise, effizient und fehlerlos meine Frau sonst handelt, jetzt ist sie komplett überfordert. Meine Tochter ist deswegen noch in der Nacht an den Ort des Geschehens gefahren. Sie kennt einen alten Schulfreund aus dem Gymnasium, der in der Chirurgischen Klinik des Uni-Klinikums Erlangen praktiziert. Er ist Onkologe.

Zugegeben, ich bin skeptisch, dass diese beiden mein Leben retten werden. Aber jeder Versuch verdient eine Chance.

Meine Tochter, Cellistin und Germanistin und ihr Schulfreund treffen sich also abends in der Klinik, besprechen sich. Er weiß um die Fähigkeit des Chefchirurgen dieser Klinik, des Professors, er hat bei ihm studiert, ist begeistert von seinen Fähigkeiten und Erfolgen. Internationale Kapazität, betont er. Erzählt ihr, wie sie eventuell einen Termin bei ihm erhalten kann. Sie will den Professor am Montag besuchen, weiß aber nicht einmal, ob er da ist, geschweige denn, ob ein Termin frei ist.

Es muss dieser Montag sein, übermorgen. Unbedingt. Dazu sollen wir früh, so früh wie irgend möglich vor Ort sein. An diesem Montag dürfen wir keine Zeit verlieren. Der Schulfreund geht am Wochenende mit meiner Tochter, als Generalprobe quasi, noch alle Schritte durch. Die Generalprobe einer Lebensrettung sozusagen.

Die Audienz

13. September 2004

Montag, 7:30 Uhr, Klinik, 2. Stock, Sekretariat des Professors. Ich versuche zu verstehen, in welcher Situation ich eigentlich bin. Welche Chancen habe ich und was muss ich tun, um diese Chancen wahrzunehmen? Funktioniert mein Hirn eigentlich noch, oder ist es auch schon angegriffen?

Es funktioniert und es signalisiert mir, mich nicht zu fürchten. Es empfiehlt mir, alle Kräfte für die Auseinandersetzung mit dem ungebetenen Gast zu sparen.

Ich versuche, mich zu entspannen. Das ist nicht so leicht, wie es sich anhört, ich weiß aber aus kritischen Situationen beim Höhlenklettern und beim Bergsteigen, dass vieles machbar ist.

Entspannung mobilisiert Kräfte für wichtige Aktionen und fördert den Heilungsprozess. Mit Entspannung erhöht man erwiesenermaßen seine Überlebenschancen. Entspannung allein aber reicht zum Überleben nicht aus. Ein Grizzly wird mich auch dann fressen, wenn ich entspannt bin.

Die Sekretärin des Professors weist zunächst höflich darauf hin, dass wir nicht angemeldet sind:

„Wissen Sie, wir sind praktisch voll."

Und dann interveniert eine Tochter für ihren Vater, wie das nur eine Tochter kann. Es dauert wenige Sekunden, dann sitzen wir im kleinen Wartezimmer. Ohne zu wissen, was er sagen oder tun wird, ist dies zunächst eine wesentliche seelische Erleichterung.

Zehn Jahre später werde ich mit den Sekretärinnen des Professors überaus freundschaftliche Gespräche führen. Ich werde ihnen vor allem bedeuten, dass sie damals mit ihrer Entscheidung mich vorzulassen, letztlich auch einen entscheidenden Beitrag zu meiner Rettung geleistet haben, denn hätten sie mich abgelehnt, so wäre die Sache anders gelaufen. Ich wage nicht zu denken, wie.

Wir beide werden aufgerufen und gehen in den Behandlungsraum. Die Assistentin – auch sie werde ich Jahre später in ungemein freundlicher Atmosphäre wieder treffen – nimmt einige Daten auf.

Dann kommt er herein. Spricht nur ein paar klare Worte. Die Situation ist für mich von unbeschreiblicher Intensität. Ohne dass ich das Hemd öffne, stellt er nach kurzem Blick die Diagnose, wohl aber schon wissend, weshalb ich hergekommen bin:

„Sind Sie Arzt?“

„Nein, Physiker.“

„Dann macht es keinen Sinn, wenn ich Ihnen die Sache genauer erkläre, Sie haben einen erweiterten Magen, vermutlich eine Stenose im Antrum. Kommen Sie am Freitag stationär nach B10. Ich bin an diesem Tag nicht da, aber Sie können die Voruntersuchungen machen lassen. Ich komme am Samstag um circa halb zehn und wir können die weiteren Schritte besprechen. Je nach Ergebnis werde ich Sie dann Montag oder Dienstag operieren. Haben Sie noch Fragen?“

Ich schüttle den Kopf. Nein, natürlich keine Fragen. Welche auch sollte ich haben. Welche von den Zweien, die für Tausende stehen. Welche Chancen auf Genesung habe ich? Wie lange werde ich noch leben? Die Assistentin hat notiert.

„Auf Wiedersehen.“

Der Professor verschwindet wieder. Wir gehen. So brutal der Ablauf erscheinen mag, so sehr hat er mich beruhigt. Nun habe ich einen Horizont, auch wenn ich nicht weiß, was dahinter liegt. Ich vertraue ihm, denn keiner seiner wenigen Sätze zeigt die geringste Unsicherheit. Und in einem Zustand wie diesem kann nicht genügend Sicherheit herrschen. Ich habe nun eine Formel: Es darf keine Unsicherheit geben. Sie macht Angst. Angst kostet Kraft. Du brauchst jede Reserve. Also, keine Unsicherheit.

Wir sind erleichtert und fahren nach Hause.

Du wirst sehen, es wird alles gut ausgehen, sagt die Tochter.

Es ist September. Sie wird Ende Mai nächsten Jahres ein Baby zur Welt bringen. Quasi ihre Darbringung für die Zukunft.

Vorbereitung auf die Klinik

Mitte September 2004

Auch meine Frau ist zunächst erleichtert, denn nun wird ja etwas getan werden. Tun verdrängt Angst. Lemminge. Wir diskutieren die Vorbereitung: Was ist einzupacken, was muss mit der Krankenkasse abgestimmt werden, welche Aktionen fürs Büro sind noch erforderlich? Es ist genügend Zeit bis Freitag. Was wird in der Klinik sein? Durch die momentane Entspannung fühle ich mich gar nicht mehr so krank.

Wir packen alles Notwendige zusammen. Als Laie in Sachen Krankenhaus – der letzte Aufenthalt wegen einer Kinderkrankheit war 1960 gewesen – habe ich wenig Ahnung von den erforderlichen Dingen. Fehlendes kann man ja nachbringen.

Ich verabschiede mich von unserem Hund Timmy. Er tut mir leid. Er wird sein Herrchen in der nächsten Zeit vermissen. Er wird mich in ganz kritischen Phasen meiner Krankheit in Gedanken begleiten.

Wenige Monate nach meiner Entlassung aus der Klinik wird er so krank werden, dass er nicht mehr weiterleben kann.

Es geht los: Chirurgie Teil I

17. September 2004

Am Freitag um neun Uhr sind wir in der Klinik und melden uns an. Ich habe mir fest vorgenommen, mich vom Umfeld nicht negativ beeinflussen zu lassen, und das gelingt mir auch. Nach den Formalitäten fahren wir *auf die Station*. So sagt man im

Krankenhaus. Station – wie sich das anhört. Unbekannte Leute. Unbekannte Geräte. Unbekannte Maßnahmen. Station. Stationär. Dauerhaft. Ständig. Immer. Ewig. Kranke. Krankheiten. Schmerzen. Hoffnung. Hoffnungslosigkeit.

Onkologie. Die absolute Steigerung von Station. Die unbekannte Situation manifestiert sich in Form kranker Menschen in unterschiedlichen Krankheitsstadien. In jeder dieser Personen begegnet mir mein eigenes unbekanntes zukünftiges Schicksal. In einigen Tagen werde ich auch so aussehen. Wie werde ich mich dabei fühlen? Wie tapfer diese Menschen sind. Sie sind Fortgeschrittene in Sachen Krankheit.

Das alles läuft gegen meinen Willen durch meinen Kopf.

Die Sitzgarnitur vor dem Zimmer der Stationsleitung. Zeitschriften. Ablenkung. Schwestern. Ärzte. Alle sind integriert in dieses Umfeld, auf dem meine Hoffnung beruht. Ich nehme mir eine Zeitung – *Der Spiegel*.

Darin wird ein neues Buch vorgestellt, ,Mozarts Tod', das mich sehr interessiert. Nicht weil ich dem Tod in der nächsten Zeit einen Pakt vorschlagen möchte, sondern weil mich Mozart zeitlebens interessiert hat. Wir haben im Rahmen verschiedener Kammermusikgruppen viele Streichquartette von Mozart gespielt, ich habe viele Biographien über ihn gelesen, und über die Umstände des Todes von Mozart habe ich mir eine unverbrüchliche Meinung gebildet.

Nun finde ich just hier ein Buch darüber.

Sein Autor wird mich während meiner Krankheit bis zu seinem eigenen Tod begleiten. Das weiß ich jetzt noch nicht.

Ich bitte meine Frau, dieses Buch zu bestellen und es mir zu bringen. Ihren Einwand, dass ich wohl gerade in dieser Zeit etwas zum Aufheitern brauche, teile ich nicht. Ich brauche nichts zum Aufheitern, sondern jemanden, der mich operiert. Der Tod Mozarts hat nichts mit meinem eigenen zu tun, sofern dieser in der nächsten Zeit eintreten sollte, sage ich ihr.

Ich werde einem jungen Arzt vorgestellt. Mein zukünftiger Ansprechpartner und Vermittler von Teildiagnosen, Hinweisen, Anweisungen und weiteren Behandlungsschritten. Sympathisch, freundlich, umgänglich. Ist diese Freundlichkeit echt, oder will man damit nur verhindern, dass der Patient erkennt, wie schlecht es um ihn steht?

Es wird mir ein Zimmer zugewiesen. Da ich nicht privat versichert bin, ist es ein Zweibettzimmer. Wird es angenehm oder eher unangenehm sein? Es wird eher angenehm sein. Ich werde einen sehr netten Zimmerkameraden haben. Die Tage mit ihm werden mir vieles erleichtern. Wir werden zahllose Gespräche führen.

Zunächst wird mein Bett geräumt. Zufall. Von einem Kollegen, mit dem ich vor Jahren ein Seminar besucht habe. Die Welt ist klein, und alles hängt mit allem zusammen. Er hat sich den Daumen der Länge nach mit einer Kreissäge geteilt. Das hatte zwar schrecklich ausgesehen, sagt er, hatte auch höllisch wehgetan, kann ich mir vorstellen, war aber eine vergleichsweise harmlose Sache gewesen.

Wie gerne würde ich jetzt meinen Magen gegen seinen Daumen tauschen. Er wäre nicht einverstanden, meint er lächelnd und verlässt die Station mit einem Gruß.

Etwa zwei Jahre später werde ich ihn in unserem Ort treffen. Mir wird es bereits sehr gut gehen, er aber wird an einem Melanom im Gesicht leiden und nicht wissen, was daraus werden wird.

Gleich nach der Erfüllung der Formalitäten ist vor der ersten Computertomographie eine Menge grauslicher Flüssigkeit zu trinken. Der Begrüßungstrunk sozusagen. Ich mache mich ans Werk, und es ist leichter als vermutet.

Danach gehe ich in mein Zimmer. Wenn man als Patient zum ersten Mal ein Krankenzimmer betritt wird einem klar, wie ernst es nun wird. Man muss, sofern man nicht schon ausreichende Erfahrung hat, eine solche Umgebung zunächst bewohnbar machen, und das nicht nur im Sinne von ‚Wo kann ich nun meine Straßenschuhe unterbringen und meine Jacke aufhängen?‘, sondern auch in Richtung von ‚Was läuft in welcher Weise ab?‘

Die Uhren gehen anders als daheim und man ist sofort ein Objekt im gewaltigen Hightechapparat.

Dieser Zimmerkollege hat ein Melanom auf dem Ringfinger, und er ist deswegen noch im Operationssaal. Sein Melanom ist möglicherweise gefährlich, weil es vielleicht schon fernmetastasiert hat, und dennoch wie gerne würde ich meinen Magen gegen diesen Finger tauschen, die Risiken seiner Krankheit verkennend.

In der trügerischen Ruhe des leeren Zimmers beginne ich vorsorglich meinen Körper gedanklich zu teilen: In eine Chemiefabrik, also in einen augenblicklich nicht funktionsfähigen Verdauungsapparat und in meinen Kopf. Dieser beklagt sich im Moment über den Bauch.

Die gedankliche Trennung wird mir über manches hinweghelfen, selbst wenn sie Heiterkeit beim Klinikpersonal auslöst.

Kaum habe ich es mir etwas bequem gemacht, da fallen sie wie die Hornissen über mich her und ich bin sonderbarerweise froh darüber, denn nun geht es endlich los und ich habe die Hoffnung, dass alles bald besser wird.

Denn der Internist hat uns ja bei der Verabschiedung weisgesagt, dass in drei Wochen alles anders aussehen wird. Nur nicht wie.

Die Weinfahrt durch Franken

Mein Freund Axel ist begeisterter Radfahrer, obgleich oder vielleicht gerade weil er seit seinem fünfundzwanzigsten Lebensjahr an Morbus Bechterew, einer rheumatischen Erkrankung leidet, die die Gelenke versteift.

Axel hat dieser Krankheit die Stirn geboten. Ich habe ihn vor Jahren auf dem Flughafen in Tokyo kennengelernt, als er gerade im Begriff war, in eine Maschine der Garuda Airlines nach Bali einzusteigen. Ich selbst war damals auf der Reise von Tokyo nach Hongkong. Axel kennt die Welt, und seine Krankheit ist für ihn, zumindest scheint es so, eher eine Herausforderung als ein Hindernis.

Axel packt sein Fahrrad, wann immer ihm danach zumute ist. So fährt er von seiner herrlichen Wohnung in Nürnberg aus direkt an den Bodensee, wenn er gutes Wetter erwartet, und wenn sich seine Erwartungen dort nicht erfüllen, fährt er einfach weiter nach Saarbrücken. Ich frage ihn, ob er sich nicht irrt, wenn er mir das in seiner zurückhaltenden Art so schildert, doch nein, er kann sich genau an die Route und das Wetter erinnern, und das wäre doch keine so große Sache.

Axel ist nicht nur sportlich, sondern er ist auch ein gebildeter und kulturell außerordentlich interessierter Mensch. Er kennt viele Restaurants, hunderte in Paris und ebenso viele im kulinarischen Rest der Welt, und er kennt sich mit guten Weinen aus.

Axel ist der Meinung, dass man in einer Woche durchaus einige wichtige Sehenswürdigkeiten Frankens kennenlernen kann. Ich verspreche ihm dabei zu sein.

Axel denkt, es wäre am besten, am ersten Tag von Nürnberg nach Iphofen zu fahren – das wären nur etwa 80 Kilometer – dort die Vinothek zu besuchen, zu Abend zu essen, zu übernachten und dann nach Sommerhausen weiterzufahren – das wären lächerliche 40 Kilometer. Sommerhausen wäre ein zauberhafter Ort am Main inmitten üppiger Weinberge. Hier könne man abends herumspazieren, gut essen und übernachten, um am nächsten Tag nach Weikersheim zu radeln – wieder kaum 70 Kilometer. Weikersheim hätte ein zauberhaftes Schloss, einige schöne Restaurants und nette Hotels. Hier könne man abends herumspazieren, gut essen und trinken und übernachten. Am nächsten Trag könnte man den Riemenschneider-Altar in Creglingen besuchen, um daraufhin den Tauberradweg über Rothenburg ob der Tauber vorbei an der Altmühlquelle über die Kontinentalwasserscheide die lächerlichen 90 Kilometer nach Bad Windsheim zu packen. Bad Windsheim hätte ein interessantes Freilandmuseum, einige gute Restaurants, in denen man gut essen und trinken könne, und es hätte sicherlich auch gute Hotels, in denen man sich für die Heimfahrt nach Nürnberg – rund 70 Kilometer oder auch etwas mehr – wieder fit machen könne.

Das ist Axels Plan, und ich bin begeistert. Das könnte in der Tat ein guter Test für meinen vom Professor adaptierten Magen sein, und der Zeitpunkt wäre auch günstig, denn letztendlich läge die abschließende 17. Chemotherapie da schon wieder mehr als fünf Monate zurück. Was sollte es mich kümmern, wenn andere Jahre brauchten um Ähnliches zu verarbeiten.

Axel erklärt mir, was man mitnehmen müsse und was man am besten daheim ließe. Die Stofftaschen, die ich mir schon früher einmal für kleinere Fahrten in Österreich für mein Mountainbike gekauft und die ich im Gegensatz zu Axels Ortlieb Package dann immer irgendwie auf meinem Gepäckträger festgezurrt habe, waren schon bei den kleinen Fahrten bis zum Zerreißen gespannt, und wenn ich an irgendein Hemd heran wollte, musste ich die Hälfte des anderen Zeugs herausräumen. An ein Umpacken im Regen wagte ich angesichts dieser Packung gar nicht zu denken. Für weitere Fahrten in der Zukunft empfiehlt mir Axel daher gleich professionelle Taschen.

Zukunft! Axel denkt also an die Zukunft.

Im Moment mag ich nicht daran denken ein volles Fahrrad zu hantieren, war ich doch vor knapp zehn Monaten nicht imstande, läppische zwanzig Schritte allein auf dem Flur des Krankenhauses zu gehen und musste dabei von meinem Freund Max gestützt werden. Wenn nun das Fahrrad mit Gepäck dreißig Kilogramm auf die Waage bringen sollte, so wäre das schon eine besondere Herausforderung, und sich damit auch noch geschätzte 350 Kilometer aus eigener Kraft über Berg und Tal zu bewegen, wohl ein unerhörtes Wagnis.

Schon bei der Abfahrt und dann über die ganze Strecke haben wir herrliches Wetter. Es ist, als ob der Wettergott zu mir sagte:

„Fein, dass du wieder hier bist und dich in meine Hände begeben willst. Ich werde dir zeigen, wie schön unsere Welt ist."

Mit jugendlichem Elan fahren wir aus Nürnberg heraus, essen nach drei Stunden Fahrzeit zu Mittag. Die Hitze, der Biergarten, das Schnitzel – welch ein Unterschied zur Station in der Klinik. Aber war es nicht doch etwas leichtsinnig, so etwas zu unternehmen, nicht wissend, was geschieht! Was wird mein geschundener Magen zu diesen Anforderungen sagen, die ich nun an ihn stelle! Als Antwort erhält er als Test das Brennmaterial in Form von Sauerbraten, Gansbrust und Weißwein.

„Sie müssen probieren, was Sie vertragen", hatte der Professor ja schließlich gesagt. Welchen Sinn hätte meine Operation gehabt, wenn Sie danach nicht voll handlungsfähig wären. Probieren Sie es einfach aus, was kann schon passieren. Außer dass Sie wieder auf meinem Tisch landen ...

Ich interpretiere es bei der ersten Mahlzeit auf der Tour einfach so angesichts eines Benchmarks in Gestalt von Rehbraten mit Blaukraut und Blauburgunder, fordere die Fähigkeit meines Magens bis an die medizinischen Grenzen.

Auch wenn mein Inneres laut gurgelt und mich dabei an die Spüle in der Küche erinnert, die so etwas wie einen Identifizierungsrülpser von sich gibt.

Der Zustand des Verdauungstrakts ist nicht wie vor der Krankheit, aber immerhin kann ich mich wieder einer solchen Belastung stellen. Auch die Sitzposition auf dem Rad verursacht erstaunlich wenige Beschwerden. Ich versuche, mir während der Fahrt ab und zu die neue Geometrie meines Verdauungsapparates vorzustellen, wie er verbogen, gedehnt, gestaucht wird und gebe mich gleichzeitig den herrlichen Eindrücken der Landschaft, dem Geruch der Wiesen, den Geräuschen des Wassers und des Windes, den kulturellen und kulinarischen Impressionen hin.

Das geschmückte Iphofen hat sich auf unsere Ankunft vorbereitet. Wir fragen auf dem hoffnungslos dicht bevölkerten Hauptplatz in einem der schönen Hotels nach einer Unterkunft, und man teilt uns mit, dass soeben zwei Zimmer frei geworden sind, weil zwei Personen abgesagt haben. Wir sitzen in der lauen Septemberluft auf dem Platz, essen gebratenen Zander und trinken dazu edlen Frankenwein. Das hier muss eine Außenstelle des Paradieses sein. Die Krankheit hat mir eröffnet was das Paradies eigentlich ist.

Auch das Paradies liegt also am anderen Ufer – direkt neben der Hölle.

Der Morgen ist herrlich. Wir nehmen unser Frühstück ein, packen die Räder, machen uns auf den Weg. Die Mittagstemperaturen steigen über 30 Grad. Wir fahren über einen Marktplatz an einem Brunnen vorbei, lassen Pfarrer Kneipp mit einem exhibitionistischen Fußbad hoch leben, es verjüngt uns um viele Jahre und verkürzt die Distanz nach Sommerhausen auf einem Frugalweg durch die Weinberge. Axel kommentiert zunächst meinen permanenten Mundraub, vergisst aber bald die Gefahr, die nach seiner Meinung von gespritzten Weintrauben ausgeht.

Der Abend ist lau und ruhig, so herrlich wie in Iphofen. Wir genießen den Spaziergang in den alten Gassen, die Geräusche der Vögel, das Klappern der Bestecke beim Abendessen im Freien und freuen uns jetzt schon auf die Weiterfahrt am nächsten Morgen.

Zu Mittag essen wir in Markt Bibart in einem kleinen Garten direkt am Main in der von Weinreben gedämpften Sonne, trinken wieder fränkischen Rotwein, besuchen den Stadtpark von Bad Mergentheim, sehen mit Erstaunen, wie sich die Eisenbahn zwischen den blühenden Pflanzen hindurchschleicht und fliegen Weikersheim förmlich entgegen. Der Marktplatz der Stadt weht uns die Gerüche der Küchen in die Nase. In kurzen Hosen genießen wir den abendlichen Anblick des Schlossgartens, fangen mit vielen Klicks Eindrücke für die Daheimgebliebenen ein und begeben uns zur Ruhe für die morgige große Etappe über den Tauber-Radweg.

Der Blick durch die Bleigläser des Frühstücksraumes verheißt abermals einen herrlichen Tag. Die Enge des vornehmen Hotels öffnet sich nun zu der radlerischen Weite einer perfekten Landschaft – hier auf der Rampe von Creglingen die

Herrgottskirche mit dem unvergleichlichen Altar Riemenschneiders. Dort drüben baden Kinder in der Tauber. Alsbald überzieht uns Rothenburg mit japanischer Lebensfreude. Eine intergalaktische Begegnung mit Radlerfreunden aus fremden Landen und die Überquerung der Kontinental-wasserscheide bestärken unseren Eindruck mikro-topographischer Ferne. Wir fühlen uns als Teil einer pedalgetriebenen Zeitmaschine. In rasender Abfahrt hinunter in den Aischgrund holt uns Bad Windsheim als letzte Station heim ins Nürnberger Land.

Ich bin wieder daheim und es ist der 10. September. Auf den Tag genau ein Jahr nach der Diagnose meines Internisten. Er konnte nicht wissen, was er voraussagte und hat dennoch recht behalten.

Die Welt sieht nun anders aus.

Axel wird Anfang Februar 2018 durch einen überaus tragischen Vorfall sterben.

Die ersten Untersuchungen

17. September 2004

Der Griff einer Universitäts-Klinik ist in seiner medizinisch-spezifischen Weise erbarmungslos. Gleich nach der Aufnahme bin ich im CT-Raum. Brustkorb und Abdomen. Brustkorb? Vermuten die da etwas!? Der panische Griff nach der Formel: Keine Unsicherheit!

Beim unbewussten Aufsagen dieser Formel fallen mir die Formeln und Gebete verschiedener Religionen ein: An solchen

Ritualen konnten sich Menschen orientieren und aufrichten. Ich werde in der kritischen Zeit keineswegs frömmer werden, im Gegenteil. Viele Naturwissenschaftler haben eine differenziert-kritische Einstellung zum Glauben, zur Religion und zu einer Instanz, die man gemeinhin Gott nennt, und auch meine Einstellung ändert sich in dieser Not kaum. Aber die Parallelität zwischen meiner Formel und irgendwelchen religiösen Formeln ist auffällig.

Unzählige Augen und Hände sind im Spiel. Vor und hinter der dicken Bleiglasscheibe wuselt es. Hier steht das riesige Gerät, das sich mir vor Jahren bei einer Führung durch die Werkstätten der Medizintechnik von Siemens in Forchheim aus der Nähe eröffnet hat. Mit seinen Innereien, der Elektronik und den Antrieben steht es nun in voller Pracht vor mir. Damals hatte ich jeden bedauert, der da hindurchfahren musste. Auf die Idee, dass ich das einmal selbst sein könnte, bin ich nicht gekommen.

Nun aber bin ich froh, dass es dieses Gerät überhaupt gibt. Wie sich die Zeiten ändern. Die Innere Medizin besitzt bereits seit einigen Tagen ein Gerät mit viermal besserer Auflösung als dieses, in der Chirurgie gibt es aber eben nur das Alte. Schade, vielleicht könnte man mit dem neuen Gerät etwas sehen, was man mit dem alten noch nicht entdecken kann und die Behandlung entsprechend einrichten. Und damit eine noch vernichtendere Diagnose stellen ...

Ich erhalte eine krampflösende Infusion zur Gefäßerweiterung und dann – vor aller Augen – einen Einlauf, was nur beim ersten Mal gewöhnungsbedürftig ist. Dann geht es los. Alle verschwinden in den abgeschirmten Bereich. Ich komme mir vor wie auf der Bühne des Konservatoriums, während meines Musikstudiums, wenn die Lichter im Zuschauerraum ausgingen und nur die Bühne hell erleuchtet blieb. Hier besteht ein ähnliches Gefühl. Der Schlitten schiebt mich langsam durch die

Kreissäge, wie ich das Gerät später nennen werde. Eine überaus sympathische Frauenstimme gibt Anweisungen zu atmen oder nicht mehr zu atmen, die Röntgenröhre dreht sich mit rasender Geschwindigkeit. Eine Stretta der Medizin. Ich rechne sieben Milli-Sievert, die Strahlungsdosis, die mir der Radiologe genannt hat, in die alte Dosis-Einheit *Milli-Rem* um, die wir auf der Uni während des Studiums zur Kontrolle verwendet haben, um ein Gefühl für die Strahlenbelastung zu haben. Die Strahlenbelastung ist ungefährlich, aber in mir gehen furchtbare Gedanken hin und her, was sie wohl finden werden.

Wo ist die Formel? Sie funktioniert fast automatisch.

Ich möchte sofort wissen, was los ist, doch sie wissen zunächst noch gar nichts. Wie denn auch, unzählige Daten müssen zunächst ausgewertet werden. Das geschieht mit einer komplexen Software, die aus den milliardenfachen Ereignissen in den Szintillatoren ein geometrisches Bild errechnet. In den nächsten Monaten werde ich meinen Zustand besser kennen als je zuvor.

Unmittelbar nach der *Kreissäge* geht es in die Kardiologie. Vor der Operation muss der Zustand des Kreislaufs, insbesondere des Herzens untersucht werden. Auch die Menschen in der Kardiologie sind angenehm-verbindlich-freundlich und das Ergebnis der Untersuchung ist ermutigend. Aufgrund meines dauernden Trainings mit Fahrrad, Skiern und Hund ist zumindest dieser Teil meines Lebenserhaltungssystems in Ordnung. Spätestens jetzt stelle ich fest, dass es sich gelohnt hat, willkürlichen Raubbau an meinem Körper unterlassen zu haben. Die Untersuchungen machen mir klar, dass man ab jetzt alle Reserven abrufen wird. Eine zusätzliche Extrembelastung des Organismus wird dann in einer späteren Phase der Behandlung – der Chemotherapie – ohnedies noch erfolgen.

Von der Kardiologie geht es weiter zum Lungenfunktionstest. Ich sitze brav wartend und ahnungslos versehentlich auf dem Stuhl einer Nachbarabteilung, bin stolz, die Lungenmenschen in diesem riesigen Gebäude auf Anhieb gefunden zu haben, werde aber von einer Assistentin gleich auf mein Missverhalten hingewiesen und gebe mich sicherheitshalber reuig. Das Ergebnis ihres Tests wäre, wie sie mir erklärt, wichtig für die Narkose vor der demnächst anstehenden Bauchspiegelung. Mit dieser will man den Zustand des Tumors ermitteln, will feststellen wie groß er ist, was er behindert, denn zunächst ist er ja noch ein recht unbekannter Partner. Vom Ergebnis dieser Laparoskopie hängt die weitere Behandlung ab. Beim Lungenfunktionstest hat man so stark wie möglich in ein Mundstück zu blasen. Ich blase als ob es um mein Leben ginge. Kein Wunder, es geht ja um mein Leben.

Außerdem ist die Assistentin außergewöhnlich hübsch, ihr muss doch man imponieren. Sie gibt mein Lungenvolumen mit 255 % des Standardwertes an, was immer ein Prozent ist und doch ist es offenbar deutlich mehr, als die medizinische Literatur vorschreibt. Der etwas ältere, wohlbeleibte Anästhesist, dem sie diese Daten vorsichtig vorträgt, spricht von ‚unseriös' und dass man ‚so etwas doch nicht veröffentlichen könne', hat aber sonst keine Einwände, außer dass wir den Versuch mit ähnlichem Ergebnis wiederholen.

In dem darauf folgenden, sehr intensiven und durchaus persönlichen Gespräch mit ihm – das er in der angenehmen Art führt, wie es pyknische Menschen eben so tun –, erklärt er mir, dass man einem Patienten niemals etwas vorlügen dürfe, dass sein Neffe in einer Abteilung da drüben sowieso im Sterben liege und er ihm schon gesagt habe, dass da auch gar nichts mehr zu machen sei, vor allem weil er sich keine richtige Mühe gäbe, weiter zu leben. Dass ich mir aber im krassen Gegensatz dazu mit meinem Magenkrebs keine Sorgen machen müsse und dass wir uns in zehn Jahren beim Sommerfest der Klinik sicherlich wiedersehen würden, weil der Chef der Klinik ein ausgezeichneter Operateur sei und weil er auch schnell operiere.

Ich bin in mehrerlei Weise irritiert über diese positiven Ansichten, ob der ausgezeichneten Prognose auch einige Minuten erleichtert, ohne aber zu wissen, warum. Ich bin es solange, bis mir seine Worte wieder durch den Kopf gehen, dann schlägt seine Aufmunterung ins Gegenteil um. Was meint er nur damit? Will er mich ablenken?

Wo ist also jetzt die Formel? Ich erweitere sie: Hier arbeiten nur Menschen. Vermeide irgendeine Form von Unsicherheit oder gar Angst. Man will dir nur helfen. Dazu muss man wissen, was du hast. Es nützt dir nichts, deine Kraft in irgendwelchen Vermutungen zu verschwenden, die sich später als irrelevant herausstellen können.

In einem wichtigen Punkt hat er tatsächlich recht: Der Chef operiert hervorragend und schnell. Erst einige Wochen später wird man mir klar machen, weshalb Geschwindigkeit bei der Operation entscheidend ist: In der Onkologischen Chirurgie müssen in der Regel befallene Lymphknoten entfernt werden. Dies muss radikal und gleichzeitig sehr sorgfältig geschehen, auch wenn es viele Knoten sind. Deshalb muss der Operateur außerordentlich sachkundig, geübt und schnell sein. Er muss sicher einschätzen können, was zu entfernen ist sowie ob und wie es entfernt werden kann, denn die Narkosezeit soll ja möglichst kurz sein. So wird mir das später als medizinischem Laien erklärt werden. Dass der Anästhesist meine Überlebenszeit in überschwänglicher Weise mit mindestens zehn Jahren prognostiziert, führe ich später auf seine emotional-sympathische Art zurück.

Zehn Jahre später werde ich an ihn denken. Ich werde über unsere Diskussion belustigt der Mannschaft erzählen, zum Sommerfest allerdings nicht in Erlangen sein. Noch später aber, 2015 bei der Abschiedsvorlesung des Professors, werden wir einander wieder begegnen. Dort wird er filmen und mich in der dritten Reihe des Hörsaals ansprechen, obwohl wir uns in der langen Zwischenzeit nicht gesehen haben.

Zurück auf die Station

17. September 2004

Nach dem Untersuchungsmarathon erreiche ich müde, schwach und doch irgendwie zufrieden meine Station, mein Zimmer und dort erstmals mein Bett. Es ist mittlerweile 15 Uhr.

Ich habe bis jetzt nichts gegessen.

Der Zimmerkollege ist eingetroffen. Er ist noch in Narkose, sein ganzer Oberkörper von der Desinfektion mit gefärbtem Alkohol gelb. Ich denke an seinen Finger. Wenn schon bei einem lächerlichen Finger eine solche Behandlung erforderlich ist, wie wird das dann erst bei meinem Magen sein?

Meine Formel beruhigt mich.

Die Schwestern kommen zum Glück jetzt noch mit dem Mittagessen. Sie servieren es mir liebevoll, aber ich kann fast nichts mehr essen. Es ist grauenvoll, deswegen bin ich ja hier. Aber sie wollten es einfach nicht glauben. Ich versuche einige Löffel, das meiste schicke ich zurück. Daran habe ich mich in den letzten Wochen gewöhnt. So kann es nicht weitergehen.

Ich schalte den Fernseher an. Es kommt eine Reklamesendung über den WLAN-Anschluss eines Computers und seine Vorteile. Eine neue Entwicklung. In den nächsten Tagen werde ich diese Sendung noch 500 oder 1000 Mal sehen. Zumindest kommt mir das so vor. Es ist, als ob man mich mit dieser idiotischen Reklame auch psychisch kaputt machen will. Ich schalte durch die Programme. Es gibt nichts, wofür es sich lohnen würde, weiter hinzusehen. Ich erkenne, dass ich mir bei der Auswahl der Bücher keine besonderen Gedanken gemacht habe. In dieser Umgebung ist es wichtig, welche mit anspruchsvollem Inhalt und geringem Gewicht zur Hand zu haben. Vielleicht bleibt mir gar nicht mehr so viel Zeit für Bücher. Und wenn ein Buch sehr schwer ist, kann man es einfach nicht über längere Zeit halten. Ein scheinbar läppisches Kriterium. Anspruchsvolle Literatur kostet nicht Kraft, sondern spendet welche. Sonderbar, wie sich der Bedarf geändert hat. Man kann nicht ununterbrochen schlafen.

Auch ist die Möglichkeit auf der Straße oder in der Klinik spazieren zu gehen, eher beschränkt. Das Fernsehen ist in diesen langen Tagen zwar nicht verzichtbar, aber bis auf wenige Ausnahmen ein ziemlich dürftiges Medium. Einerseits besteht der Drang, etwas zu lesen oder zu sehen, andererseits spüre ich, wie dies zum Zwang wird. Immer öfter merke ich, wie ich beginne mich durch Bücher, Tageszeitungen oder das Fernsehen unter Druck setzen zu lassen, aber auch wie ich diesem Drang bewusst oder unbewusst entgegenwirke. Wie ich versuche, mich zu entspannen, also einfach auf dem Bett liege und ruhig über etwas nachdenke, im wesentlichen über wissenschaftliche und philosophische Fragen.

Im krassen Gegensatz dazu frage ich mich gelegentlich auch, warum mir bei all den Horrornachrichten aus den Medien über die Menschen und ihr Tun so viel an der Verlängerung meines

Lebens liegt und mir auch noch so viele Leute dabei helfen wollen. Um noch mehr über Attentate und Verschmutzung zu erfahren? Ist es das, was den Wert des Lebens ausmacht?

Schon wieder die WLAN-Reklame.

Der Zimmerkollege wacht langsam auf. Er jammert irgendetwas. Vielleicht hat er Schmerzen. Zunächst beobachte ich ihn interessiert. Wie wird das dann bei mir sein? Kann ich jetzt schon von ihm lernen, wie ich mich später verhalten soll? Nein, das wird vielleicht völlig anders sein.

Es ist September und der Tag neigt sich dem Ende zu. Es wird dunkel. Wie wird die erste Nacht und wie werden die weiteren Nächte sein? Ich habe wenig, eigentlich gar keine Erfahrung mit Krankenhäusern. Ich sehe aus dem Fenster. Es ist ein lauer, romantischer Abend.

Ich gehe auf den Balkon. Aus dem zehnten Geschoss des Gebäudes kann man die Lichter der Stadt betrachten. Es wimmelt von Menschen und Fahrzeugen auf der Straße, auf dem Parkplatz und auf dem Hof.

Sie sind unendlich weit weg.

Das da unten ist ein anderes Reich. Über jedem dieser Menschen schwebt sein individuelles Schicksal. Er kennt es nur noch nicht. Ich hingegen glaube meines schon zu kennen. Das sagt meine Frau nun immer öfter, wenn sie mich trösten will. Nämlich, dass unser aller Schicksal bereits geschrieben ist. Das ist ihre Formel.

Ich gehe wieder ins Zimmer. Der Zimmerkollege stöhnt, murmelt ein paar Worte. Ich lege mich ins Bett, stelle den Fernseher ohne Ton an. So ist das Fernsehen erträglich. Am besten ohne Bild und ohne Ton, sagte einmal der Schauspieler Axel von Ambesser.

Ich lese eine Zeitung. Eigentlich ist es ziemlich sinnlos irgendetwas zu lesen. Neuigkeiten sind für Schlussfolgerungen gut. Welche Schlussfolgerungen aber soll ich ziehen, was soll ich daraus lernen, was kann ich später besser tun? Später. Welches Später?

Ich gehe aus dem Zimmer auf den Gang. Er ist unwirklich hell erleuchtet. Auch eine Parallelwelt. Hier auf dem Gang die Geschäftigkeit der Klinik, die Uhren, die Termine, Aktionen – drinnen im Zimmer die stationäre Situation. Station. Hier drinnen gehen keine Uhren mehr. Die Zeit steht still. Draußen aktive Menschen mit einer Zeit. Jeder hat seine Zeit. Oder keine Zeit. Hier drinnen ist alles passiv. Hoffnung ist passiv. Hoffnung kann deshalb auch nicht sterben. Sterben kann nur etwas, das aktiv ist. Die Hoffnung stirbt zuletzt. Ein sinnloser Satz.

Ich schlafe ein. Es ist Freitag. Der Tag vor dem Besuch des Professors. Wenn er kommt, wird alles besser werden. Alles wird anders.

Der erste Morgen im Krankenhaus

18. September 2004

Der Morgen eines Krankenhauses ist eindrucksvoll, laut und dynamisch. Der Vergleich mit einem Jahrmarkt drängt sich auf, und man hat den Eindruck, dass hier überhaupt niemand krank ist. Aus dem Rhythmus der Schritte des Klinikpersonals klingt die Verantwortung für die Gesundheit. Wie an einer Hauptverkehrsstraße muss jeder, der jetzt das Zimmer verlässt, links und rechts schauen, andernfalls wird er überrollt. Für das Kranksein ist am Morgen keine Zeit.

Es fahren Wagen mit Medikamenten, Verbandsstoff, Sauerstoffmasken, Frühstück, Teekannen und so weiter in außerordentlicher Geschwindigkeit, gezogen und geschoben von dienstfertigem Personal. Ab und zu kommt ein Patient in einem Bett vorbei. Weißes Gesicht. Eine Flasche mit Irgendetwas auf dem Infusionshaken.

Alle, die sich nicht in einer solch sicheren Lage befinden und doch der sinngemäßen Bezeichnung *Patient* gerecht werden und langsam über den Flur schlurfen wollen, die also nur auf kleine Geschwindigkeiten und langsame Reaktionen eingestellt sind, sind im Augenblick ungünstiges Beiwerk und in Gefahr überrollt zu werden. Als solches tut man gut daran, sich nach den üblichen Erledigungen ins eigene Bett zu legen und still der Dinge zu harren, die nun kommen werden.

Die Räumlichkeiten der Klinik, in der ich beginne den ersten von drei Akten meiner Behandlung zu verbringen, sind schon einigermaßen betagt. In den Zweibettzimmern herrscht zweckmäßige Gemütlichkeit. Das Fehlen von Toiletten auf den Zimmern allerdings wird von verantwortungsvollen weiblichen Patientenbegleitungen als verheerend bis katastrophal apostrophiert. Ob es sich in Einzelzimmern mit Dusche und Klo angenehmer stirbt, als in einer solchen Standardumgebung, kann ich nicht beurteilen. Sicher auch seltener, weil es hier im sogenannten *Bettenhaus* nur ein Zimmer der elitären Art gibt, für das sich viele Besucherinnen verantwortlich fühlen.

Ich schätze den Einfluss der Umgebung auf die Überlebenschancen als eher vernachlässigbar klein ein. Doch legt der gepflegte Mensch in jeder Lebensphase eben Wert auf ein angenehmes Umfeld. Bis in den Tod. Daher sollte eben auch hier deutsch geduscht werden können. Erstaunlich, worauf die Menschen Wert legen.

In unserer Firma war in der letzten Zeit die Befähigung zur *Sozialen Kompetenz* in Mode gekommen und überaus wichtig geworden. Von potentiellen Aufsteigern in verantwortungsvolle

Positionen musste die charakterliche Anlage plausibel ausgewiesen werden. Krawatte mit stilsicherem Anzug, Ruhe und vor allem der geschulte 120 °-Winkel der Mittelhand bei wichtigen Hinweisen gehörten zu den untrüglichen Kennzeichen einer sozialen Kompetenz. Der Fachlichen war sie in der modernen Gesellschaft mindestens ebenbürtig geworden, unter dem Motto *Besser blöd und freundlich, als kompetent und frech.* Daher war ein toilettenfreies Zimmer in der Onkologie für eine dekadente Besuchergruppe ein *No Go.* Weniger für den Patienten, der mit sich selbst ja genug zu tun hatte und den das wenig kümmerte. Ich fragte mich bei solchen Auftritten gelegentlich, ob irgendwer in diesem Umfeld hier fachliche Kompetenz gegen die soziale tauschen würde, und war keineswegs sicher von allen ein Nein zu erhalten.

Ich jedenfalls wäre nicht bereit zu tauschen. Kein Klo gegen Leben also.

Gemeinsam mit einem Mit-Patienten hatte ich daher einige Tage hindurch die missliche Situation eines Zweibettzimmers ohne Toilette, aber mit Balkon und Blick auf einen Park durchzustehen. Ein kleiner Trost für mich war die überragende Kompetenz des chirurgischen Personals.

Im Moment ist der Arme ziemlich fertig, weil sie ihm wegen dieses verdammten Melanoms den Arm aufgeschnitten haben. Hoffentlich schnarcht er nicht mehr als ich? Was ist, wenn er das Fenster dauernd offen oder geschlossen haben will? Was ist, wenn er jammert, was wenn, wenn, wenn?

Was einem da so alles durch den Kopf geht und aber nichts von alldem sein wird, vielleicht.

Er ist sehr nett. In den Tagen, die wir zusammen verbringen, führen wir anregende Diskussionen. Wir sind von Anfang an sehr offen zueinander, und ich bin heute davon überzeugt, dass unser

Zusammensein manches zu meinem positiven Krankheitsverlauf beigetragen hat. Auch wenn er am Anfang keinesfalls so toll ausgesehen hat.

Die Auseinandersetzung mit dem Schicksal hat uns beiden geholfen, und ähnliche Erfahrungen werde ich in den nächsten Wochen im Rahmen der weiteren Behandlung meiner Krankheit mit sechs oder sieben Menschen machen und auch wenn mich manches belustigt hat, niemals enttäuscht werden. Ich bin überaus dankbar sprechen zu können. Ich fühle mich an diesem ersten Morgen völlig anders als am Abend zuvor. Irgendwie bin ich sonderbar high.

Das Frühstück kommt stets in Begleitung zweier Damen, die mit ihrer Leibesfülle förmlich dafür werben und deren Entschiedenheit, ihre Produkte an den Mann zu bringen, nichts zu wünschen übrig lässt. Ich bin noch nicht formal in den Apparat der Klinik integriert und muss mich daher spontan der Frage nach meinen Frühstückswünschen stellen. Das kann ich völlig unbeschwert tun, denn ich kann ja ohnedies nichts essen. Der Ablehnung des Frühstücks wird aber seitens der Damen nicht stattgegeben. Also sage ich Ja und lasse es stehen. Mein Zimmerkollege erhält eine Sonderbehandlung, er ist im Gegensatz zu mir essensfähig, aber noch nicht richtig ansprechbar.

Die Post-Frühstücksdiskussion über das *Warum-haben-Sie-wieder-nichts-gegessen* und meine Begründung dazu sind ab sofort jedes Mal beim Abservieren Gegenstand einer sozial-ethisch-medizinisch-philosophischen Auseinandersetzung mit dem Personal. Das sogenannte Semmel-Butter-Marmelade-Dilemma. Als Kriegskind tut es mir natürlich leid, dass die Semmeln, die Butter, die Marmelade und das ganze andere Zeugs im Müll landen werden, wo doch die halbe Menschheit am

Verhungern ist. Aber mit meinem Magen kann ich die Menschheit im Augenblick nicht retten. Ich habe resigniert und das Procedere bleibt daher jeden Morgen das gleiche. Die Menschheit muss es mir verzeihen.

Es wird mir klar, dass es so nicht weitergehen kann. Die Frage nach der Alternative stellt sich mit zunehmender Schärfe. Wie es weitergehen kann, wird mir der Professor ja sehr bald erzählen. Er hat mir schon vor einigen Tagen bei der Aufnahme mitgeteilt, dass er mich am Montag oder Dienstag operieren will. Das ist zwar keine unbedingt wünschenswerte Perspektive, aber man muss sich ihr stellen. Also bin ich gespannt auf seinen Besuch. Mit den ersten Untersuchungen am gestrigen Tag habe ich meinen Teil dazu beigetragen – wir wissen also bereits alles, was wir wissen müssen, um handeln zu können. Das ist meine Meinung.

Die Visite

18. September 2004

Mein Zimmerkollege ist seit einiger Zeit schon ansprechbar, hat aber noch keine richtige Lust, lange Diskussionen zu führen. Ich kann das verstehen. Man hat ihm den Ringfinger amputieren müssen und man musste die Lymphknoten in der Achselhöhle entfernen, um sein Leben zu retten. Er hatte jahrelang ein Melanom unter dem Nagel und er hatte panische Angst vor der Entfernung dieses Nagels. Eine solche Aktion wäre für die Frühdiagnose erforderlich gewesen. Vor einigen Wochen nun hat sich die Farbe des Nagels geändert, es waren plötzlich feine rote Streifen zu sehen. Sie waren vorher noch nicht da. Dann ging er zum Arzt. Es war schon reichlich spät.

Nach der Operation wird er noch lähmend lange Tage auf den kritischen Knochenbefund warten müssen. Der Befund wird negativ sein. Das weiß er jetzt noch nicht.

Es waren zwei Jahre seit jenem Kennenlernen im Krankenhaus vergangen, da habe ich ihm wieder eine E-Mail geschickt. Er hat mir kurz von seiner Reise nach Australien und Bali berichtet. Er war in bester Verfassung. Die fortschrittliche Medizin hat ihre Fähigkeiten wieder einmal unter Beweis gestellt. Ich habe an die damalige lächerliche Kritik an den kleinen Mängeln des Bettenhauses gedacht.

Ich warte auf die Visite. Das Eintreffen der Ärzte ist für Krankenhausprofis an vielen Merkmalen zu erkennen. Da ist diese gewisse Unruhe im Personal. Es verhält sich wie das Meer, das in eigenartiger Weise knistert, bevor sich ein schwerer Sturm einstellt. Die Annäherung geballter Kompetenz ist körperlich spürbar.

Ich bin diesbezüglich noch unerfahren und unsensibel, doch werde ich bald wissen, was ich ohnedies schon weiß, nämlich den Zeitpunkt der Operation.

Ganz vorne, ruhig, geht der Professor über den Gang, begleitet von der leitenden Schwester, die alle Mappen mit den Patientenakten in der Hand hat. Jede Mappe enthält ein stark komprimiertes Schicksal. Bei jedem Patienten klappt sie die aktuelle Seite der betreffenden Mappe auf. Diese Frau ist gleichsam die Stimmführerin im alltäglichen Konzert des Orchesters, das man Krankenhaus nennt.

Ähnlich wie ein Dirigent seine Partitur liest und daraus ersieht, wo die Bratschen wieder einmal schleppen oder der Chor seinen Einsatz verpassen könnte, so informiert sich der Professor in dieser Komposition der Krankheiten anhand der Mappen über den Zustand jedes Patienten. Über seine Werte und die

Medikamente, die er einnehmen muss und darüber, was eventuell intensiver untersucht werden sollte. Auch hier gibt es Adagio, Allegro, und es gibt vor allem Sequenzen in Dur und moll.

In angemessenem Abstand folgen dem Professor die Fachärzte aus allen erforderlichen Bereichen. Sie sind über die Detailfragen informiert. Auch mein persönlicher Betreuer ist dabei. Es beruhigt mich, einen solchen persönlichen Ansprechpartner zu haben, dem ich meine Wünsche und Sorgen mitteilen kann und der mir mit Rat und Tat zur Seite steht. Nach den Fachärzten kommen die jungen Ärzte. Sie sollen ja etwas lernen. Ich lerne auch etwas dabei. Ich lerne die einzelnen Ärzte einzuschätzen. Nach den jungen Ärzten kommen die Schwestern. Aus ihren Augen kann man das meiste erkennen, denn sie können und mögen sich nicht verstellen. Sie werden nicht durch jene akademische Barriere abgeblockt, die wie eine semipermeable Schicht zwischen Arzt und Patient liegt. Aus ihrer Mimik kann man noch Sorge, Glück, Erleichterung, Hoffnung und Bestürzung erkennen, jene Gefühlslagen, die das eigene Schicksal widerspiegeln. Ich studiere diese Gesichter.

Die Tür geht auf: Der Professor tritt ins Zimmer. Er geht am Bett meines Zimmerkollegen vorbei. Dieser wird vom Handchirurgen betreut, der gleich nach dem Professor hereinkommt und an der Türe stehen bleibt. Der Professor tritt an mein Bett und um Zeit zu sparen, beginnt er gleich beim Eintreten mit der Anrede „Herr Moldaschl!" Dabei sieht er über den Brillenrand auf mich. Mit diesem Blick durchschaut er alles. „Herr Moldaschl" ist dabei gleich der Einstieg in den nächsten Satz. Dieser Satz lautet im positiven Fall: „Sie werden bald wieder gesund." Im ganz negativen Fall lautet er: „Sie werden bald sterben." Dazwischen gibt es verschiedene Abstufungen, die mit verschiedenen Adverbien garniert werden können, um den

Patienten einerseits nicht zu sehr in trügerischer Gewissheit zu lassen und um ihn andererseits auch nicht zu sehr zu verschrecken. Zu fröhliche oder zu verschreckte Patienten sind nicht gut für ein Krankenhaus, die Balance muss gewahrt werden, denke ich mir. Ein Scherz nur. Mir ist fast zum Scherzen, denn der Professor wird jetzt gleich zur Sache, zur Operation kommen, zum Wann und Wie. Dann wird er operieren und dann wird alles gut. Es wird alles anders. Der Zimmerkollege ist fast so gespannt wie ich. Der Professor hat im allgemeinen viel Stress, er kann sich nicht mit langen Sätzen aufhalten, er spricht immer, oder fast immer, kurz und klar, und alles, was er sagt, hat Hand und Fuß. Kein Scherz. Leider.

Hier ist jetzt kein Platz mehr für Scherze. Aufgepasst!

„Herr Moldaschl, ich habe mir Ihre Untersuchungsergebnisse angeschaut."

Aha, jetzt kommt der Satz. Der Zeitpunkt der Operation.

„Wir werden morgen eine Laparoskopie durchführen."

Komisch, so heißt die Operation? Ich dachte, das wäre eine Billroth-Operation.

„Wir brauchen noch weitere Informationen über den Zustand des Tumors. Deshalb werden wir zuerst eine Bauchspiegelung durchführen. Von dieser wird dann unser weiteres Vorgehen abhängen. Haben Sie noch Fragen?"

Herr Moldaschl und *Haben Sie noch Fragen?* waren die Standardformulierungen von Exposition und Coda, und er gebrauchte sie später immer in derselben Weise.

Mehr als zehn Jahre später sprachen wir beide über diese Bedingungen vor der OP. Unglaublich, dass wir in ganz anderer Weise, Form und Nähe zusammengetroffen waren, als man vermuten konnte. Nicht aus diesem spezifischen Grund, der die

Behandlung des Magenkrebs vorübergehend gestoppt hatte. Auch nicht, weil er mir später, kurz vor seiner Emeritierung, auf meinen Wunsch noch einen Leistenbruch operiert hatte. Vergleichsweise eine Kleinigkeit war das für ihn vermutlich gewesen.

Nein, es war das allumfassende Thema von Missverständnissen verschiedenster Art. Missverständnisse, wie sie nicht nur die Medizin betreffen. Ich hatte meinem Professor vorgeschlagen, ein gemeinsames Buch zu diesem Problemkreis zu schreiben. Er hatte spontan zugestimmt.

Aber jetzt war die Situation komplett anders. Auf den ersten Blick schien sie mir überaus kritisch zu sein oder zu werden. Und freilich, tausend Fragen hätte ich noch. Vor allem, ob ich nun am Montag oder Dienstag operiert würde. Einen Moment bitte noch.

Aber er ist schon wieder weg. Nichts Kritisches also wird es offenbar sein mit mir, sonst hätte er es sicherlich genauer erklärt.

Bei den ersten Malen hat mich das Tempo noch irritiert, mit der solcherart Fragen abgehandelt wurden. Bald werde ich mich daran gewöhnt haben, und Jahre später werde ich vieles verstehen.

Es gibt einfach keine Zeit hier, um eigene Gefühle herunterzulabern. Das wäre auch sinnlos, denn es würde kein Jota weiterhelfen. Wirkliche Hilfe kann nur aus einer Kompetenz kommen, die jahrzehntelange Übung und Erfahrung voraussetzt.

In derselben Ruhe wie ihr Captain und ohne die geringste Hast, aber mit derselben unerbittlichen Stringenz ist nun die gesamte Mannschaft, diese x-köpfige, Ich-weiß-nicht-wieviel-köpfige, diese Wer-war-eigentlich-noch-da-Mannschaft, verschwunden. Aber jetzt?

Es ist kaum zu fassen, aber sie haben offenbar inmitten dieser unheimlichen Ruhe, die der Captain perfekt auf die Mannschaft übertragen hat, alle notwendigen Informationen gesammelt, und vermutlich hat er bereits alle wichtigen Beschlüsse gefasst.

Und es dauerte nicht mehr allzu lange bis ich wusste, was weiter geschehen würde.

Vorbereitung auf die erste Operation

18. September 2004

Ich bin geistig derart auf die demnächst stattfindende Magen-operation fixiert, dass es mir nun schwer fällt, eine andere Variante zu denken, gleichgültig wie sie aussehen mag. Es sei denn es gäbe einen besonderen medizinischen Grund. Und ein solcher ist mir im Moment nicht bekannt.

Diesen Grund werde ich vierzehn Jahre später erfahren. Er traf in der medizinischen Fachsprache präzisiert das Omentum minus und es war dessen Zustand, und vor allem was er anzeigen konnte, weshalb der Professor damals nicht sofort operiert hatte.

Dieses Omentum minus war wohl schon Ziel einer Metastasierung. Da es aber vom Bauchfell überkleidet ist, konnten unter ihm erfahrungsgemäß zahlreiche Mikrometastasen verborgen sein. In meinem Fall sollte es bereits zur Bauchfellstreuung gekommen sein, zur Peritonealkarzinose gekommen, und eine Operation würde dann langfristig wohl erfolglos sein.

Dass ich in diesem Augenblick in eine überaus kritische Phase getreten war, war mir durchaus bewusst.

Vierzehn Jahre später hatte sich der Dampf gelegt und wir sprachen darüber. Noch aber war es nicht so weit.

Der begleitende Arzt des Professors kommt jetzt zurück in mein Zimmer.

Er erklärt mir meine Situation recht genau. Was sie aus den vorliegenden Untersuchungsergebnissen ableiten konnten und vor allem was nicht. Jedenfalls wissen sie offenbar noch zu wenig für weitere Maßnahmen. Das sagt er zwar nicht explizit, aber ich merke es.

Wohl dass sie, genauer dass der Professor jedenfalls noch eine entscheidende Information braucht, und dass sie deshalb – sozusagen – in den Bauch hineinsehen müssen.

Er wirkt unsicher und ich bin unsicher.

Weshalb das erforderlich ist, sage ich ihm, sei mir noch nicht klar, da mein Internist ohnedies schon eine Magenspiegelung durchgeführt hätte.

Aber das wäre ja nur ein Blick **in** den Magen gewesen, präzisiert der Arzt, doch sie brauchten noch einen von außen **auf** den Magen.

Wie das ginge, frage ich.

Man mache einfach ein paar Löcher in den Bauch, führe eine Optik ein und schon sähe man was los sei, sagt der Arzt. Dazu brauche man allerdings eine Narkose. Und da seien wie immer, noch ein paar Risiken. Diese hätten sie mir auf einem Zettel zusammengeschrieben. Den müsse ich dann vor der OP unterschreiben. Auch wären da Angaben zu anderen Krankheiten zu machen, die man gehabt hätte oder noch habe und zu Medikamenten, die man einnähme. Aufregung darüber?

Keine. Weshalb. Es gibt ja keine wirkliche Alternative. Risiken?

Natürlich. Wie immer. Im schlechtesten Fall könne man auch sterben.

Der schlechteste Fall sei was? Die Formel muss wieder her. Oder auch nicht.

Der Anästhesist, der die Narkose durchführen soll, besucht mich gleich nachher. Sein Besuch und auch die späteren Besuche von anderen Ärzten werden stets von der Stationsschwester oder von meinem Leibarzt angekündigt. Dieser Anästhesist ist nicht der Dicke. Nicht jener mit der hübschen Assistentin. Dieser hier hat aber auch alle Daten des Lungenfunktionstests dabei, und er ist nicht einmal besonders begeistert von den Ergebnissen. Vermutlich wäre ihm ein Lungenvolumen von zehn Litern noch angenehmer als meine lächerlichen fünf, sechs oder sieben – was immer die Schönheitskönigin da gestern gemessen hat.

Irgendwie bin ich enttäuscht. Er fragt mich nach eventuellen Zahnprothesen, und ich erkläre ihm, dass ich das kostbare Geschiebe im Unterkiefer nicht entbehren könne und auch nicht wolle, weil sonst einzelne, schon etwas schwache Zähne draufgingen.

Er erklärt mir, dass er *endotracheal* intubieren müsse, und ich erkläre ihm, dass mir das gleichgültig wäre und dass ich nichts von einer gelungenen Magen-OP hätte, wenn ich nachher nichts mehr beißen könne und dass man das alles ganzheitlich sehen müsse.

Ob meiner massiven Argumentation kapituliert er wie alle anderen Anästhesisten nach ihm. Nur ein kleiner Eiferer wird mir einige Wochen später zeitweilig Schwierigkeiten machen und seinen Chef zur Entscheidungsfindung holen, was ihm letztlich aber auch nichts nutzen wird.

Ich unterschreibe den Zettel, er nennt mir nochmals den Termin des operativen Eingriffs und wir verabschieden uns bis zu unserem Rendezvous im OP-Saal.

Ausflug in die Freiheit

18. September 2004

Nun habe ich meine Angelegenheiten erfüllt und bin sozusagen frei. Meine Tochter besucht mich zu Mittag, um zu erfahren, wie es mir geht. Mir geht es schlecht, sehr schlecht und zunehmend schlechter, aber ich sage ihr kein Wort davon. Das ist zwar gegen meine eigene innere Abmachung, aber ich würde lieber sterben, als ihr zu sagen, wie schlecht es mir wirklich geht.

Ich lasse mich von der lieben Stationsschwester für ein paar Stunden von der Klinik freistellen, höre mir die Risiken an, unterschreibe den Gesundheitswechsel, wechsle die Krankenhauskluft gegen eine Jeans und eine Jacke, und fühle mich in diesem Moment gesund genug, um mit meiner Tochter aus dem Haus zu gehen.

Wir gehen in die Stadt. Es ist ein wunderschöner Vormittag. Die Leute auf der Straße sind fröhlich, die Restaurants voll wie an einem Sommertag in Italien. Der Weg in die Stadt ist anstrengend für mich, viel anstrengender, als ich mir gedacht habe, obgleich ich die kurze Veränderung des Umfelds genieße. Wir setzen uns auf dem brechend vollen Marktplatz an den Tisch einer Eisdiele und bestellen ein Eis. Eiscreme ist etwas, das seit einigen Wochen im fast gänzlich begrenzten Speiseplan eine wesentliche Rolle einnimmt. Auch schon in den Tagen des letzten Seminars war das so gewesen, das ich in München gehalten habe.

Ich erinnere mich, dass ich auf dem Stachus mit einer gewissen Erleichterung feststellen konnte, zumindest Eis gut zu vertragen. Damals hatte ich noch keine Ahnung, was mir in einigen Wochen bevorstehen würde. Als ich mit einer Kollegin abends ein Bier trank, musste ich die Hälfte davon stehen lassen und negierte auch dieses Warnsignal

Gerade heute verschlechtert diese Erinnerung mit beängstigender Heftigkeit meine innere Verfassung. Die Diskrepanz zwischen meinem Zustand und der herrlich flirrenden Luft rührt mein Innerstes: Wie lange werde ich es wohl noch schaffen? Wie ich all diese Leute hier beneide. Sie wissen gar nicht wie gut es ihnen geht. Im Augenblick nützt auch die Formel nichts mehr, in einer Stunde wird sie mir auf dem Rückweg gerade noch helfen, nicht auf offener Straße erbrechen zu müssen. Aber noch sitzen wir ja an unserem Tisch und ich versuche mich so locker wie möglich zu geben. Ich kann meiner Tochter ansehen, wie sehr sie mit mir leidet. Wir beide spielen uns etwas vor.

Sie soll nicht merken, wie schlecht es mir geht.

Und ich soll nicht merken, dass sie es weiß.

Die kurze Zeit in der Freiheit der Stadt läuft schmerzlich schnell ab. Ich will zurück in die Klinik, diese Art von Freiheit macht keine Freude mehr. In der Klinik sind wir wenigsten unter uns. Viele sind schwerkrank. Auf den Fluren sprechen sie nicht viel. Tragen ihr Schicksal und versuchen stillschweigend, den Zustand der anderen Patienten zu erfühlen. So können sie hoffen, dass er schlechter scheint als der eigene. Wie lange wird es dieser noch schaffen und dieser und dieser.

Die scheinbar unverrückbar ewige Gesundheit hier im Restaurant, die tatsächlichen Gegensätze aber von Glück und Leid, Gesundheit und Krankheit, Gewinn und Niederlage, belasten mich jetzt, denn ich beginne in den Menschen vieles zu erkennen, was mir bisher verborgen geblieben ist.

In der Klinik hingegen existieren diese Färbungen nicht mehr, keine also zwischen Krankheit und unverbrüchlich glückseliger Freiheit und Gesundheit.

Hier draußen haben sie nicht die geringste Ahnung von den Varianten der Zukunft. In dieser Freiheit, diesem Glück, auf dem hell erleuchteten Platz in der Stadt hätte man den Leuten sagen mögen: Wisst Ihr eigentlich, wie lange ihr noch leben werdet?

Ich beginne mit meinem Schicksal zu hadern. Doch ein Vergleich mit den Gesunden bringt nichts, ich habe nichts davon, niemand hat etwas davon. Also muss diese Versuchung im Keim erstickt werden. So ersticke ich sie.

Wir gehen in die Klinik zurück. Es ist eine kurze Strecke und ich bin sie früher oft gegangen. Dieses Mal aber nehme ich sie in ganz anderer Weise wahr als irgendwann zuvor. Es ist mir speiübel und ich bin froh wieder im das vertrauten Umfeld der Klinik aufgenommen zu werden. Es bietet mir Sicherheit und diese Sicherheit hat spürbar positiven Einfluss. Meine Tochter begleitet mich in das Zimmer. Der Kollege döst vor sich hin. Er ist nicht wach, schläft aber auch nicht. Sein Zustand überträgt sich auf mich. Wie wird es mir wohl in einigen Tagen gehen? Meine Tochter und ich wechseln ein paar scheinbar verbindliche Sätze:

„Wie geht es dir jetzt?"

„Danke, ganz gut."

„Was soll dir Mama das nächste Mal mitbringen?"

„Ich werde dich wieder besuchen. Ich komme das nächste Wochenende wieder aus Salzburg her."

„Nein, das macht mir nichts aus. Ich werde mit meinem Bekannten reden. Er kann dich ja besuchen. Du kannst dann wichtige Dinge mit ihm besprechen."

„Soll ich der Mama was ausrichten?"

Der Ton hat etwas verbindlich Hoffnungsloses und tut uns beiden weh. Sie geht. Ich schalte den Fernseher an. Es ist wieder dieselbe Reklame über den Vorteil von Bluetooth bei den neuen Rechnern. Keine Strippen mehr. Man wird bei der Anwendung des Rechners nicht mehr behindert. Man kann den Rechner im ganzen Haus frei verwenden. Es ist so praktisch und dabei so gleichgültig. Ob ein Computer Strippen hat oder nicht ist in diesem Umfeld völlig irrelevant. Hier bestimmen die Anschlüsse der Infusionsständer die Beweglichkeit und sie funktionieren nicht per Bluetooth. Also weiterschalten. Attentat in Irgendwo auf Irgendwen. Terroristen. Verletzte. Tote. Krankheiten. Erdbeben. Später, nach der Chemotherapie, der Tsunami in Fukushima. 200.000 Tote und Vermisste. Und hier der Kampf um ein Leben. Ontogenetische Antriebe. Seit Jahrmillionen sind wir stammesgeschichtlich auf Verbleiben und Vermehren eingestellt, nicht auf Abtreten. Wir können nicht anders. Also weiterschalten. Ich habe keine Zeit mehr zu warten. Ich muss mir Bücher beschaffen, sonst werde ich verrückt mit dieser Fernseherei.

Das Telefon, die Frau, ein paar wunderbare persönliche Sätze. Wie erquickend die sein können. Welch ein Unterschied zu dem abgrundtiefen Geblödel im Fernsehen. Politik. Nichtsnutze. Betrüger. Lügner. Habe ich das vorher schon irgendwann einmal so bewusst erlebt? Eigentlich nicht. Weshalb nicht? Weil mir das Wasser nicht bis zum Hals stand.

„Bitte, bring mir ein paar Bücher mit. ... Nein, nicht irgendwelche, sondern das eine zur Quantenmechanik. ... Nein, ich schone mich schon. ... Nein, ich werde es nicht übertreiben." ... „Nein, ich werde bald zu Bett gehen heute." „... Wie geht es sonst?" „... Und dir?" „Auch gut?" „Also dann, bis morgen."

Abendessen. Der Kollege erhält irgendeine Suppe in irgendeiner Tasse. Augenscheinlich ist ihm die Suppe gleichgültig, und die Tasse ist ihm auch komplett egal. Er versucht sie mit geschlossenen Augen und der gesunden Hand zum Mund zu führen. Eine riskante Variante. Die ganze Motorik ist aus dem Gleichgewicht. Der eine fehlende Finger wiegt schwerer als der ganze restliche Körper. Ein paar Schlucke. Das reicht. Er gibt auf und sinkt mit einem gurgelnden Laut auf das Kissen zurück. Ich schaue ihm zu. Vielleicht kann man etwas lernen für die Zeit danach. Es ist nach und nach dunkler geworden. Der Himmel draußen in der gesunden Freiheit ist unverschämt makellos. Ich gehe auf den Balkon. Kein Lüftchen. Es ist wieder dasselbe Gewusel wie gestern. Irgendwie nett anzusehen beginnt es ganz vertraut zu werden von hier oben. Das Fremde weicht aus dem Zimmer und seiner Umgebung. Ich gehe auf den Gang. Bin komplett auf das Dunkel des Zimmers eingestellt. Das Grelle lässt mich blinzeln. Krankenhaus in Reinkultur. Was die Leute so alles brauchen. Morgen ist ja Sonntag. Meine Frau und meine Tochter werden mich wieder besuchen. Ich gehe auf die Toilette, erledige meine wichtigsten Hygienemaßnahmen und gehe zu Bett. Morgen ist ja auch noch ein Tag. Der Kollege schnarcht. Ich bin beruhigt. Auch er schnarcht.

Ein Besuchssonntag

19. September 2004

Der Sonntag ist immer etwas Besonderes. Da kommen sie alle, die sonst keine Zeit haben. Zeit dafür. Eine Ansammlung schlechten Gewissens auf dem Flur. Ich habe meinen nächsten Angehörigen eingeschärft, nur ganz wenigen Leuten etwas von meiner Krankheit zu sagen. Ich möchte keine Besuche, sie gehen mir auf die Nerven. Geballte Heuchelei. Unsicherheit. Angst.

‚Wie geht es Ihnen? Wir haben schon gehört, dass es Ihnen so schlecht geht. Es wird Ihnen sicherlich bald besser gehen. Heute kann man ja schon so viel machen. Man gibt zu schwere Medikamente meine ich. Wir halten ja nichts von so schweren Medikamenten. Wir leben ausschließlich homöopathisch. Das ist gesund. Überall Gift heute drinnen. Mein Schwager hält ja gar nichts von Akupunktur und Misteltherapie. Erhalten Sie eigentlich Misteltherapie? Unsere Nachbarin erhält seit einem Monat nur noch Misteltherapie. Sie sieht sehr gut aus. Sie hat jetzt eine Perücke. Die Haare nämlich. Sie sind ihr bei der Chemotherapie ausgefallen. Aber man kann gar nichts erkennen. Unsere Tante ist jetzt gestorben. Es war besser für sie. Aber Sie werden es schon schaffen.'

Nein, ich möchte keine Besuche, außer von ganz wenigen Leuten. Von jenen, die es sich keinesfalls nehmen lassen wollen oder gar nicht fragen. Dagegen kann man sich nicht wehren.

Meine Frau und meine Tochter kündigen ihren Besuch telefonisch an. Vielleicht wollen sie irgendwie sicherstellen, dass ich erreichbar bin. Ich könnte ja irgendwo hingegangen sein. Aber wo sollte ich schon hingegangen sein? Vielleicht fürchten sie auch, dass ich überhaupt nicht mehr erreichbar bin. Irgendwie schwebt Unausgesprochenes in den Welten zwischen uns. Zwischen dem scheinbar ewigen Leben da draußen und dem definitiv beschränkten Leben da drinnen.

Die Menschen haben sonderbare Vorstellungen von den Kranken im Krankenhaus. Das Krankenhaus als Umsteigestation zum Friedhof, denken sie. Irgendwie haben sie Angst, dass da drinnen etwas Furchtbares geschieht. Etwas, das man ihnen nicht sagen darf. Man sagt es ihnen nicht, weil man denkt, dass es sie belastet. Oder aus sonst einem anderen unbekannten Grund. Sie sollen nicht alles wissen, was die Ärzte wissen. Old fashioned medicine.

In früherer Zeit durfte man deswegen einen Patientenbrief nicht öffnen. Man durfte ihn aber überbringen. Von einem Arzt zum anderen Arzt. Man erhielt ihn vom ersten Arzt. Dieser Arzt sagte: „Sie dürfen diesen Brief nicht öffnen. Übergeben Sie ihn dem Hausarzt." Der Hausarzt öffnete ihn und gab ihn dem Urologen weiter. Und so fort. Jeder gab seinen Senf dazu. Das nannte man *Diagnose*. Die Behandlung lief dann erratisch weiter. Heute ist das gänzlich anders.

Ist Ihnen schon einmal aufgefallen, dass jeder Arzt grundsätzlich *Sie dürfen* sagt, anstatt beispielsweise *Sie können*?

Nun gut, *Sie können* ist auch nicht ideal, aber *Sie dürfen* geht mir auf die Nerven. Es wirkt so abgehoben. Ich bin ja nicht so eitel, der Doktor-Titel ist Beiwerk, aber wenn die Tante beim HNO zu mir sagt, Herr Moldaschl, Sie dürfen in das Behandlungszimmer gehen, der Herr Doktor kommt gleich, dann fühle ich mich echt gekränkt. Ist das da bei den Medizinern eine Geschlossene Gesellschaft?

Sie dürfen sich setzen. Nicht: *Sie können sich setzen.*
 „Sie dürfen jetzt wieder atmen."
 „Sie dürfen aufstehen."
 „Sie dürfen die Hose wieder anziehen."
 „Sie dürfen im Wartezimmer warten."

Ich hatte eigentlich schon immer ein recht sicheres Gefühl für das was ich durfte oder nicht. Doch alles hat seine Grenzen, das krasse Paradebeispiel für etwas, dessen Beweggrund ich partout nicht fühlen und noch weniger verstehen konnte, war die Versiegelung dämlicher Patientenbriefe, die man nicht öffnen durfte, damit man sie nicht lesen konnte, um festzustellen, dass man das Gelesene ohnedies nicht verstand, weil es in der Geheimschrift Latein war. Mir demonstrierte man damit, dass ich im Gymnasium in Latein eine Niete war, die sich standhaft geweigert hatte, Vokabeln zu lernen. Heute steht ohnedies alles im Internet. Da können alle Lateinlehrer einpacken.

Der echte Anlass für dieses Verbot mit den Patientenbriefen hatte sich mir niemals erschlossen. Vielleicht lag der Urgrund darin, dass kein Arzt vollkommen sicher sein konnte, dass richtig war, was er über den Zustand eines Patienten geschrieben hatte. Oder vielleicht aus einem ganz anderen Grund, den kein Patient dieser Welt jemals erfahren sollte.

So zumindest hatte ich das schon ernsthaft hinterfragt, als ich noch ganz jung war.

Meine Mutter hatte sicherlich genau so gefühlt, solche Briefe grundsätzlich über dem Dampftopf geöffnet. Dann hatte sie ihrem sogenannten *Doktorbuch* nachgesehen, welche Krankheit sie angeblich hatte und wie lange noch zu leben. Und vor allem was man vermutlich dagegen unternehmen oder nicht unternehmen konnte. Mit diesen Erkenntnissen war sie dann wieder zu dem Arzt gegangen, dem sie den Brief übergeben durfte, und das Spiel begann von vorne.

Die Ärzte hatten ihr stets Medikamente verschrieben, die allesamt bereits geordnet in ihren vielen Schubladen lagen. Insgesamt eine zeitlich abgelaufene Apotheke. Sie verwendete immer zuerst die abgelaufenen Pillen und dann einen Teil der neuen. Wir Kriegskinder waren zum Sparen erzogen worden.

Heute wird die Butter weggeschmissen, wenn ihr Verfallsdatum morgen ist. Die Gesellschaft ist komplett verweichlicht und dekadent. Krankenhäuser müsse man aus ihrer Sicht meiden. Aus meiner Erfahrung trifft kaum etwas zu, was sich die normale gesunde Gesellschaft von einem Krankenhaus vorstellt.

Da sie das Krankwerden verdrängt, wird sie auch nichts Gutes über die Institution Krankenhaus denken, und weil keiner der vermeintlich Unversehrten den Verlust seiner Unversehrtheit riskieren will, trifft er alle Vorbereitungen, um jedes Risiko auszuschalten oder zumindest zu minimieren. Dazu gehört beispielsweise das Erschrecken. Außer im Kino, wo er das distanzierte Erschrecken bewusst sucht, will heute niemand mehr erschrecken, denn Erschrecken ist etwas Furchtbares.

Also ruft man den Kranken vor dem Besuch im Krankenhaus an. Erst recht, wenn er in der Onkologie liegt, weil dort das Erschrecken sozusagen beheimatet ist.

So rief auch meine Familie in den ersten Tagen bei mir an. Später taten sie das nicht mehr, da war schon alles klar.

Beim Sonntagsbesuch treffen dann zwei Welten aufeinander. Die Kranken und die vermeintlich Gesunden. Die Kranken sind abgeklärt, die Gesunden völlig verunsichert. Sie haben keine Ahnung über die Details hier drinnen, außer wenn sie hier arbeiten, als Ärzte, Schwestern, technisches Personal und so weiter.

Die Laien aber argwöhnen, dass es wohl schreckliche Ausprägungen von Krankheiten geben muss, die auf einen prallen. Leben sie doch in einer Vollkasko-Welt, deren Dauer-Mitgliedschaft sie für sich selbst mit allen Mitteln gesichert wissen wollen.

Sie haben furchtbare Angst, ihre Unversehrtheit, ihre Gesundheit, schlichtweg die Vollkommenheit ihres Zustandes zu verlieren. Also Angst vor Krankenhäusern. Krankheit. Schmerzen. Tod. Ich habe bis zur Diagnose *Verdacht auf Magenkrebs* auch in dieser scheinbar sicheren Welt gelebt, und ich habe mich bis zuletzt dagegen gewehrt, diese Illusion durch eine einfache Gastroskopie verlieren zu können. Mit dieser

Diagnose aber habe ich die Endlichkeit von allem begriffen, und vor allem, dass ich nun nicht mehr unversehrt bin.

In jenem Augenblick der Diagnose aber war die Sache geklärt. Mit dem Verlust meiner vermeintlichen Unversehrtheit verschwanden auch die Sorge und die Angst sie zu verlieren, und es war nun alles bereit für den Kampf gegen einen unbekannten Gegner.

So ist der Besuchssonntag also ein schlimmer Tag für die Gesunden, die noch in dieser diffusen Angst leben, denn nun begeben sie sich in eine unbekannte gefährliche Welt.

Ich sitze auf dem Flur und sehe diesen Gruppen nach.

Wie sie aus dem Lift kommen und dann wie aufgescheuchtes Wild sie den Gang entlang hasten, sich ständig umsehen, flüstern, gelegentlich zischende Laute von sich geben. Auf Schritt und Tritt sieht man ihnen ihre Furcht an.

Ihre Gedanken kreisen wohl um den Zustand und die Chancen derer, denen sie gleich gegenüberstehen werden. Doch ist es nicht die Rücksichtnahme auf Angehörige oder Freunde, was jetzt ihr Verhalten so massiv beeinflusst, es ist schlicht panische Angs, irgendwann auch hier zu landen.

Wer einmal hier war wird wiederkommen, wispern die Geister in den Wänden dieses unheimlichen Gemäuers.

Wo liegt er?

Zaghaftes Klopfen mit gebeugtem Körper.

Wie wird er aussehen? Werde ich ihn noch erkennen? Kurz den Kopf hineingestreckt und gleich wieder herausgezogen. Mein Hund verhält sich so, wenn er unsicher ist, ob nicht wieder der Hundefänger aus Italien hinter der Tür lauert.

Was hat Papi da für Anschlüsse?

Naiv und umso schonungsloser die Fragen der Kinder. Je mehr Anschlüsse, umso gefährlicher wohl, denken sie.

Nein, es ist gerade umgekehrt, weißt du, denn je besser Papi abgefüllt und entwässert wird, umso schneller wird es ihm besser gehen, sagt irgendein medizinisch begabter Onkel.

Das erste Mal in meinem Leben kann ich die Kunst der Konversation mit einem Todkranken beobachten.

„Geht es dir schon besser? Du musst einfach mehr essen. Wieso kannst du nicht essen? Du musst mehr essen. Aber das Essen im Krankenhaus ist ja auch so, dass man nichts essen kann. Die anderen essen viel mehr. Früher war dir nach dem Essen immer schlecht. Jetzt immer noch? Aber machen die denn nichts? Wieso machen die denn nichts? Sie sollten etwas machen. Soll ich dir das Kissen zurechtmachen? Zieh einfach die Decke etwas höher. Du liegst schlecht."

Kurze Sätze fliegen im Stakkato über den Patienten hinweg und schwenken ab auf sicheres Terrain.

„Spielst du morgen früh wieder Tennis?"
„Ich gehe zum Golfen."
„Dazu haben wir keine Zeit."
„Müllers gehen nicht zum Golfen. Müllers spielen jetzt mehr Tennis."
„Er, der Müller, spielt am Sonntag Tennis."
„Tennis ist anstrengender als Golfen."
„Golfen ist auch anstrengend."
„Müllers gehen nicht zum Golfen. Müllers spielen jetzt mehr Tennis."

„Es wird alles wieder."

„Er muss nur mehr essen.“

Dann nichts wie raus aus dem Krankenhaus.

„Er sollte einfach mehr essen. Wir müssen noch zu den Müllers. Müller hat auch eine Gastritis jetzt.“

„Hast du schon den Liftknopf gedrückt?“
„Kommt denn hier kein Lift?“
„Wieso haben die hier nur drei Lifte? Drück doch den anderen Knopf.“
„Kommt denn hier überhaupt kein Lift?“
„Wann kommt er denn endlich? Da. Na also. Nein. Aber bitte, Sie zuerst. Aber ich bitte Sie.“

„Geht ihr auch zum Parkplatz.“

„Bis bald.“

Schnell zurück in die Freiheit. In die Gesundheit. In die Sicherheit. Zum endgültigen Golfen.

Klar gibt es da etwas, was das Leben der *Unversehrten* im Gegensatz zu jenem der Kranken beeinflusst. Das Eingebundensein in ein Umfeld mit Verpflichtungen, Terminen, Erreichbarkeiten, Verantwortungen, Zeitplanung, Aktionen – angenehmen und unangenehmen. Aber immerhin gibt es rettende Termine. Unbedingt noch heute. Muss weg. Muss dahin. Dorthin. Kann nicht. Keine Zeit.

Die Gesunden nehmen den Alltag nicht richtig wahr. Ich habe ihn auch nicht wahrgenommen. Heute sehe ich vieles anders. Heute weiß ich, dass die Angst des Menschen vor dem Unbekannten übermächtig ist und ihn förmlich auffrisst, ihn ohne physiologischen Grund krank macht. Jeder sollte daher einmal sozusagen *zur Probe krank werden*, um den Umgang mit dem Unbekannten üben zu können.

Nicht ganz ernst gemeint? Oder doch?

Meine Frau spricht ruhig und gefasst mit mir. Es entspricht so gar nicht ihrem Temperament. Sie hat ein paar Bücher mitgebracht. Endlich habe ich das Buch über die Quantenmechanik.

Ich kann heute nicht mehr sagen, weshalb ich es haben wollte. Vielleicht weil ich wusste, wie spät es war und weil ich noch Dinge lesen wollte, die ich bisher nicht verstanden hatte. Es war aberwitzig. Was ich in den vielen Jahren nicht geschafft hatte, wollte ich jetzt noch schaffen. Irgendwie war da der Drang, das Zeug doch noch zu lesen.

Da ist dann auch dieses Buch über die Statistik von Pascal. Die Urversion. Es sollte recht interessant sein.

Ich bitte meine Frau, es mir zu beschaffen. Sie ist sehr froh darüber. Nach ihrer Meinung signalisiere ich damit Hoffnung in meinem Leben. Sie irrt. Das ist nicht der Grund. ICH WILL diese Dinge einfach lesen.

Der Grund wird mir immer klarer. ICH WILL nicht, dass ER Oberwasser bekommt und dass ER bestimmt, was ICH zu tun habe. ICH selbst WILL es bestimmen und bestimme es auch. Für mich beginnt der Krebs eine reale Gestalt anzunehmen. ER ist mein Sparringspartner geworden. ICH kämpfe ab jetzt nicht mehr gegen Unbekannt. Weil ER nicht mehr der große Unbekannte ist, wird die Angst vor IHM immer geringer.
Die Bücher sind so etwas wie der Gong, der die Runden der Auseinandersetzungen mit IHM einläutet.
Ich spüre, dass ich im Moment im Vorteil bin, aber der Wettbewerb hat erst begonnen, und er wird psychisch und physisch ziemlich hart werden.

Meine Frau nimmt Wäsche von mir mit. Sie braucht eigentlich noch nicht gereinigt zu werden. Mit dieser Tätigkeit hat sie das Gefühl, etwas für mich tun zu können. Beim Kochen würden die Viren, die Bakterien und alles andere, was den Heilungsprozess negativ beeinflusst, verschwinden. Das glaubt sie selbst nicht wirklich, aber es ist ihre Formel. Sie lädt auch meine Telefonkarte auf, damit meine Verbindung zu den Lebenden nicht abreißt. Die Kommunikation zwischen hier drinnen und da draußen. Ich nehme seit einigen Tagen etwas Abstand von dieser Redewendung, denn ich erkenne sie als ein Alarm, dass ich mir als Projekt zu entgleiten drohe.

Die Besucher haben das Gebäude verlassen und die Klink ist wieder in den angenehmen Standardzustand übergegangen. Wir sind wieder unter uns. Kein Stress mehr. Die Ärzte, die Schwestern, die Helfer sind nur noch da. Mein Zimmerkollege ist wach. Wir sprechen über unsere Situation, über die Familie. Wie lange er noch da drinnen sein wird? Man weiß es nicht, denn man wartet noch auf den Laborbefund, die tickende Bombe. Wird man Metastasen in den Knochen finden? Ich bin sicher, dass er keine haben wird. Warum auch. Für ihn hingegen ist nichts klar, deshalb tröste ich ihn. Im Gegenzug erklärt er mir die Funktionsweise irgendeines Sicherheitsventils in irgendeiner völlig uninteressanten Gasturbine. Das entspannt, denn während seiner Erläuterungen habe ich keine Zeit, mich mit meinem Sparringspartner zu beschäftigen. Missachtung dieser Typen ist die taktisch beste Art und bringt Punkte im Ring.

Der Kollege wäscht seine operierte Hand und ich versuche, einen kleinen Teil meines Abendessens herunterzuwürgen, was mir nicht mehr gelingt.

Die Schwester murmelt irgendetwas vor sich hin und nimmt das Essen wieder mit. Ich lasse die zwei Würfel Zucker in meiner Nachtischlade verschwinden. Für alle Fälle.

Diese Runde geht wohl auf den Sparringspartner.

Begegnung der dritten Art

20. September 2004

Es ist Montagmorgen und wieder oder immer noch herrliches Wetter in der Stadt. Nach dem üblichen, vergeblichen Frühstücksversuch bitte ich die Stationsschwester wieder um eine Auszeit. Zwei Stunden nämlich, in denen ich die Klinik verlassen kann.

Ich unterschreibe die erforderliche Erklärung, ziehe meine Jeans und meine Jacke an und gehe. Ich spaziere in den nahen Schlosspark, setze mich dort auf eine Bank und lese in einem Buch. Ich komme mit meiner Nachbarin ins Gespräch. Sie ist nicht von hier und wartet bloß auf den Anschlusszug zu einem Nachbarort. Sie ist dick und zu beneiden, braucht in keine Klinik zu gehen, kann sich frei bewegen.

Sie geht und ich lese weiter. Wie viel hätte ich gegeben, um auch nach Hause gehen zu können.

Meine Auszeit ist zu Ende und ich gehe zurück in die Klinik. Auf der Bank vor dem Eingang erkenne ich von weitem ein mir bekanntes Gesicht. Es ist unsere langjährige Nachbarin aus dem Konzertabonnement. Sie wartet auf der Bank auf irgendjemanden oder irgendetwas. Doch ist es kein Irgendetwas, es ist eine Operation. Man hat bei ihr vor einigen Tagen ein massives Problem an der Bauchspeicheldrüse diagnostiziert. Sie soll morgen operiert werden. Sie weint, denn es droht ihr eine sehr lange, schwere und möglicherweise erfolglose Operation mit schwerwiegenden Folgen. Vielleicht auch ein baldiger Tod. Mir fällt das Schicksal eines Arbeitskollegen ein, der eine ganz ähnliche Diagnose erhalten hatte. Er hat die Operation damals nur wenige Monate überlebt. Ich erzähle ihr aber nichts davon. Ich versuche, sie mit meiner Geschichte zu trösten. Mir geht es auch nicht gut. Ich werde morgen auch operiert. Ein kleiner Eingriff. Sie hört sich meine Geschichte an. Wir sind beide auf der anderen Seite des Flusses gelandet und fallen uns um den Hals. –

Ihr Mann beobachtet das Geschehen schweigend aus dem sicheren Auto. Vorsicht, Krankheit! Meine Welt ist soweit noch relativ in Ordnung. –

Wir verabschieden uns. Ich verspreche ihr, sie nach ihrer Operation so bald wie möglich zu besuchen.

Nach etwa einem Jahr werde ich sie und ihren Mann im Ausland bei einem Spaziergang zufällig wieder treffen. Es wird ihr bis auf einige Nebensächlichkeiten sehr gut gehen und wir werden unsere Befindlichkeiten austauschen. Wir werden noch einige Male telefonieren. Kaum zu glauben.

Im Moment steht mir ja zunächst nur die Laparoskopie bevor, die morgen durchgeführt werden soll. Gegenüber einer acht- oder neunstündigen Pankreasoperation mit ungewissem Ausgang sollte das eine Kleinigkeit sein. Diesbezüglich würde ich bedeutend schneller auf dem Dampfer sein als sie. Dass dann alles ganz anders kommen wird, weiß ich hier noch nicht.

Wie oft hatten wir nebeneinander im Konzert gesessen und wie wenig wussten wir voneinander. Und nun, in dieser einzigen Sekunde auf dem anderen Ufer, hatten wir alles nachgeholt. Weshalb war dieser Umweg über den Krebs erforderlich? Ich kann es noch immer nicht begreifen. Wie wahrscheinlich ist ein solches Zusammentreffen?

Ich gehe auf die Station.

Bin ich noch im Lift oder schon im Zimmer? Mir fällt die Wellenfunktion aus der Quantentheorie ein: Alles hängt mit allem irgendwie zusammen. Da ist wohl schon einiges geplant. Vielleicht ist überhaupt schon alles geplant. Aber wer plant? Ist das der feine Herr, über den man so viel Gutes hört? Der Alte, von dem Einstein gesprochen hat. Das kann nicht sein. Der arme Alte kann doch nicht für den ganzen ethischen, sozialen und politischen Pfusch in dieser erbärmlichen Welt verantwortlich gemacht werden. Das kann man diesem würdevollen Herrn doch nicht so einfach in die Schuhe schieben. Aber unsere Begegnung da vorhin – da hatte er vielleicht seine Hand im Spiel. Vielleicht eines seiner Hobbys. Der Pianist Wladimir Horowitz hatte einmal gesagt, Hobbys, er habe so etwas nicht, das sei etwas Schreckliches. Er, Horowitz, hätte nur Leidenschaften. OK, also dann ist das die Leidenschaft des weisen Herrn. Das muss schon ein feines Tuning gewesen sein, das Zusammentreffen mit der Konzertnachbarin. Es zeugt von einer gekonnten Führung. Zufall jedenfalls kann es nicht gewesen sein, denn Zufall gibt es aus meiner Sicht nicht. Doch nochmals: wenn es keinen Zufall gibt, wer führt denn dann hier wen und wie, und weshalb treffen wir beide uns zur selben Zeit am selben Punkt auf der anderen Seite des Flusses?

Vielleicht treffen sich immer alle, die schon auf der anderen Seite des Flusses sind, dort zur selben Zeit am selben Punkt. Vielleicht gibt es da drüben aber auch gar keine Zeit, dann wäre Gleichzeitigkeit selbstverständlich. Eigentlich gar nicht definiert. Gödel, der große Logiker, hatte auf seinen mittäglichen Spaziergängen in Princeton über ein Jahrzehnt hindurch versucht, Herrn Einstein den Unsinn mit der Zeit auszureden.

Einstein hatte behauptet, dass er nur in Princeton bliebe, um mit Gödel nach Hause gehen zu können. Merkwürdig. Wollte er Gödel eventuell daran hindern, seine Allgemeine Relativitätstheorie zu widerlegen, indem er die Existenz der Zeit leugnete? Kurt Gödel. Wenige kennen ihn. In Wien gibt es keine Gödel-Straße und keinen Gödel-Platz. Keine Zeit dafür?

Ich bin auf dem Zimmer. Im Moment gelten meine Gedanken noch dem toten Einstein und dem toten Gödel, doch morgen kann das schon anders sein, denn ein Arzt betritt den Raum und stellt sich vor. Es ist der Anästhesist. Nun geht es los.

Der Anästhesist

20. September 2004

Bis jetzt ist den Chirurgen mein Zustand nicht hinreichend genau bekannt: Wo genau liegt der Tumor, wie groß ist er, in welchem Zustand werden sie ihn vorfinden?

Eine Bauchspiegelung soll letzte Klarheit schaffen und die Randbedingungen für die Magenoperation definieren.

Der Anästhesist – er wird bei der Laparoskopie dabei sein –, ist ungefähr 40 Jahre alt. Er hält einen Fragebogen in der Hand. Er fragt mich, ob ich Mediziner bin.

Immer wenn mich ein mir bisher unbekannter Arzt besucht, möchte er zunächst von mir wissen woher ich komme, ob ich Arzt bin, beziehungsweise in welcher Disziplin ich promoviert habe.

Offenbar ist meine akademische Ausbildung ein wesentliches Kriterium für die Art des geplanten Umgangs mit mir. Das macht mich immer noch stutzig, auch wenn ich mich damit abgefunden habe, dass diese Frage immer als erste gestellt wird, und so versuche ich zumindest mein medizinisches Gegenüber zu beruhigen, indem ich mich als Physiker und Mathematiker zu erkennen gebe und glaubhaft versichere Nichtmediziner zu sein.

Ich spüre förmlich die Erleichterung, die ich mit meinem Geständnis auslöse. Offenbar sind promovierte Mediziner nicht so leicht zu operieren wie normale Sterbliche.

Vielleicht sind sie so seltsame Wesen, dass es niemand richtig wagt, sie zu operieren. Weil für die Operation eines solchen Geschöpfes andere Vorbereitungen erforderlich sind, als beim normalen Volk? Vielleicht haben Mediziner mit der Zeit andere Organe angelegt, weil sie wissen, dass die klassischen so gerne ihren Geist aufgeben oder an ungewöhnlichen Positionen liegen.

Vielleicht erhebt die medizinische Spezies sogar den Anspruch, während eines Eingriffs Ratschläge zum weiteren Vorgehen machen zu dürfen, was für einen Anästhesisten eine besondere Herausforderung bedeuten und vor allem bei den Akteuren zur Konfusion führen kann. Vielleicht gilt der Hippokratische Eid auch nur für Themenfremde. Jedenfalls komme ich während meiner Klinikaufenthalte nicht wirklich zu einer belastbaren Erkenntnis, so sehr ich mich auch bemühe und finde mich also damit ab.

Auch dieser Anästhesist sieht auf den Fragebogen und fragt:

„Sind Sie Mediziner?"

Ich beruhige ihn sofort: „Nein, nein, im Gegenteil."

„Wir werden Sie morgen operieren."

„Ach ja, das habe ich mir schon gedacht, das heißt der Herr Professor hat es mir versprochen."

„Wieso hat der Herr Professor Ihnen das versprochen?" Spannungsfelder in der Klinik. „Die Laparoskopie wird ungefähr zwei Stunden dauern. Wir machen einige Löcher in Ihre Bauchdecke, schauen in den Bauch hinein und wissen dann Bescheid. Nehmen Sie Medikamente?"

„Nein. Ein Medikament gegen Bluthochdruck. Aber diese Tabletten nehme ich nicht mehr."

Der Widerspruch bleibt unkommentiert.

„Haben Sie Herzrhythmusstörungen?"

„Nein, nur gelegentlich Extrasystolen, aber diese schon seit meinem zwanzigsten Lebensjahr. Ich kann nur in der letzten Zeit nichts essen, das heißt, ich kann nur ganz wenig essen, das heißt, ich kann zwar essen, aber es wird mir danach ganz schlecht."

„Wir müssen Sie operieren, weil Sie nichts essen können, dazu müssen wir über den Tumor und die Umgebung, in der er sich befindet, genauer Bescheid wissen. Haben Sie Zahnprothesen?"

„Ich habe eine Teleskopbrücke im Unterkiefer."

„Die müssen Sie herausnehmen."

„Ich kann sie nicht herausnehmen. Sie sitzt ganz fest."

„Wenn sie bei der Narkose herausfällt ersticken Sie."

„Sie fällt nicht heraus."

„Wir nehmen solche Brücken immer heraus."

„Ich nehme meine Brücke nicht heraus, weil sie so fest sitzt."

„Wie Sie glauben. Ich werde das vermerken."

Ich habe gewonnen, riskiere aber zu ersticken, was ich als unwahrscheinlich einschätze

Lieber will ich mit diesem geringen Risiko bei der Narkose ersticken, als nach der Operation nichts mehr beißen zu können und dann noch langsamer als bisher zu verhungern oder wie große Heeresführer nur noch Breikost zu mir nehmen zu können und dann dumme Entscheidungen fällen zu müssen, weil ständig mein Darm drückt. In diesem Fall wollte ich lieber gleich ersticken.

Das mit dem Ersticken wird wohl nicht so wild werden, denn der Anästhesist sieht mich nicht böse an. Also wird die Brücke während des Eingriffs drinnen bleiben. Ich beantworte ihm alle Fragen. Er trägt sie sorgfältig in seinen Fragebogen ein. Ich unterschreibe den Bogen, er reicht mir die Hand und verlässt mit einem netten ‚Auf Wiedersehen' das Zimmer. Ich habe ein gutes Gefühl und teile es mit meinem Zimmerkollegen, der nun im Zimmer auf und ab schreitet.

Es geht also weiter. Der Kollege ist fröhlicher als zuvor. Hohes Vertrauen in die Ärzte ist auch ihm wichtig, und dieser Mann hat Vertrauen ausgestrahlt. Ich bin mir sicher, dass ich aus der Narkose wieder genauso wohlbehalten aufwachen werde, wie ich eingeschlafen bin.

Die Bauchspiegelung

21. September 2004

Am Dienstag besucht mich der Assistenzarzt des Professors: „Wir werden Sie für die Operation vorbereiten."

Für die Operation vorbereiten. Welch merkwürdige Botschaft. „Wir müssen den entsprechenden Körperbereich rasieren und einige Medikamente zur Beruhigung einnehmen."

Er spricht besänftigende Worte. ‚Wir' ist dabei ein wichtiges Wort in der Psychologie der Medizin. Ich bezeichne es als den *Besänftigungs-Plural.* Er wird in Befehlen verwendet, deren Adressaten medizinische Greenhorns sind und löst bei mir spontane und schier unkontrollierbare Aggressionen aus: *Wir nehmen jetzt die Tablette. Wir haben keine Angst.*

Zu den Befehlen für Fortgeschrittene gehört *Wir setzen uns jetzt.*
Ein Patient wagt es nicht, einem derartigen Befehl zu widersetzen und setzt sich. Andere Hominiden blieben wohl stehen. Niemand

in einer U-Bahn beispielsweise würde sich bei einer solchen Aufforderung setzen. Aber die Demut im Krankenhaus ist auf andere Schwellenwerte des Gehorsams eingerichtet.

So bin ich schon gedanklich auf das Ambiente des Operationssaals eingestellt, das mich merkwürdigerweise nicht irritiert und schon gar nicht aufregt, wie ich es beispielsweise bei unseren Semesteraufführungen am Konservatorium in Wien erlebt habe. Sonderbar. Die Beruhigungspille brauche ich also nicht.

Die Rasur wird quasi als Aufnahmeprüfung von einer jungen Dame durchgeführt, die im Gegensatz zu den abgebrühten älteren Schwestern zwar nicht jene Selbstverständlichkeit mitbringt, die eine solche profane Aktion erfordert, ihren Auftrag aber mit Eifer und Erfolg erledigt.

Der Eingriff soll um zehn Uhr stattfinden, wird dann aber wegen eines akuten Notfalls auf zwölf verschoben. Wer dieser dringende Fall wohl ist? Ich warte im Bett auf meinen Transport in den OP. Mein Zustand gleicht jenem beim Warten hinter dem Vorhang auf den Konzertauftritt, nur hier ohne Aufregung. Kurz vor zwölf Uhr kommen zwei Hilfskräfte und schieben mich mit dem Bett aus dem Zimmer. Der Zimmerkollege wünscht mir noch alles Gute, und dann geht es über den Gang – die Perspektive eines Bobfahrers, der seine Umgebung im Liegen wahrnimmt, dem Ernst der Situation entsprechend.

Wir stehen am Lift. Wann kommt er endlich? Die Worte der Sonntagsbesucher. Wir fahren in den Lift ein, er bringt uns ins Erdgeschoss, von dort in den ersten Oberstock, den Bereich der Operationssäle. Wir passieren viele Türen und mindestens ebenso viele Geräte und vermummte Personen – MedKuKlux.

Das Ganze macht einen sagenhaft professionellen Eindruck. Keine einzige Aktion wirkt hektisch oder gar unüberlegt. Es ist wie die Abfertigung an den Flugschaltern, wenn ich nach Tokyo fliege. Irgendwie ist man ja auch hier Passagier. Ich werde auf den OP-Tisch gelegt, ein schmales Brett, an das die Ärzte links und rechts dicht herantreten können. Man fragt mich, ob ich gut liege. Ich liege so gut, wie man eben hier gut liegen kann. Über mir ist eine riesige Lampe. Solche kenne ich aus den Arztserien, die meine Frau leidenschaftlich gern im Fernsehen verfolgt, wohl als Fernstudium zweiter Art für den Fall des Falls.

Eine Ärztin tritt an mein Brett heran. Sie stellt mir ausnahmsweise nicht die Frage, ob ich Mediziner bin. Vermutlich ist meine Qualifikation in diesem fortgeschrittenen Zustand der OP-Vorbereitung bereits bekannt. Sie fragt mich nach meinem Namen, meinem Wohnort und dem Familiennamen meiner Mutter. Ich bin überrascht. Ist eine Alzheimer-Kontrolle inbegriffen? Ich verschiebe die Aufstellung einer Hypothese zu diesem Problem bis nach der Operation und frage stattdessen nach meiner Bekannten, die mir gestern auf der Bank vor der Klinik über ihre bevorstehende Operation erzählt hat.

Sie war soeben aus diesem Saal herausgefahren worden. Der weise Herr aus dem Weltall hat wieder einmal seine Spur hinterlassen. Oder es ist eine bisher unentdeckte quanten-mechanische Wellenfunktion, die die Verschränkung der Zustände von Menschen anstatt Elementarteilchen beschreibt. Irgendwie sind wir beide jedenfalls verschränkt. Zumindest medizinisch. Ich versuche die Wahrscheinlichkeit abzuschätzen, um derart zusammenzutreffen. Sie muss vernachlässigbar sein.

Die junge Ärztin schiebt eine Kunststoffkanüle in meinen linken Arm. Sie spricht kontinuierlich und leise mit mir, als ob sie in letzter Sekunde noch entscheidende Hinweise von mir erhofft. Vielleicht wartet sie auf ein Zeichen der Narkosewirkung, also darauf, dass ich wegtrete und die gut bezahlte Mannschaft loslegen kann. Alle scharren schon mit den Hufen. Ich mache mir Sorgen über die Bekannte, denn so schnell kann die Operation eines Bauchspeicheldrüsenproblems nicht abgelaufen sein. Es sei denn, das Problem war beträchtlich kleiner als gedacht oder nicht mehr lösbar. Ich entscheide mich für die erste Variante und schlafe ein.

Ich höre immer wieder meinen Namen. Irgendwer will mich sprechen. Ich lalle etwas dazu und habe dabei keine Empfindung über das Wo und Wann. Das Bewusstsein kommt langsam zurück. Wo bin ich? In meinem Zimmer. Wie spät ist es? Ich sehe auf die Uhr: Es sind zwei Stunden vergangen. Ich habe überhaupt kein Gefühl für diese Zeitspanne. Es hätten genauso gut zwei Minuten oder zwei Wochen gewesen sein können. Merkwürdig, wie man das Bewusstsein eines Menschen ausschalten kann.

Eine spanische Schwester spricht in ruhigem Ton mit mir. Die Operation ist offenbar erfolgreich gewesen. Sie kann aber nur in dem Sinn erfolgreich gewesen sein, als dass man erkannt hat, was mit dem Tumor los ist. So klar bin ich schon, dass ich das erinnere. Am Bauch spüre ich leichte, eher unerhebliche Schmerzen. Die Einstiche der Werkzeuge sind mit kleinen Pflastern abgedeckt.

Die Schwester gibt mir etwas Tee. Sie spricht freundliche Worte, obwohl sie Kopfschmerzen hat. Sie hat oft Kopfschmerzen, das erfahre ich aber erst viel später und bin ihr deshalb nachträglich umso dankbarer für ihre sehr freundliche Art. Nach einigen Stunden animiert sie mich, aufzustehen, das sei wichtig. Es ist nicht sehr angenehm. Die Einstiche tun ziemlich weh. Aber nach und nach schaffe ich es und gehe mit ihr auf den Gang. Sie dringt darauf zu gehen, denn sie sagt, so könne ich die Nachwirkungen der Narkose drastisch verkürzen. Die Medikamente würden beim Spaziergang sehr viel schneller abgebaut als beim Liegen im Bett. Nun haben sie ja wohl die Informationen, die sie für die Operation brauchen. Ich bin wieder im Zimmer und mein Kollege spricht mit mir über sein Tennis.

Ich antworte ihm mit Schilderungen über meine Berge. Der Abend bricht herein, und ich bin wieder einmal gespannt auf den Besuch des Professors.

Morgen würde er kommen und da würde ja über die Operation entschieden werden.

Die Diagnose

22. September 2004

Der Zimmerkollege badet seinen Finger, und ich versuche einmal mehr mein Frühstück zu essen, was mir nicht gelingt. Die Schwestern sind lieb und bringen mir Joghurt und Pudding um mich bei Laune zu halten. Besser gesagt am Leben zu erhalten.

Wir sprechen wieder einmal über Gasturbinen und ihre Regelung im Teillastbetrieb. Das interessiert mich und vor allem vertreibt es die Zeit. Doch die vergeht an diesem Morgen quälend langsam. Eine starke innere Anspannung ist vorhanden. Eine düstere Ahnung. Es ist kurz vor zehn Uhr. Das Unterbewusstsein hat mich voll im Griff.

Jetzt aber kommen die Götter.

Der Kollege ist kurz aus dem Zimmer auf den Flur gegangen, um sich die Beine zu vertreten. Er beobachtet wie sie heranschweben. Schon beim ersten Mal ein besonderes Ereignis, würde es immer wieder eines sein. Gleich werden wieder Schicksale verteilt. Dur oder Moll. Hoffnung oder Verzagen. Freiheit oder Klinik.
Die Götter – begleitet von einer Engelsschar. Der Professor an der Spitze, mit seinen Assistenten und der Stationsleitung an der linken Seite. Dahinter die Oberärzte, hinter ihnen die

Assistenzärzte und hinter diesen einige Schwestern und Hilfskräfte. Eine stattliche Mannschaft. Die Verteiler von Leben und Tod. Die leitende Schwester hat wie immer jenes Blatt aufgeblättert, in dem der Zustand des nächsten Patienten beschrieben wird. Gleich wird die Mannschaft in ihrer geballten Kompetenz auf ihn zulaufen.

Der Professor tritt durch die Tür unseres Zimmers.

Einen Schritt hinter ihm kommt der Handchirurg herein und geht zu meinem Kollegen. Er sieht auf den Stumpf von dessen linkem Ringfinger, erkundigt sich nach dem Zustand, sagt einige lese Worte zur Schwester und tritt dann wieder zur Seite.

Der Professor kommt langsam an mein Bett. Die Schwester hat die Mappe aufgeschlagen. Sie steht nun auf der Epistelseite und sagt einige Worte zu ihm.

Er blickt über die Brille auf mich.

„Herr Moldaschl." Ich sollte in Zukunft beachten, dass die Nennung meines Namens zusammen mit ihrer klanglichen Phrasierung stets eine entscheidende Information einleiten wird. Auch dieses Mal tut sie das. „Herr Moldaschl."

Das wird auch nach zehn Jahren so sein, wenn der Professor und ich unser gemeinsames Buch schreiben werden.

Meine Sensoren sind auf maximale Empfindlichkeit eingestellt. „Herr Moldaschl, die Sache ist so."

Ich werde diese wenigen Worte und die folgenden niemals mehr in meinem Leben vergessen. Wir werden nach mehr als zehn Jahren über diese Phrase und die nachfolgenden sprechen, weil sie sich, zumindest für mich, wie die Mutter aller Missverständnisse darstellen und damit das Leben eines Menschen entscheidend prägen können. In diesem Fall war es meines, weil ich damals einfach nicht wusste, was die wirklichen Gründe für die

Verschiebung der Operation waren und diese eine enorme, wenn auch nur hypothetische Gefahr darstellten. Dies war ein enormer Stress für mich.

Wenn eine chirurgische Kapazität, eine auf der ganzen Welt anerkannte medizinische Persönlichkeit, vor seinem Ärztestab und unter dem zeitlichen Druck von zwei oder drei anstehenden Operationen, einen solch unscheinbaren Füllsatz gebraucht, dann muss dieser etwas bedeuten.

„Die Sache ist so."

Der Professor ist also auf der Suche nach der richtigen Formulierung und diese kann nicht sein *,Ich werde Sie übermorgen operieren'*. Dazu braucht dieser Mann keinen Füllsatz.

Das habe ich blitzschnell begriffen und in einer einzigen Sekunde höre ich den Refrain zehn oder zwanzig Mal.

„Die Sache ist so."

Was aber genau ist *die Sache?* Was bedeutet *die Sache?* Bin ich *die Sache.* Sind wir beide *die Sache,* mein Zustand, meine Zukunft?

Der Blitz schlägt in mich ein.

Ich habe eine Ahnung von der ‚Sache'.

„Sie haben keinen jungen Tumor." Er hat also eine harmlos klingende Formulierung gefunden.

Es soll ja in der extrem kurzen Phase während eines kapitalen Vorfalls ein wesentlicher Teil des Lebens an einem vorbeiziehen. Durch Todesangst werden offenbar Hormone freigesetzt, die alle psychischen und physischen Kräfte mobilisieren. Bisher hatte ich das Glück, so etwas noch nicht erlebt zu haben, aber so in etwa musste es ablaufen.

Kein junger Tumor also. Ein alter Tumor. *Sie haben keinen jungen Tumor.* Was heißt das? – Sie haben keinen jungen Tumor. Es heißt, Sie haben einen alten Tumor. Nicht mehr und nicht weniger zunächst.

Vermutlich einen der sich schon eingenistet hat.
Einen der sich schon breitgemacht hat.
Einen der sich schon ausgebreitet hat.
Einen der Sie jetzt auffressen, der Sie töten wird.

Das alles in einer Sekunde.
Eigentlich hatte er noch gar nichts Schreckliches gesagt, außer dass ich keinen jungen Tumor mehr habe.

Vielleicht hat sich dieser Alte bereits verabschiedet und ich brauche gar nicht mehr operiert zu werden. Vielleicht ist er schon müde und nicht mehr schlagkräftig. Eine gewisse Hoffnung. Aber jetzt kommt er, der schrecklich deutliche, uninterpretierbare Nebensatz, und er besetzt, lakonisch und zwingend den letzten Spielraum, den letzten Winkel meines Interpretationsversuches.

„Sie haben keinen jungen Tumor. Er hat schon abgesiedelt."

Ein Tumor also mit seinen Ablegern. Metastasen. Wo überall Metastasen?
Metastasen. Leiden. Siechtum. Tod.

Wie harmlos man nur Metastasen umschreiben kann. *Er hat schon abgesiedelt.* Peritonealkarzinose. Metastasen im Bauchraum. Alle meine stillschweigenden Befürchtungen werden in diesem Augenblick schlagartig wahr. Er hat sich schon überall herumgetrieben. Überall? Überall. Wo überall? Eine unsinnige Frage. Was bedeutet *wo überall?*

Mein Zimmerkollege macht jetzt ein Gesicht, als wäre in diesem Moment seine ganze Familie verstorben. Er läuft im Zimmer auf und ab. In jenem Teil des Zimmers, den er im Moment für sich als zugewiesen empfindet, bewegt er sich wie eine Snookerkugel, die sich gerade erst für ein Loch entscheidet. Seine Bewegungen geben der Situation einen grotesken Anstrich, der nicht zu ihrem objektiven Ernst passt. Sonderbarerweise nimmt sein Verhalten einen wesentlich größeren Teil meiner Aufmerksamkeit in Anspruch, als die nächsten Worte des Professors, deren finalen Zug ich erahne:

„Herr Moldaschl."

Er nimmt Anlauf für den letzten Satz, der da lauten wird: *Ihre Prognose ist nicht gut. Sie werden demnächst sterben, u*nd selbst wenn sein Satz nicht so lauten wird, wird seine Botschaft im Endeffekt dieselbe sein.

„Ich kann Sie nicht mehr operieren."

Und nun merke ich wie schwer selbst ihm, der in seiner beruflichen Zeit sicherlich viele Male so etwas sagen musste, dieser Satz von den Lippen kam.

Mehr als zehn Jahre später, 2017 werden wir beide über einen kurzen Satz diskutieren, der im Gegensatz zu meiner Formulierung genau gelautet hatte:

„Ich kann Sie jetzt nicht operieren."

Welch ein Unterschied.

2018 erklärt mir der Professor warum es 2004 genau diese Silben waren und keine anderen. Er zeichnet mir dazu auf einem Blatt

Papier die Position meiner Leber, meines Magens und des Omentum minus, der Bauchfellverbindung zwischen beiden auf.

Auf diesem winzigen Teil des Bauchfells findet er 2004 bei der Laparoskopie eine Metastase, die wegen der Gefährlichkeit ihrer Lage im Moment nicht zu entfernen ist. Eine vorlaufende (*neoadjuvante*) Chemotherapie muss daher den Tumor verkleinern bis er einigermaßen risikolos operabel ist.

Ich aber kann nichts mehr essen, ja nichts mehr trinken, kann also nicht weiter warten. Würde eine solche Therapie nicht überstehen. Ich denke jetzt an den Tod und höre aus jedem Satz heraus, was ich meine hören zu müssen. Meine Reaktion ist daher: *Nun gut, dann operierst du mich eben nicht. Dann werde ich eben sterben. Was geht mich das schon an.*

Während ich die Botschaft höre, blicke ich auf die Gesichter der Anwesenden. Sie sind sonderbar heiter und gleichzeitig unbeteiligt leer. Hier stehen keine Mediziner. Diese hier sind niemals Mediziner gewesen. Diese Masken strahlen eine entspannte, feierliche Ruhe aus. Jeder meidet den Blick des anderen. Sie sind nicht von dieser Welt. In unergründlich-mystischer Weise kommuniziert diese allegorische Agglomeration wortlos über meinen Zustand. Ich will ihre schwebenden Botschaften auffangen, bin aber als Noch-Irdischer dazu nicht imstande, bin noch kein Teil von ihnen, bin den Schritt hinüber zu ihnen noch nicht gegangen.

Diese fragile Konstellation darf jetzt keinesfalls gestört werden. Nicht durch den allerkleinsten irdischen Blick. Wenn ich jetzt ihre Spielregeln verletze, werden sie sich auflösen und verschwinden. Ich werde niemals mehr Kontakt zu ihnen haben, die Möglichkeit, Informationen über Sein und Nichtsein zu erhalten, über Erkenntnisse, die unseren irdischen Wissenschaften bisher versagt geblieben sind, ist für immer vertan.

Es ergreift mich eine sonderbare innere Spannung, mit ihrem Verhalten nehmen sie mir jede Furcht vor dem Schritt zu ihnen hinüber. Den befreienden Schritt in ein angstfreies Gebiet. In die Unsterblichkeit. Dort drüben werde ich unsterblich sein wie diese Götter hier mit ihren Engeln.

Der letzte Satz des Professors hat eine sonderbar rituelle Unruhe in die Schwingenden Engel gebracht. Sie bewegen sich schwebend und lockend auf ihren Plätzen, sie schwingen bereits hunderttausend Jahre hin und her. Sind gleichzeitig nahe und doch unerreichbar fern. Es gibt keine Zeit mehr und keinen Raum. Wir – sie und ich – sind allein in einem strukturlosen Universum.

Ich besitze ein kleines Aquarell von Sergio Hruby. Als Künstler des Jugendstils war er in der ersten Hälfte des 20. Jahrhunderts Professor an der Kunstakademie in Wien. Mein Bild stammt etwa aus den zwanziger Jahren, also aus der Endzeit des Jugendstils, es zeigt acht musizierende und tanzende Personen im Freien vor einem heraufziehenden Gewitter. Vermutlich hat Hruby darin Situationen vor dem Ersten Weltkrieg verarbeitet. Es ist einerseits faszinierend, wie die Menschen in diesem Bild exzessiv miteinander musizieren und tanzen, gleichzeitig aber ist es sonderbar beklemmend, weil ihre Blicke maskenhaft leer sind und sie in ihrer gemeinsamen Aktion keinerlei Notiz voneinander nehmen. Keine der Personen sieht eine andere an. Sie sind nicht von dieser Welt. Es ist ein Totentanz. Ohne Angst. Ohne Unruhe. Völlige Entspannung. So angenehm angeblich ist der Tod.

‚Fürchte dich nicht, ich bin nicht wild', heißt es im ‚Erlkönig' des Geheimrats. ‚Sollst sanft in meinen Armen schlafen.'

Schluss damit, sage ich mir. Das kann es nicht gewesen sein. Das kann nicht das Ende sein. Der Kampf mit meinem Partner ist in eine entscheidende Phase getreten. Es regen sich alle irdischen Geister. Ich muss mehr erfahren über ihn um ihn erledigen zu können. Spüre in diesem Moment, dass das möglich ist. Ich muss ihn nur von allen Informationen trennen, die er braucht, um mich niederringen zu können und die Gestalten mir gegenüber haben diese Informationen.

Irre, was mein Kopf jetzt mit mir macht? Der Professor und seine Mannschaft wissen mehr über mich und meinen Kameraden, als sie mir bisher gesagt haben. Ich muss die Einmaligkeit dieser Situation nutzen, um aus dieser schwingenden medizinischen Datenbank alles über meine Zukunft zu erfahren, auch wenn ich im Moment nicht damit rechnen kann, dass sich die Anwesenden mir zuwenden werden. Noch schnell aber die Über-Frage, bevor alle wieder ins medizinische Nirwana abtauchen, zu dem ich im Moment keinen Zugang habe.

„Wie sind meine Genesungschancen?"

Die falscheste aller Fragen. Aus den Masken kann ich keine Antwort ablesen. Mit ihr will keine etwas zu tun haben. Unmittelbar vor meinem Bett steht der Professor als medizinischer Übervater im Transitraum zum Jenseits. Beklemmende Stille. Kein Laut, den man als Antwort deuten könnte. Er sieht mich nur an. Er denkt immer noch den Satz aller Sätze.

Ich kann Sie nicht operieren.

Der Satz klingt wieder und wieder obwohl ich ihn schon einige Dutzend Male begriffen habe vorhin und doch noch nicht ein einziges Mal verarbeitet.

„Wenn ich Sie operiere ...", beginnt er wieder. Aber er kann mich doch gar nicht operieren, „... dann haben Sie nichts davon."

Unsinn! Weshalb hätte ich nichts davon? Der Grund kann nur sein, dass ich während der Operation oder unmittelbar danach stürbe. Wie kann er sonst Meinung sein, dass ich nichts davon hätte! Ich könnte dann doch lässig bis zu meinem Tod, wann immer er einträte, essen, ohne speiübel zu erbrechen, im Schlosspark spazieren gehen, mit dem Rad einige Runden drehen, und jede dieser Sekunden würde tausendfach mehr zählen als alle anderen in der letzten Zeit.

Unsinn also dieser Satz.

Jetzt habe ich begriffen, dass ich selbst etwas tun muss, damit er etwas tut. Kurz, ich oder jemand anderer muss ihn zum Tun zwingen. Aber wie. Schließlich wird er sowieso allein das Entscheidende tun und mein Leben retten. Das ist Fakt. Nur wissen wir beide es immer noch nicht. Nur irgendetwas im freien Raum um uns herum weiß es offenbar. Vielleicht eine von den Masken.

Doch im Moment will er mich nicht operieren. Eine sonderbare und für mich unbegreifliche, sinnlose Zäsur. Das Ergebnis einer medizinischen Trotzreaktion, denke ich mir.

Man sagte mir später, dass mein Letalrisiko bei einer Operation in diesem aktuellen Zustand sehr groß gewesen wäre, und ähnlich groß würde die Wahrscheinlichkeit sein, dass der verantwortliche Operateur, also der Professor, es nach meinem Tod mit meiner Frau zu tun kriegte.

Der Professor könne, so sagte man mir, zwar den Kampf mit dem Tod aufnehmen, aber nicht jenen mit einer rabiaten Witwe, deren Rente durch den sinnlosen Tod ihres Ehemanns empfindlich gekürzt würde. Ob sinnlos oder nicht, er wäre nicht mehr voll rentenberechtigt.

Auch prognostizierte man mir etwas später – und zwar in deutlich fortgeschrittenerem Stadium meiner Krankheit – dass nun ohnehin niemand auf der Welt in der Lage gewesen wäre mich noch zu operieren. Außer dieser Professor.

Aber der will mich ja im Moment nicht operieren. So bin ich jetzt in dieser blödsinnigen medizinischen Zwickmühle, denn irgendwie macht sich der weise Dirigent des Universums tatsächlich am Dimmer meines Lebenslichts zu schaffen. Ich frage deshalb nicht nochmals nach den Genesungschancen. Man würde sie mir vermutlich eröffnen, aber man kennt sie nicht, und ohnedies gibt es in jeder Klinik das eherne Prinzip, dem Patienten niemals etwas vorzumachen. Basta.

Der Professor ist mittlerweile zur Tagesordnung übergegangen, wie er das auch später machen wird, wenn wir unser Buch schreiben:

Ich kann Sie nicht operieren. Wenn ich Sie operiere, dann haben Sie nichts davon. Und Sie wollen ja etwas davon haben.

Klare Ansage. Ich habe im Moment nicht die Kraft, noch weitere Fragen zu stellen. Wenn ich Sie operiere, haben Sie nichts davon: Würde ich bei der Operation sterben, oder würde es mir nachher noch schlechter gehen, oder wäre der Aufwand zu groß, oder gab es vielleicht noch andere, geniale Möglichkeiten, an denen man noch etwas tüfteln musste? Aha, da kommt jetzt etwas:

„Wir müssen versuchen den Tumor zu verkleinern. Das kann man mit einer Chemotherapie."

Damit bin ich im Kreis der Krebskranken gelandet. Unter den bleichen Glatzköpfen am Infusionstropf. Dort werde ich ohnedies landen. Ich weiß es nur noch nicht. Aber auf anderem Weg, als er nun denkt.

Jetzt, in der dritten Auflage des Buches bin ich freilich schlauer, als der Rest der medizinischen Welt.

„Man kann eine Neoadjuvante Chemotherapie durchführen. Damit wird der Tumor verkleinert."

Zumindest gibt es einen scheinbaren Ausweg.
„Wir werden aber auch noch andere Möglichkeiten prüfen."

Toll. Es gibt sogar noch andere Möglichkeiten?! Es ist noch nicht alles verloren. Ich kann noch Hoffnung haben.

Er weiß im Moment nur nicht, dass es auch diese Auswege nicht gibt. Aber ich werde ihm einen Ausweg zeigen. Nur das weiß ich jetzt auch noch nicht.
„Wir werden versuchen, Ihnen einen Stent einzusetzen. Damit wird der verengte Bereich am Magenausgang gedehnt, so dass Sie wieder essen können. Wenn Sie aber essen können, können wir die Chemotherapie durchführen. Damit kann der Tumor verkleinert werden, und wenn er hinreichend klein ist, kann man ihn operieren."
Sie wollen ein Metallgitter in meinen kranken Magen einsetzen. Mir tut jetzt schon alles weh.
„Den Stent setzen wir durch die Speiseröhre ein."
Ein Erweiterungsgitter durch meine Speiseröhre. Das ist ja ein Ding. Wie soll das gehen? Na ja, das kann mir später irgendwer erklären. Immerhin aber eine Lösungsmöglichkeit.
„Haben Sie noch Fragen?"
Der hat vielleicht Nerven. Ob ich noch Fragen habe? Natürlich. Tausend Fragen. Die Mutter aller Fragen hätte ich noch. Aber ich stelle sie nicht. *Wie lange werde ich noch leben?*

Die Götter und die Schwingenden Engel entschweben. Zurück bleiben wir beide. Er mit dem Stumpf und ich mit dem Tumor. Nun ist nichts mehr, wie es vorher war. Der Zimmerkollege badet aus reiner Nervosität wieder einmal den Stumpf seines linken

Ringfingers. Es wird Zeit, dass sie mich operieren oder vom Balkon werfen, sonst geht mir der Kamerad seelisch kaputt.

Gegenwind am Altrhein

Mai 2007

Wir sind nun schon bald eine Woche unterwegs. Das Wetter ist leidlich, etwa wie es voriges Jahr war hier in dieser Gegend. Trocken, eher kühl, mit wechselndem Wind aus verschiedenen Richtungen. Wir sind gut drauf und gegenüber dem Vorjahr einen ganzen Tag schneller. Wenn das so weitergeht, werden wir in einer Woche in Bellinzona ankommen.

Wir fahren gerade um den Ostteil des Bodensees herum. Es sind viele Radler unterwegs, Eltern mit ihren Kindern, die heute einen Ausflug machen. Der Blick auf den See ist herrlich, die Mündung der Bregenzer Ache eindrucksvoll, das ist uns im Vorjahr, als wir von Nürnberg nach Nizza unterwegs waren, gar nicht so aufgefallen, da waren wir noch nicht so locker wie heuer.

Axel springt vom Rad, um wieder einmal eines seiner künstlerischen Motive in den Kasten zu holen. Das hat er schon in Südfrankreich getan. Mitten im Straßenverkehr müssen Pflanzen aus extravaganter Perspektive fotografiert werden, anders geht das nicht. Wenn man seine Fotos nachher betrachtet stellt man allerdings fest, dass jedes ein kleines Kunstwerk ist, schon weil in allen ein Quentchen Lebensgefahr verewigt ist.

Wie er die Motive immer wieder erkennt. Auch jetzt wieder. Mit dem Fahrrad ist man natürlich deutlich näher an der Natur als im Auto. Autofahrer merken nur selten, was ihnen entgeht. Gelegentlich entgehen ihrer Aufmerksamkeit aber auch die

Radfahrer und manchmal entstehen spontan riskante Begegnungen.

Die Strapazen des Vorjahrs waren niemals ein Thema für uns, auch die Kämpfe mit den selbstbewussten Schaffnern oberitalienischer Regionalzüge bei der Rückfahrt mit der Eisenbahn sind vergessen.

Es sparte Zeit Axels Fotografier-Fermaten mit einem Biss in einen Müsliriegel und einem Schluck aus der Flasche zu verbinden.

Jetzt biegen wir in das Rheintal ein. Auf dem Damm geht es am linken Ufer des Altrhein entlang. Liechtenstein liegt schon unmittelbar gegenüber. Der Wind bläst uns mit einer Stärke von hinten an, wie man es sich als Radfahrer nur erträumen kann. Wir extrapolieren unseren Raumgewinn und denken bereits daran, die nächste Übernachtung in Sarganz zu streichen und noch am selben Tag über Chur direkt nach Thusis weiterzufahren. An den Fuß des Bernardino.

Die Situation ist ideal. Axel steigt wieder einmal vom Rad, um zu fotografieren. *Kein Stopp ohne Schluck,* meint er wie immer. Eine Minute später ist die Wasserflasche wieder am Rad. Wir fahren weiter. In die falsche Richtung? Aber Liechtenstein bildet die untrügliche Orientierung. Der Wind ist zwar so extrem wie vorhin, nur kommt er aus der falschen Richtung. Er stürmt frontal auf uns ein.

Da stimmt etwas nicht. Über den Alpen ziehen gewaltige Wolken herein. In Fetzen werden sie an den Boden gedrückt, wir können beobachten, wie die Vögel ihr gesamtes Repertoire ziehen müssen. Der Sturm peitscht in die Au, riesige Äste biegen sich bis auf den Boden. Rennfahrer kommen uns pfeilschnell entgegen. Wo bleibt da die Gerechtigkeit! Acht Kilo Rennrad gegen dreißig Mountainbike. Acht Kilo, das ist ein Drittel des Gepäcks auf meinem Träger, der im Allgäu schon gebrochen ist, und nun mit einem Gummiseil zusammengehalten wird.

Jetzt auch noch das, wo wir mehr als 1000 Kilometer zu fahren haben. Unsere Geschwindigkeit hat sich mittlerweile auf fünf Kilometer pro Stunde reduziert. Ich fahre das Rad im zweiten oder dritten Gang. Normalerweise schafft man mit dieser Übersetzung die steilsten Forstwege in den Zentralalpen. Hier reicht sie nicht einmal mehr auf der Ebene. Außerdem können wir kaum das Gleichgewicht halten, denn der Wind wechselt nun ständig die Richtung. Ein schlechter Scherz der Natur. Zuerst die stramme, stabile Richtung von hinten und nun innerhalb weniger Minuten dieser Zirkus.

Wir sind gezwungen von den Rädern zu steigen. Sie lassen sich kaum mehr schieben und Sarganz ist noch in weiter Ferne. Mittlerweile gießt es und der Sturm hat infernalische Ausmaße angenommen. An der steilen Flussböschung steht ein winziges Gebäude mit einer versperrten Blechtür, in deren Ausnehmung wir uns flach hineindrücken. Die Räder haben wir zwar fixiert, doch drohen sie nun vom Orkan in den Fluss geschleudert zu werden. Es ist völlig unmöglich, an die Regenkleidung heranzukommen, bei geöffneten Taschen könnte man alles verlieren. Wir schreien uns den Sinn und Unsinn solcher Touren zu.

Irgendwann verliert der Sturm etwas an Kraft und auch der Regen lässt nach. Wir starten wieder, denn irgendwie muss es ja weitergehen. Schiebend nähern wir uns der Stadt, überqueren die Eisenbahn auf einer hohen Blechbrücke, durch deren Träger der Sturm rast.

„Woanders verlangen sie für solche Vorstellungen Eintrittsgeld", meint Axel. Die Schutzhaube seines Helms wird ihm vom Kopf gerissen. Er läuft im Zickzack durch die Wiese und ruft mir zu ich solle ihn dabei fotografieren.

Wir erreichen eine kleine Kneipe. Einige Leute stehen im Eingang und winken uns zu. Gerettet.

Alles geht gut aus, meine ich.

Staging nach Diagnose Nr 2

22. September 2004

Einige Zeit nachdem die Schwingenden Engel das Zimmer verlassen haben, kommt der Assistenzarzt des Professors zu mir. Er hat eine Mappe in der Hand. Darin steht alles, was der Professor bereits weiß, was er mir aber nicht mit der ersten Portion sagen wollte oder konnte. Der Arzt hat meinen Befund aus der Laparoskopie in der Hand. Er murmelt einige einleitende Worte, die nicht unbedingt zum nachfolgenden Inhalt passen. Man könnte es kurz so beschreiben: Ihre Situation ist eher verheerend und hoffnungslos. Das sogenannte *Staging*, die statistische Bewertung meiner Situation und damit der Überlebenszeit aufgrund von Teilbefunden ist in fast allen Punkten 3 oder 4.

1 bedeutet nicht fortgeschritten bzw. nicht aggressiv, 4 bedeutet sehr fortgeschritten und sehr aggressiv. 2 und 3 liegen irgendwo dazwischen. Meine hohen Faktoren sollten, nüchtern gesehen, für einen baldigen Tod ausreichen. Lediglich ein Punkt hat den Wert 1: *Fernmetastasen*. Absiedlungen in andere innere Organe sind bei mir nicht oder noch nicht vorhanden. Jedenfalls sind keine festzustellen.

Informationen zur Bedeutung des Stagings werde ich einige Tage später daheim im Internet finden. Der letzte der Werte, jener der Fernmetastasen, ist jetzt der einzige Hoffnungs-schimmer. Er wird in der Tat ein entscheidender Faktor werden.

Das ist von wesentlicher Bedeutung, denn 2018 wird ein Freund von mir an einem Nierenkarzinom sterben, obwohl man beim Prostatakrebs diagnostiziert, operiert und nachbehandelt hat. Den schicksalsentscheidenden Tumor hat man allerdings jahrlang übersehen.

Jetzt spricht der Arzt ein paar unverbindlich-freundliche Worte, er bringt mir auf meine Bitte noch eine Kopie des Befundes und verlässt dann unser Zimmer. Der Zimmerkollege fragt mich entsetzt, ob ich das alles gehört hätte. Ich erläutere ihm den Unterschied zwischen Magenkrebs und Schwerhörigkeit.

Nun bin ich allein, obwohl alle da sind. Die Schwestern, die Ärzte, das ganze Personal der Klinik ist in der Nähe. Sie sind ständig präsent, Tag und Nacht.

Ich stelle mir die Frage, wie viele der allwissenden Religions-gründer und Religionsführer, die da so klug reden können, sind jemals an der Schwelle zu dem von ihnen definierten und vermarkteten Jenseits gestanden, über das sie so viel zu wissen vorgeben. Dieses Pseudowissen haben sie in dicken Handbüchern, der Art von *Mit dem Jenseits auf Du*, sprich *Bibel*, niedergeschrieben.

Wer von diesen Schwätzern aber weiß schon etwas über das Nachher und das Drüben? Alles Gerede. Ein Prozent vielleicht oder noch weniger. Ich denke, deutlich weniger. Ich denke, niemand weiß etwas.

Die Jenseits-Propheten haben nur Angst vor ihrer eigenen Einsamkeit in der sie einmal landen können, und daher bauen sie Auffangstationen für sich selbst. Es hat keinen Sinn, den sogenannten *Lebenden*, ob sie Jenseits-Vermittler sind oder nicht, diese Situation schildern zu wollen, die sie selbst noch nicht erfahren haben. Niemand von ihnen wird aus einer Schilderung heraus begreifen, was es bedeutet an der Schwelle zum Jenseits zu stehen. Eindrucksvoll hier ist diese unbekannte Art von von Einsamkeit. Verschärft durch das Bewusstsein, dass alle anderen hier auf Erden zurückbleiben werden. Zunächst jedenfalls, und dieses *Zunächst* ist das einzig Tröstliche. Darum nennen wir sie so unverbindlich *Hinterbliebene*. Ich habe nun endlich eine Vorstellung von dem, was ‚hinterbleiben' bedeutet. Hinterbleiben bedeutet das In-der-Gemeinschaft-der-Lebenden-bleiben-Dürfen und damit das Gegenteil von einsam sein.

Wenn ich zu ihr über dieses Gefühl des Nur-noch-kurze-Zeit-bleiben-Dürfens spreche, tröstet mich meine Frau mit der hilflosen Formel ‚Wir alle müssen abtreten'. Sterben hat sie aus ihrem Notzeitvokabular verbannt. Dieses ‚Wir alle müssen ...' hilft jedoch nicht so viel weiter, weil die anderen eben nicht abtreten. Verdammt noch mal. Jedenfalls tun sie das im Moment nicht und das ist das Entscheidende an der Sache. Sie meint mich mit ihren Phrasen beruhigen zu müssen, weil sie sich dabei auch selbst beruhigt. Doch ich bin nicht unruhig, ich habe keine Angst, ich fühle mich einfach nur einsam. Das wird man ja noch dürfen. Aber auch das wird sich wohl irgendwann legen.

Die Lebenden hingegen sind zwar nicht einsam, aber sie sind unruhig, weil sie sich im Jetzt geborgen fühlen, doch tragen sie die unterschwellige Angst, doch einmal einsam in dieser Art sein zu müssen. Im alltäglichen Leben haben sie verlernt dessen Endlichkeit zu akzeptieren. Sie haben noch immer nicht erfasst, dass selbst hundert Jahre keine Ewigkeit bedeuten. Sie haben immer noch nicht begriffen, dass das *Jetzt-noch-nicht* nicht *Nie* bedeutet. Sie können sich an dem *Vielen*, das sie besitzen, nicht erfreuen, sondern ärgern sich über das *Unendlich Viele*, das ihnen noch fehlt, obwohl es nicht definiert ist, ja nicht einmal definierbar ist.

So ist der Kampf um Anteile an dieser nicht erreichbaren Menge des Unendlichen ihr lebenslanges Ziel, und da sie permanent kämpfen, verlieren sie mit jedem scheinbar noch so raffinierten Schachzug etwas von dem, das sie schon besitzen und das sie glücklich machen könnte. Sie kämpfen einen vergeblichen Kampf gegen alles, was ihre Position vermeintlich schwächt oder gar gefährdet. Gegen Imageverlust, Zeitdruck, Langeweile, Übergewicht. In panischer Angst kämpfen sie nicht selten gegen die latente Gefahr, ein Gran von dem zu verlieren, was sie haben und eigentlich gar nicht brauchen, aber dennoch meinen, es für alle Zeit bewahren zu müssen. Mit dem Risiko dabei das Lebensglück ihrer ganzen Familie aufs Spiel zu setzen.
Sie leben in diffuser Angst, irgendwo ihre mühselig erreichte Stellung zu verlieren – in der Unternehmensorganisation, im Stau an der Grenze, an der Kasse im Supermarkt.

Das Innere des Krankenhauses erteilt ihnen nun an jeder Ecke eine Lehrstunde über die Endlichkeit des Lebens. Denn sobald sie die Schale ihres gewaltigen SUVs verlassen und sie sich ohne den gewohnten Begleitschutz in den unendlich langen Fluchten des Krankenhauses verirrt haben, beschleicht sie die Ahnung, dass die Unternehmensposition, der Landrover, das Haus und sogar der Partner nur für begrenzte Zeit geliehen sein könnten.

Und um nicht vom Schicksal einer bisherigen Vorteilsnahme als unwürdig erkannt und zur Herausgabe der süßen Früchte gezwungen zu werden, hecheln sie geduckt zwischen metallenen Infusionsständern Todkranker hindurch, die ihre zitternden Hände nach ihnen ausstrecken. So scheint es jedenfalls.

Und im Gegensatz zu ihrem selbstsicheren Auftreten in der hierarchisch definierten Umgebung des Firmenalltags getrauen sie sich nun nicht einmal mehr zu atmen, geschweige denn ein lautes Wort zu reden. Man könnte sie erkennen.

Ich gehe ans Fenster. Es ist ein herrlicher Herbsttag da draußen. Ich empfinde ihn noch herrlicher, da sie so kostbar geworden sind. Ich werde bei allernächster Gelegenheit in den Park des Schlosses bei der Klinik gehen. Da drüben am Hügel in Kalchreuth, gar nicht weit von hier, ist der Horizont. Bis dorthin wird es noch reichen, dahinter aber geht es senkrecht in die Tiefe.

So stellten sich die Seefahrer ursprünglich den Rand der Erde und ihr eigenes mögliches Ende vor, wenn sie darüber hinaus fuhren. Der Grenzbereich des Lebens. Ein gedanklicher Spaziergang bis zu diesem kleinen Hügel berührt die wenigen Tage, die mir noch bleiben. Gespräche mit meinen Lieben, ein bisschen Zeit mit dem Ordnen aller wichtigen Dinge um nach dem Abtreten keinen Saustall zu hinterlassen und den Hinterbliebenen das *De mortuis nihil nisi bene* leichter über die Lippen gleiten zu lassen. Früher, als Lebender, hätte ich geglaubt, dass man in einer solchen Situation vor Angst schier vergehen müsste, doch ist das Gegenteil nun der Fall. Meine Blutdruckwerte, lange Zeit vor meiner Diagnose noch zu hoch, jetzt aus dem Schulbuch. Man hätte ihn höher erwartet. Aber das ist nicht der Fall. Für mich ein objektives Zeichen von Entspannung und Loslösung. Mein Kardiologe hätte seine Freude an mir. Ist jetzt alles gleichgültig? Bin ich physisch-physiologisch-psychisch-mental nicht mehr am Leben?

Niemand wird mir das später erklären können.

Neuer Anlauf

22. September 2004

Der Professor hat gesprochen. Aber offensichtlich, ohne dass ich es wusste, auch mit seinen Spezialisten.

Jedenfalls hat er noch nicht aufgegeben, auch wenn er gesagt hat, er könne mich nicht mehr operieren oder jedenfalls jetzt noch nicht. Die Schwestern sagen: Wir geben nicht so leicht auf. Sie meinen damit: Die Ärzte geben nicht so leicht auf, und wir Schwestern geben dann auch nicht auf, wir pflegen dich weiter, so lange es geht. Die Schwestern wissen eigentlich gar nicht, was die Ärzte wirklich wollen. Ich frage die Schwestern also immer wieder was sie tun. Sie sagen: Wir geben Ihnen Medikamente. Die müssen Sie nehmen. Ich nehme immer alle Medikamente die sie mir geben. Mein Zimmerkollege vergisst manchmal seine Medikamente zu nehmen und wird dann gerügt. Er nimmt sich das scheinbar sehr zu Herzen. Sagt er. Aber ich glaube das nicht. Es ist seine Überlebensstrategie. Seine ist viel einfacher als meine mit dem Magen, der nicht mehr ordentlich verdauen kann. Der Kollege hat ja nur einen Finger verloren. Das ist zwar der Ringfinger und der Platz vom Ehering. Aber er trug ja ohnedies keinen Ehering.

Über das Problem mit dem Zehnfingersystem auf der Tastatur tröste ich ihn damit, dass ja alle, die angeblich das Zehnfingersystem beherrschen, maximal im Neunfingersystem schreiben, weil der Daumen der linken Hand bei einem Normalschreiber untätig bleibt. So man überhaupt, was auch nicht ganz korrekt ist, den Daumen als Finger bezeichnet. Aber das wäre eine ganz andere Sache, sage ich ihm.

Er lacht. Das Zehnfingersystem müsste also genauer *AchtFingerundeinDaumenSystem* heißen. Das wäre allerdings kompliziert und würde stets Streit verursachen, weil es keiner verstünde, zumal wir doch normalerweise zehn Finger haben. Jetzt, wo mein Kollege einen Finger verloren hat, müsste sein System konsistenterweise *SiebenFingerundeinDaumenSystem* heißen. Kompliziert, aber immerhin semantisch korrekt. Also müsste er einfach umlernen und ab jetzt sowohl den neuen Begriff als auch für das S, das W und das X den Mittelfinger verwenden.

Er nimmt die infantile Ironie meiner Argumente geduldig hin, seine Frau aber bleibt böse auf ihn, weil er sich *so leichtfertig seinen Ringfinger hat abschneiden lassen* und diskutiert diese fingerlose Situation auch in meiner Gegenwart ohne Gnade. Die Ärzte hätten zwar sein Leben gerettet, aber er hat *diesen Finger* verloren, was eine Frau in der Kategorie der Unverzeihlichkeit ansiedelt. Der Kollege ist nun immer traurig, wenn sie das Zimmer verlässt, nicht wissend, welche Gedanken sie mitnimmt, ohne ihn dabei mitzunehmen. Auch die schönen Blumen können ihn nicht trösten, die sie ihm jedes Mal mitbringt.

Er ist ein sehr angenehmer Zimmerkollege und ist an meiner Gesundung wesentlich beteiligt. Wie gesagt: wir schreiben uns immer noch. Gelegentlich, in länger werdenden Abständen. Ich schreibe und er antwortet.

Die Stewardessen der Klinik

Ende September 2004

Die Schwestern sagen: Wir haben den besten Piloten. Er beherrscht alles, er fliegt auch kaputte Flugzeuge und bringt sie wieder heil herunter.

Stewardessen und Schwestern sind identisch in der Unerschütterlichkeit ihres Glaubens und geben deshalb niemals auf. Sie hängen sich mit Zuversicht an die Aussagen der Piloten und Ärzte, gleichgültig was diese sagen.

Zum Beispiel an jene des dicken Anästhesisten nach der ersten Voruntersuchung meiner Lunge durch die ausnehmend hübsche Stewardess. Dieser Co-Pilot hat ja gesagt, dass der Captain sehr schnell operiert und dass ich deshalb in zehn Jahren beim Schlossgartenfest dabei sein werde.

De facto hat er recht behalten. Das kann ich jetzt, 2018, deswegen sagen, weil ich noch lebe, und immerhin hat er es 2004 aus meiner Entschlossenheit abgeleitet.

Diese allein hätte aber nicht gereicht.

Damit dieses Versprechen jetzt, nämlich 2004, die minimale Chance einer Realisierung hat, womit die Ehre des Chefpiloten gerettet ist, hat das Bodenpersonal der Klinik für meinen Magen einen neuen technischen Trick auf Lager. Der Chefsteward alias Assistent des Professors erklärt ihn mir. Er heißt *Stent*.

Ein *Stent* – englisch für eine *Bergmännische Abstützung* – ist eine medizinische Gefäßstütze, das in Organe eingebracht wird, um ihre Wandung ringsum abzustützen. Es ist beispielsweise das

Einbringen eines kleinen röhrchenförmigen Gittergerüsts aus Metall oder Kunststoff in eine Leitung.

Beim meinem ersten namentlichen Zusammentreffen mit diesem technischen Wunderwerk nenne ich das Ding aus Unwissenheit *Stunt*, weil in der Elektrotechnik ein Ding verwendet wird, das Shunt heißt, was mit dem Stent weniger als Nichts zu tun hat. Gesehen habe ich so einen Stunt niemals, kann ihn mir aber gut vorstellen. Es sieht vermutlich wie eine Reuse aus.

Der Professor wird von meiner unsinnigen Bezeichnung derart überrascht, dass er mir sofort erklärt, was das Ding alles können soll. Leider kann es nicht, was man ihm theoretisch zumutet, das liegt an der miserablen Geometrie des oberen Teils des Magenausgangs wegen des Tumors.

Damit ich alles verstehe, erzählt mir der Assistent, wie es in meinem Inneren aussieht. Das weiß er von der Bauchspiegelung mittels Laparoskopie, mit der die Ärzte durch ein Loch in der Bauchdecke per Lichtleiteroptik in meinen Bauch hineingesehen haben. Er sagt, dass der Tumor den unteren Bereich des Magens in der Gegend des Pförtners ziemlich verengt. Weil er bereits einen Durchmesser von viereinhalb Zentimetern hat, was groß ist und er deshalb im sogenannten *Staging* (hier die quantitative Bewertung der Größe dieses Objekts) den Maximalwert IV erhält. Die verdauten Speisen können also da nicht mehr durch, sie können den Magen nicht mehr verlassen. Daher bläht er sich auf, tut weh und verweigert die weitere Nahrungsaufnahme, was für ihn selbst günstig ist, denn sonst würde er ja eines Tages platzen, und ich würde dadurch kaputt gehen. Was aber langfristig nicht gut für mich ist, weil ich später auf andere Weise kaputt gehe. Nämlich durch Verhungern. Indem der Magen dem Schluckmuskel signalisiert ,Lass nichts mehr rein, sonst platze ich!', haben meine Schluckbeschwerden ständig zugenommen und sind inzwischen so intensiv geworden, dass ich selbst in einem Haubenlokal keine Freude mehr am Essen hätte.

„Man kann den Tumor nicht mehr operieren, weil er zu groß geworden ist", sagt mir aber nun der Professor.

„Ich muss aber etwas essen", entgegne ich dem Professor.

„Ich kann aber nichts mehr hereinlassen", sagt mir der Magen.

Also muss man diesen dazu bringen, dass er wieder etwas hereinlässt. Das tut er aber nur, wenn man ihm hilft das Essen auch wieder unten loszuwerden. Das wiederum kann er aber nur, wenn die Öffnung unten groß genug ist. Das ist sie aber nicht, weil dort der Tumor sitzt. So einfach und brutal kann die Welt sein.

Den Tumor könnte man nun grundsätzlich durch eine Chemotherapie verkleinern, eine *Chemo* – als Profi sage ich gelegentlich statt Chemotherapie einfach Chemo. Das klingt lässig und professionell. Hausfrauen nennen das sowieso immer dann so, wenn sie von der *Chemo* des Nachbarn sprechen, wenn sie dieser nicht verträgt.

Meine Chemo aber kann man schon gar nicht durchführen, weil ich eben nichts essen kann. Das stimmt zwar nicht genau, weil man sie intravenös geben könnte, also direkt in den Blutkreislauf, aber wenn ich schon ohne Chemo nichts essen und trinken kann, was dann erst mit ihr!

Da beißt sich also die Katze in den Schwanz.

Dafür, dass ich wieder etwas essen kann, soll der Stent sorgen. Er soll die Engstelle erweitern. Dazu wird er gewaltsam in den verengten Pförtner geschoben, wird diesen ausdehnen, die Speisen werden den Magen dann wieder verlassen können, ich kann wieder essen und kacken – so sagt das Giulia Enders in ihrem Bestseller *Darm mit Charme* –, werde die Chemo vertragen, der Tumor wird kleiner werden, und eines schönen Tages wird dann der Professor kommen und mich operieren. Wenn er nicht schon in Pension ist und ich noch nicht gestorben bin.

Der Plan ist super einfach, einleuchtend und ich bin einverstanden. Schon weil mir sowieso nichts anderes übrig bleibt. Da ist aber immer noch die Frage: Wie kommt das Gitter an diese Stelle?

Das ist ganz einfach, sagt der Assistent, das schiebt Gitter man heute durch die Speiseröhre. Wie ein Schiff, das in eine Flasche muss, klappt man den Stent vorher zusammen, schiebt ihn durch den Schlund, dann durch den Magen und dann in den Magenpförtner. Dort entfaltet man das Ding wieder, wie eben das Schiffchen in der Flasche.

Und wie kriegt man es wieder heraus, wenn man es wieder entfernen will? Ja, na ja, dann klappt man es einfach wieder zusammen und zieht es heraus, oder man zerkleinert es mit einem Laser wenn es schon eingewachsen ist. Außerdem kann das der Professor erledigen, wenn er den Bauch offen hat, da kommt er leichter dran.

Mangels einer anderen Möglichkeit unterschreibe ich wieder einmal einen Operationszettel, auf dem alle Risiken dieses Eingriffs haarklein beschrieben sind. Der Assistent des Professors spricht einige ermunternde Worte und geht mit dem Zettel aus dem Zimmer.

Ich habe eine neue Hoffnung und bin im Moment nicht wieder einsam auf einem der gedanklichen Wege ins Jenseits.

Mein Zimmerkollege ist auch froh und erklärt mir aus Freude die Prinzipen der Leistungsregelung einer 300 Megawatt Gasturbine bei Überlast.

Der Versuch mit dem Stent

Ende September 2004

Alles Geniale ist einfach hatte ich einmal im Büro auf meine
Zimmertüre geschrieben. Einer meiner vielen Chefs meinte, dass
dieser Satz deswegen auch genial sei.

Ich setze also große Hoffnungen – nein, ich setze alle meine
Hoffnungen – jetzt auf dieses geniale Ding, denn der Stent wird
den Teufelskreis meiner Situation in einfacher Weise auflösen.
Ich kann nachher wieder essen, ohne dass mir übel wird, und
etwas später kann man etwas gegen meinen ungebetenen Gast
tun. Daher bin ich interessiert daran, dass das Ganze möglichst
bald über die Bühne geht.

Das Wetter ist immer noch herrlich und ich verbringe die
Wartezeit so weit wie möglich in der Stadt und im Park. Es
könnte in der Tat ewig so weitergehen, wenn nur das Problem
mit den Mahlzeiten nicht wäre, denn es ist mir nach wie vor nach
jedem Bissen schlecht und ich werde immer schwächer und
dünner, und das muss nun wirklich bald geändert werden. Also,
wo ist der Stent! Her damit.

Es vergehen einige Tage, aber wo ist der Stent? Ich frage auf
der Station nach. Niemand weiß etwas Genaues. Es gibt einen
ersten, aber noch nicht fixierten, vorläufigen und unsicheren
Stent-Termin über den auch niemand etwas Sicheres weiß. Der
Assistent des Professors will nachfragen, was los ist.

Es vergeht wieder ein Tag und nichts geschieht. Ich mache mir
bereits Sorgen. Wollen sie nicht oder können sie nicht? Gibt es
neue Erkenntnisse? Haben sie keine Zeit, kein Personal? Was ist
los?

Nach einigen Tagen kommt der Assistent des Professors: Man hat einen Termin: noch heute. Die Zeit steht allerdings noch nicht fest. Ich bereite mich innerlich auf den Eingriff vor. Üblicherweise werden kompliziertere Eingriffe am Vormittag vorgenommen, aber der Vormittag ist schon nahezu vorbei. Wo also ist der Stent? Der Nachmittag vergeht auch und nichts geschieht. Dann aber plötzlich um 16 Uhr herrscht Anspannung auf der Station. Es soll gleich losgehen, man hatte noch einen Notfall, deswegen die Verzögerung. Aber normal ist das nicht. Die leitende Schwester murmelt etwas von ‚zu spät'.

Ich werde in ein Bett verfrachtet und sie fährt mich in das Untergeschoß der Klinik. Im Keller gibt es die kleinen Operationssäle, die nicht für den gigantischen Aufwand eingerichtet sind, den man in der zweiten Etage hat. Dort oben werden die schweren Operationen durchgeführt, und wenn ich über den Parkplatz gehe, erstarre ich vor Ehrfurcht über die grell erleuchtete Betriebsamkeit hinter den großen Scheiben. Es sind die Arenen, in denen jeden Tag mehrfach Entscheidungen über Tod und Leben fallen. Die Wirkung dieser Säle geht für jeden etwas Sachkundigen weit über den Parkplatz und die angrenzende Straße hinaus.

Als ehemaliger Patient kann ich heute, 2018, dort nicht mehr gelassen vorbeigehen. Hier unten aber ist alles weit weniger dramatisch.

Die kleinen Konzertsäle sind zwar auch mit vielen modernen Apparaten bestückt, doch haben sie nicht diese Ehrfurcht gebietende Aura, welche die großen Säle besonders nachts so mystisch erscheinen lässt.

Die Schwester schiebt mein Bett über ungewöhnlich leere Flure und an leeren Sälen vorbei in Richtung auf einen ungewöhnlich stillen Saal. Ich habe in der Hektik der Aktion vergessen, auf die

Toilette zu gehen. Die Schwester sagt mir wo eine ist. Am Ende des Flurs.

Ich steige barfuss aus dem Bett, nehme die riesige gläserne Infusionsflasche vom Infusionsständer und gehe über den gefliesten ungewöhnlich schwach beleuchteten Gang. Es gibt hier nur eine Behindertentoilette.

Beim Eintritt geht automatisch das Licht an. Ich betätige die Spülung. Der Reinigungsapparat dreht die Brille langsam um 360 Grad, und weil sie oval und nicht rund ist, täuscht diese Drehung eine geometrische Verformung vor, und bei mir eine Kreislauf-störung. Bin ich nun schwindlig oder was? Ich habe furchtbare Angst, dass mir die Flasche in meinem nervösen Zustand entgleiten und auf den Fußboden fallen könnte, was verheerend wäre. Das darf also keinesfalls passieren. Ich breite etwas Toilettenpapier auf dem Boden aus und stelle die Flasche vorsichtig darauf. Nach getaner Aktion starte ich das Wasser mit dem langen Chirurgenhebel, wasche mir die Hände und desinfiziere sie. Danach hebe ich die Flasche auf, verlasse die Toilette und gehe wie gekommen barfuss über den ewig langen Gang zum Saal. Doch aus welchem der vielen ununterscheidbaren Säle bin ich gekommen?

Schwester und Bett sind verschwunden – klar, sie ist schon in ihren wohlverdienten Feierabend gegangen, das kann ich gut verstehen, ich werde ihr morgen bestimmt nicht gram sein, wenn alles vorbei ist –, doch im Moment habe ich das Problem mit der Nummer des verflixten Operationssaals, die sie mir genannt hat. Kein Sterblicher ist zu sehen. Kein Laut. Alle verdunkelten Zimmer links und rechts sehen gleich aus, auch die Betten die darin stehen. Sie sind für Namenlose bezogen. Vielleicht dienen sie dem konträren Zweck ...

Ich gehe in einen der Säle und lege mich einfach in ein Bett. Es gibt hier ohnedies keine Patienten. So liege ich in der Hoffnung, dass man mich irgendwann finden wird. Die Situation ist skurill bis gespenstisch. Es vergeht geraume Zeit, ohne dass das Geringste geschieht.

Plötzlich vernehme ich das wohltuend vertraute Geräusch eines Staubsaugers und erkenne an dessen Ende schemenhaft eine kleine dunkle Dame. Offensichtlich ist sie nicht nur für die Reinigung der Räumlichkeiten verantwortlich, denn auf meine Frage, ob ich heute noch operiert würde, sagt sie klar und deutlich, dass das sicherlich bald geschehen wird.

Ich vertraue ihr und verharre in stabiler Rückenlage. Die Alternative wäre ein barfüßiger Trip mit der gläsernen Infusionsflasche durch das gesamte Krankenhaus.

Aber wie die zuverlässige Staubsaugerin angekündigt hat, kommt nach einigen Minuten eine Ärztin, die über meine Anwesenheit keineswegs erstaunt ist, sondern sogar weiß wer ich bin. Das gehört für mich zu den kleinen Highlights medizinischen Informationsmanagements und ich freue mich natürlich. Ja sie fragt mich nicht einmal, ob ich Mediziner bin. Die Wunder häufen sich und das schürt bei mir mehrere Hoffnungen. Sie fragt mich nach meinem Namen, meinem Geburtsdatum und nach dem Mädchennamen meiner Mutter.

Wieder ein Wunder, denn wie kann sie diesen Namen kennen? Möglicherweise aus der Bluttransfusion, wo gelegentlich ein solcher Informationsabgleich verwendet wird, um sicher zu sein, zu hundert Prozent den richtigen Patienten zu behandeln.

An der rechten Seite der Ärztin taucht aus dem Dunkel eine Gestalt auf, in der ich jenen Arzt vermute, der mir den Stent einsetzen wird. Das ist nicht schwierig zu erraten, denn er ist nervös, gereizt und vermutlich überlastet, was mir die Schwester schon vormittags angedeutet hat. Der bevorstehende Eingriff musste nämlich wegen verschiedener Notfälle immer wieder verschoben werden. Ich bin ja kein Notfall mehr, habe schon wochenlange Übung mit dem Nichtessen und jahrelange mit dem Tumor. Da kommt es jetzt auf die paar Stunden mehr oder weniger auch nicht mehr an. In der Tat sind die Ärzte manchmal zeitlich überfordert. Natürlich kann ein überlasteter und genervter Mensch – und auch Ärzte sind nur Menschen – leichter Fehler machen als ein ausgeruhter. Aber ich denke mir, dass er selbst in diesem Zustand ein Skalpell von einer Wurzelbürste unterscheiden kann und vermute, dass er die psychischen und physischen Reserven eines Formel-I-Rennfahrers hat. Und so vertraue ich ihm.

Er reicht mir den bekannten doppelseitigen Bogen. Darin stehen einige Erklärungen, die ich nicht lesen kann, weil ich keine Brille dabei habe. Man kann beispielsweise dabei sterben, wobei die Wahrscheinlichkeit vernachlässigbar klein ist, eher stirb man beim Schifahren oder auf der Autobahn. Etwa so groß ist sie, wie im Lotto einen Sechser zu tippen. Ich hatte noch nie einen Sechser im Lotto, schon weil ich nicht spiele. Das Schlimmste wäre, so denke ich jetzt, wenn man am Leben bliebe aber verblödete. Ich unterschreibe – schon deswegen, weil mir nichts anderes übrig bleibt.

Der Arzt nimmt den Bogen entgegen, klärt mich nochmals verbal über alle Risiken auf und zählt zudem alle Bedingungen auf, unter denen er den Stent nicht einsetzen kann. Es gibt so viele, dass ich mit einer erfolgreichen Behandlung nicht rechnen kann und nach dem Aufwachen aus der Narkose keineswegs überrascht bin, noch immer ohne Stent zu sein und deshalb weiterhin nichts werde essen können.

Es macht mich nachdenklich, dass so viele Zustände meiner Innereien denkbar sind, bei denen ein Einsatz des Stents nicht möglich ist. Jedenfalls hat der Tumor hat den Pförtner bereits so verengt, dass dieser nicht einmal Flüssigkeit durchlässt. Wie soll er dann einem Stent Platz lassen, selbst wenn dieser wie ein kleines Segelschiffchen zusammengeklappt ist! Das geht mir schon rein geometrisch nicht durch den Kopf, und so harre ich der Dinge, die da kommen.

Der Anästhesist tritt ans Bett und legt mir einen Zugang. Er fragt mich, ob ich Mediziner bin, ich kann ihm seine Frage nicht mehr beantworten, da ich schon betäubt bin.

Dann vernehme ich wieder einmal eine nette Stimme, die immer wieder meinen Namen nennt. Ja, ja, ich bin der Moldaschl, was wollen Sie von mir? Es ist die ganz liebe spanische Schwester. Sie hat ziemlich oft Nachtdienst und noch öfter Migräne, ist aber niemals schlecht gelaunt oder gar gereizt, was ich sehr bewundere. Ich schätze ihr Bruttogehalt auf etwa ein Hundertstel jenes des deutschen Bundeskanzlers oder eines völlig unnötigen Außenministers, und dabei – noch nicht einmal wirklich wach – bin ich schon total verärgert und vergesse einen Moment lang sogar weshalb ich hier bin.

Die spanische Schwester kennt ihn schon, den Hinderungsgrund. Es war einer von mindestens zwei Dutzend Gründen, die mir der Arzt genannt hat. Er hat also den Stent nicht eingesetzt.

Ich finde einen kleinen Zettel auf meinem Nachttisch. Meine Frau hat ihn mir hinterlassen. Darin schreibt sie, dass sie mich besucht hat, ich aber noch in Narkose gewesen sei und die Schwester ihr gesagt habe, dass ich mindestens noch eine gute Stunde brauchte, um aufzuwachen und sie deshalb nicht mit mir sprechen könne. Und dass noch genügend Geld auf meiner Telefonkarte sei und sie mich nach dem Aufwachen anrufen wolle. Den Zettel trage ich noch heute in meiner Brieftasche.

Ich spüre, dass sie leidet, kann ihr aber nicht helfen. Es war wieder ein sehr schwerer Tag, und nun wird es langsam echt eng.

Die Schwester sagt mir, dass ich auf dem Gang etwas auf und ab gehen soll, weil ich dadurch die Narkosemittel besser abbaue. Also gehe ich mit ihrer Hilfe auf und ab. Es ist mir eher nach ab zumute. Ich gebrauche diesmal meine Formel und sie hilft.

Der Assistent des Professors kommt am nächsten Tag. Er begrüßt mich freundlich und erklärt mir das Geschehen des Vortages. Er erklärt mir, was ein Stent ist und wie er funktioniert. Sie haben den Stent nicht einsetzen können. Das weiß ich von der Schwester. Ich frage ihn nach dem Grund. Zum Glück sitze ich im Bett, sonst hätte ich vermutlich vor Verwunderung das Gleichgewicht verloren:

„Weil die Pförtneröffnung zu weit ist."

Wie bitte, sie ist zu weit?! Nicht zu eng? Zu weit?

Ich frage ihn, ob die Öffnung vielleicht zu eng ist. Nein, nein, zu weit. Das kann ich nicht verstehen, und ich frage ihn immer wieder, aber es kommt immer dieselbe Antwort. Es muss also einen ganz anderen Grund geben, den sie mir nicht sagen wollen, aber was kann dieser Grund sein? Ist es die Geometrie, die vielleicht etwas schwierig ist? Ja, sagt der Assistent, auch das ist ein Grund.

Aber auch das ist kein Grund. Es kann nicht der eigentliche Grund sein. Er sagt, der Stent würde herausfallen, wenn man ihn einsetzte. Ich kann aber doch nichts essen, weil der Pförtner zu eng ist. Weshalb sollte der Stent dann herausfallen? Der wahre Grund ist mir bis heute nicht bekannt, und der Operateur wird ihn ins Grab nehmen. Sei's drum, es ist mir mittlerweile gleichgültig.

Der Assistent ist an diesem Tag nicht gut drauf. Irgendwie ist er in der Enge, obwohl er nichts dafür kann. Aber ich bin natürlich auch in der Enge. Ich fragte ihn nach den weiteren Möglichkeiten. Es gibt keine mehr. So interpretiere ich ihn. Aber ich bin der Meinung, dass es irgendwelche Möglichkeiten geben muss, und das sage ich ihm auch, und er hört es. Ich bin mir nicht sicher, dass er es versteht, aber ich merke, dass er meine Hilfe braucht.

Erstaunlich, es geht wieder weiter. Am nächsten Tag kommt der Professor mit seinem Engelsgeschwader und sagt mir, dass das mit dem Stent nicht funktioniert hat. Das ist zwar nichts Neues, aber das soll es wohl auch nicht sein.

Es ist der Einstieg in eine neue Strategie. Ich frage ihn, weshalb man den Magen nicht zuvor mit einer genauen Spiegelung untersucht hat, bevor man mit dem Metallding angereist ist, und ob das die richtige Reihenfolge gewesen ist? Die Kleingötter und ein paar Engel zucken bei meiner Frage zusammen und heften ihre erstarrten Blicke in ganz unengelhafter Weise auf den Professor. Der Zimmernachbar erschrickt nicht, denn er badet seinen Finger. Deshalb läuft er dieses Mal auch nicht im Zimmer herum. Ich habe ihm schon angekündigt, dass ich diese Frage stellen will und dass es vielleicht ganz wild werden wird.

Im Gegensatz zum Geschwader erstarrt der Professor überhaupt nicht, sondern bleibt professionell und beantwortet meine Frage einfach mit der Erklärung, dass man die Strategie trotzdem nicht ändern würde. Die Frage nach der Strategie stelle ich nicht. Wir beide wissen warum, und verbrüdern uns in diesem Einverständnis des Stillschweigens. Der Professor holt wieder konsequent mit einem wichtigen Satz aus, wohl weil er meine Nehmerqualitäten als hinreichend einschätzt.

Er sagt, dass es keinen Sinn habe, wenn ich weiterhin im Krankenhaus bliebe.

„Wir entlassen Sie. Gehen Sie wieder zu Ihrem Internisten zurück. Er wird mit Ihnen eine Chemotherapie machen. Mit dieser Therapie wird der Tumor so lange verkleinert, bis wir ihn operieren können." Peng.

Meine Frage, ob das funktionieren wird, beantwortete der Professor mit einem Ja und verlässt mit allen Engeln und dem Zimmerkollegen in der Wirbelschleppe das Zimmer. Ich bleibe als einzig Sterblicher zurück.

Zehn Jahre später werde ich verstehen, was mir im Moment völlig unverständlich ist. Es ist dieses *Omentum minus*, auf dem eine Metastase sitzt. Und da der Begriff *Metastase* bei fast allen Patienten Schnappatmung auslöst, erspart sich der Professor im Moment diese medizinische Erklärung. Ich erhalte sie auf einem DIN A4-Blatt, als alles längst vorbei ist und verstehe sie sofort. Klar, er konnte praktisch nicht anders handeln. Es sei denn, Freund Hein stünde mit einem Vollzugsbefehl direkt hinter mir. Das wird in einigen Tagen auch so sein oder fast so.

Begegnung mit meinem Onkologen

Ende September 2004

Märchen gehen in der Regel gut aus. Auch bei ‚Peter und der Wolf' ist das so, denn der Wolf schluckt die Ente als Ganzes herunter, und deshalb quakt sie in seinem Magen weiter.

Ich hoffe, dass auch mein Märchen gut ausgehen und mein Magen weiter quaken wird, kann es mir aber nicht so recht vorstellen, denn die Ärzte haben alles versucht. Dennoch vertraue ich auf die Mystik der Märchen. Eines der wichtigsten Bücher meiner Jugend war *Sagen aus Österreich*. Darin gibt es unerhörte Erzählungen, so dass ich Jahre danach einige Stätten besuche, um nachzusehen, ob sich der Sachverhalt so abgespielt haben konnte.
   Der Assistent hat Fähigkeiten, die ich bisher nicht erkannte. Er kann einen deprimierten Patienten beratend helfen, so dass sich

dieser nicht so mehr krank fühlt und er den Eindruck hat, es gäbe durchaus noch Chancen.

Dazu spricht er ganz ruhig, ich müsse nun einfach die Chemotherapie beginnen, gleichgültig, wie es mir dabei ginge, ob ich das Essen vertrüge oder nicht, ob es mir dabei noch schlechter ginge, als ohne die Zellgifte. Ich müsse sie einfach durchstehen. Wenn ich es mit der Chemotherapie schaffe den Tumor zu verkleinern, dann könne mich der Professor auch operieren. Dann wäre das Risiko tragbar und er könne bei der Operation vielleicht ein Ro-Ergebnis erzielen. *Ro* bedeutet, dass der Tumor komplett in allen Wachstumsebenen und mit hinreichendem Sicherheitsabstand entfernt worden wäre. Es dürfe dabei kein Residualtumor, also kein Rest zurückbleiben.

Die Exzisionsränder, das sind die Anschnittbereiche im Gewebe, müssten frei von Krebszellen sein, was im augenblicklichen Zustand keinesfalls zu erwarten wäre, denn der Tumor sei riesengroß und hätte bereits auf das Bauchfell metastasiert.

Das Operationsrisiko bestehe aus seiner Sicht nicht nur in der Gefahr zu verbluten, sondern auch in einem Nicht-Ro-Ergebnis, und damit in der Wahrscheinlichkeit eines baldigen Rezidivs.

Auf meine Frage, wer in einer solche Situation so etwas noch operieren könne, bedeutet er mir, dass nur diese eine Chirurgenkapazität hier dazu imstande sei. Da wäre vor einiger Zeit zwar noch ein Chirurg in Chicago gewesen, dem hätte man es auch zugetraut, aber sonst würde keiner einen solchen Zustand operieren. Er rät mir daher, wieder zu meinem Internisten zu gehen und mir dort ein Venöses Portsystem einsetzen zu lassen. Ein solcher Port erleichtere die Infusion der Zellgifte in eine Hauptvene. Würde man diese Gifte nämlich über längere Zeit hindurch in eine Armvene injizieren, so würden diese Vene und auch die anderen, nachfolgenden Gefäße sehr bald erheblich beschädigt und unbrauchbar werden. Der Internist könne über diesen Port die Chemotherapie durchführen.

An diesem rabenschwärzesten Tag aller rabenschwarzen Tage meines Lebens gehe ich nachmittags über den Gang der Station, und mit bedächtigen Schritten kommt mir ein recht junger Arzt entgegen, den ich bisher nicht gesehen habe. Er hat eine Mappe in der Hand und liest darin, dabei runzelt er besorgt die Stirn. Seine Miene bedeutet nichts Gutes für jenen Patienten, dessen Unterlagen er gerade überfliegt. Ich bedaure ihn deshalb und ahne noch nicht, dass ich es bin. Auch ahne ich nicht, dass dieser Onkologe ganz entscheidend dazu beitragen wird, dass ich heute noch am Leben bin.

Er kommt kurz nach unserer ersten Begegnung ins Zimmer und unterhält sich mit mir. Das zentrale Thema ist die sogenannte *Neoadjuvante Chemotherapie*, also eine Behandlung, die vor einem chirurgischen Eingriff durchgeführt wird, um den Tumor zu verkleinern. Dabei macht er mir weder allzu große Hoffnung auf den Erfolg einer solchen Therapie, noch spricht er irgendwie, auch nicht andeutungsweise, von einem Misserfolg. Er verhält sich in jeder Weise professionell offen, was mir lieb ist, denn eine übertrieben positive Haltung würde mir auffallen und gäbe Anlass zu nutzlosen Analysen.

Auf meine Bitten hin verspricht er mir in der Onkologie der Internen Medizinischen Abteilung seiner Klinik nachzufragen, ob meine Behandlung dort möglich ist. Er bedeutet mir, dass die Station derzeit vollständig ausgelastet ist, und ich kann sehr bald feststellen, dass das stimmt.

Mit dem Ratschlag des Assistenten ausgestattet, verlasse ich zunächst die Chirurgie und damit auch meinen Zimmerkollegen. Dieser wird noch einen oder zwei lähmende Tage auf seinen Knochenbefund warten müssen. Man weiß immer noch, ob das

Melanom schon in die Knochen metastasiert hat. Der Heilige Damokles, wie ich ihn nenne, begleitet also auch ihn.

Aber der Befund wird letztlich medizinisch negativ und daher für ihn positiv sein. So habe ich es vermutet und es ihm auch zum Abschied gesagt. Haben wir nicht eine nette Zeit gehabt? In dieser Form würde man sich nach einem gelungenen gemeinsamen Urlaub verabschieden. Wir hingegen haben eine interessante, eindrucksvolle Zeit gehabt. So sagt man, wenn sich Schicksale von einem Tag auf den anderen in dramatischer Weise entwickeln, also nach links oder rechts, nach Eins oder Null, nach Gut oder Schlecht, nach Leben oder Tod.

In wenigen Stunden sind wir uns näher gekommen, als es viele Freunde der Welt konnten. Wir schreiben uns ab und zu. Das gegenseitige Versprechen, einmal ein Bier miteinander zu trinken, haben wir bisher allerdings zustande gebracht. Da draußen haben wir nun keine Zeit mehr füreinander. Schade. Aber ich weiß, dass es ihm gut geht und er mit seiner Begleiterin im Cabrio irgendwo in der Welt herumfährt, und das beruhigt mich.

Der neue Anlauf der Onkologen

Anfang Oktober 2004

Man sagt einfach *Interne*. Gemeint ist die Innere Medizin, ein Teilgebiet der Medizin, das sich mit den Krankheiten der inneren Organe beschäftigt. Zu diesen gehören der Magen, die Leber, die Nieren, das Herz, die Bauchspeicheldrüse, der Zwölffingerdarm, der Dünndarm und der Dickdarm. Um nur einige zu nennen.

Das alles da in unseren Bäuchen ist eine unglaublich komplexe Mischung unterschiedlicher Komponenten, und daher muss man einen Chirurgen, der sich in diesem Tohuwabohu auskennt und dann auch noch kunstvoll und erfolgreich operiert, eine Koryphäe nennen. Das werde ich erst viele Jahre später erfassen können, als mein Professor und ich gemeinsam ein Buch schreiben.

Jedes Organ kann spezifische Krankheitsmuster entwickeln. Zu diesen gehört auch Krebs, der Organe mit spezifischer Wahrscheinlichkeit befallen kann. Manche Krebstypen sind träge, manche aggressiv, manche selten, manche häufig. Man hat Glück, wenn man keine Sorte bekommt, denn ein Drittel der Menschen erkranken daran.

Mir hat der Professor jedenfalls gesagt, dass er mich zunächst nicht operieren kann, weil das Tumorstadium zu fortgeschritten ist:

„Wir entlassen Sie, denn ich kann Sie nicht operieren. Gehen Sie zurück zu Ihrem Internisten."

Bei mir ist angekommen, dass er mich nicht mehr operieren kann. Später wird sich herausstellen, dass ich das falsch verstanden habe.

So wird mich der Satz als medizinisch codiertes Todesurteil noch lange in meiner Version begleiten, verknüpft mit einer betriebswirtschaftlichen Entscheidung, denn warum *zurück zum Internisten?* Der Grund ist einleuchtend: wenn alle Patienten zur Nachbehandlung in jene Klinik gehen, die sie operiert hat, was eigentlich recht logisch ist, verlieren die Internisten ihre Patienten. Sie sind daher interessiert, dass möglichst viele Patienten, am besten alle, die sie an die Klinik überwiesen haben, irgendwann wieder zu ihnen zurückkommen.

Darum der Professor: „Gehen Sie wieder zurück zu Ihrem Internisten."

Als Patient hört man allerdings etwas anderes heraus. Es lautet: „Sterben Sie lieber bei Ihrem Internisten, denn damit wollen wir nichts zu tun haben. Es schadet unserem Ruf."

Das habe ich in meiner Not so interpretiert. Doch wie ich mich nun erinnere, hatte der Internist nach seiner Primärdiagnose am zehnten September gesagt: „Wir werden uns in Zukunft ja öfters wiedersehen." Stimmt also exakt zusammen. Man sollte gerade in schwierigen Zeiten besser auf seine Frau hören.

Ich habe das damals nicht so schön gefunden, weil mir damit sofort klar war, dass es sich hier um etwas Langwieriges und Gefährliches handeln würde, etwas mit unsicherem Ausgang. Ich bin aber sicher, er hat es in seinem Sinn hippokratisch und betriebswirtschaftlich optimal gemeint.

Ich berate mich also mit meiner Frau und sie ist der gleichen Meinung wie ich: Es wäre besser, sagt sie, ich würde in die Klinik gehen anstatt zum Internisten in die Kleinstadt.

Wir erkundigen uns welche Klinik eine Weiterbehandlung durchführen kann und werden auf jenen Onkologen verwiesen, dem ich vor einigen Stunden auf dem Gang begegnet bin. Ich nehme daher Kontakt mit der Onkologie der Internen auf, und unsere Begegnung findet wenige Tage nach meiner ersten Entlassung aus der Chirurgie statt.

Die Onkologie ist daran interessiert, dass meine Frau bei der Besprechung dabei ist. Das wird dem Ernst der Lage gerecht, denn ohne eine Hilfe von außen kann niemand diese Behandlung erfolgreich durchführen. Das leuchtet mir ein und trifft bald in voller Härte zu.

Die erste Begegnung mit den Onkologen bleibt uns unvergesslich. Sie findet an einem Vormittag in einem nüchternen Besprechungszimmer der Internen statt, in dem ein Arzt und eine Ärztin sitzen. Sie bieten meiner Frau und mir einen Stuhl an, und wir sitzen uns jetzt gegenüber. Dazwischen steht ein großer Tisch.

Der Arzt ist Leiter der Onkologie, die Ärztin ist die Frau des Onkologen, den ich in der Chirurgie getroffen habe.

Wir werden beide im Juli 2008 zu einem Abendessen bei uns daheim einladen und ein sehr emotionales, privates Gespräch führen. Sie werden im August 2008 die Klinik verlassen.

Es ist auffällig, dass sie das Gespräch nicht eigentlich führen und man uns damit Gelegenheit gibt, unsere Gefühle, Sorgen, Ängste ohne zeitliche Bedrängnis abzuladen.

Sie wissen natürlich, dass das es eine ungeheure Kraftanstrengung bedeutet und machen nur ab und zu einen verständlichen medizinischen Kommentar.

Meine erste und entscheidende Frage wäre *Wie lange habe ich noch zu leben?* Ich traue mich nicht, diese Frage direkt zu stellen. Ich frage daher im Kreis herum, was geschehen wird, wenn die Therapie scheitert. Die Ärztin, mit der ich später noch oft zu tun haben werde, holt etwas weiter aus. Das Ergebnis ist schnell erzählt:

„Wenn Sie ein gesundes Herz haben, und das haben Sie, dann werden Sie an diesem Karzinom sterben."

„Wann werde ich daran sterben?"

Jetzt ist es heraus.

„Das wissen wir nicht." Das ist die Antwort der Ärztin.

„Wenn wir wüssten, wie der Mensch wirklich funktioniert, wären wir in der Medizin weiter." Das sagt der Arzt und ich rechne ihm diese Offenheit an.

Wir kommen zum Thema: Chemotherapie.

Es gibt für einen unerfahrenen Laien wie mich nur wenige Begriffe, die schrecklicher klingen als dieser. Er wird mit Übelkeit, Kahlköpfigkeit, Fahlheit, Schmerzen, Leiden und Hoffnungslosigkeit in Verbindung gebracht. Nicht selten mit einem qualvollen Tod. Chemotherapie ist für die normale, gesunde Bevölkerung so etwas wie eine Hexenküche, die Vorhölle, und daher ein Lieblingsthema der Gazetten.

Und gerade über diese Vorhölle müssen wir nun sprechen. Die Randbedingungen für den Erfolg der Therapie sind denkbar schlecht, denn der Tumor ist bereits sehr groß, er hat lokal abgesiedelt, und ich kann kaum etwas essen ohne dass es mir nachher furchtbar schlecht wird, und so wird mir schon übel sein, noch bevor man die Zytostatika einfüllt.

Wie wird die Therapie werden? Die Onkologen sagen mir ganz nüchtern, dass man das einfach ausprobieren muss. Der eine erträgt es leicht, ein anderer nicht. Ob mir die Haare ausfallen werden? Sie sagen, dass das keine Rolle spielen wird. Ohne Zweifel ist es unangenehm und die Wirkung psychologisch ungünstig, aber eben nur psychologisch. Außerdem werden sie nach Abschluss der Therapie ohnedies bald nachwachsen. In den Zeitschriften werden immer wieder Menschen gezeigt, die von einer Krebstherapie dieser Art gezeichnet sind. Aber eben immer nur solche und nicht diejenigen, die das eher locker wegstecken, keine Haare verlieren und denen nicht übel wird. Doch gibt die zweite Variante für den Journalismus unserer Zeit nicht besonders viel her.

Bad *news are good news* sagten die Amerikaner schon immer. Kinder mit zwei Köpfen verkaufen sich journalistisch eben besser als normale.

Und wenn mir nun übel wird, was dann? Dafür gibt es wieder entsprechende Medikamente, man nimmt sie auch bei Seereisen, nur ist die Umgebung dann eine andere als im onkologischen Behandlungsraum.

Ich darf einen kurzen, verschämten Blick hineinwerfen.

Dort sitzen sie also, Männer wie Frauen, in medizinischen Stühlen. Jeder angeschlossen an eine Infusionsflasche. Mir kommt das schon wieder vor wie ein Blick ins Jenseits.

Und dann kann man auch Durchfall bekommen. Auch dagegen gibt es wieder entsprechende Medikamente. Auch diese nimmt man gelegentlich bei Reisen ein. Man muss diese Medikamente im Anforderungsfall sofort und in entsprechender Dosis nehmen, weil man sonst aufgrund des Flüssigkeitsverlustes in Schwierigkeiten kommen kann. Man kann Durchfall auch mit stärkeren, intravenös gegebenen Medikamenten eindämmen, aber das belastet den Körper stärker, als wenn man gleich gegensteuert.

Aha. Ich stehe bei diesem Gespräch etwas abseits – neben mir – beobachte mich als einen Fremden von außen. Bestehe aus zwei Teilen. Aus einem Kopf, der immer noch recht gut funktioniert, der die Befehle entgegennimmt und sie an die defekte Chemiefabrik weiterleitet, diesen kaputten zweiten Teil meines Körpers. Der Kopf ist der Dirigent des Ganzen, solange er funktioniert ist alles im Lot. So sehe ich das.

Die Onkologen haben mir die Chemotherapie so schmackhaft gemacht, dass ich am Ende der Besprechung nahezu euphorisch frage:

„Und wenn das Ganze so gut funktioniert, kann es dann sein, dass ich die Operation gar nicht mehr brauche, weil der Tumor seinen Geist aufgibt?"

Für einige Sekunden herrscht über dieser Variante eisiges Schweigen, bis die Ärztin ganz lakonisch sagt, was Sache ist. Das tut sie in derselben Weise, wie wenn man feststellt, dass man noch tanken muss, bevor man die Tante vom Bahnhof abholt.

„Die Chemotherapie ermöglicht gegebenenfalls eine Operation, und diese Operation ist Ihre Chance." Sie sagt gerade noch nicht ‚Ihre einzige Chance' und sie sieht mir dabei tief in die Augen. Das tut sie bei späteren Sitzungen auch, aber später haben ihre hübschen blauen Augen einen ganz anderen Glanz. Jetzt kann ich ihn nicht erkennen.

„Sprechen Sie mit der Ernährungsberatung und lassen Sie sich dann so rasch wie möglich einen Port einsetzen. Wenn Sie ihn haben vereinbaren wir einen Termin und Sie kommen wieder, damit wir mit der Behandlung beginnen können."

So einfach ist das in ihren blauen Augen.

Jetzt ist alles klar.

Wir gehen.

Das Venöse Portsystem

Anfang Oktober 2004

Der Assistent erklärt mir die Kausalkette: Ohne Portsystem keine erfolgreiche Chemotherapie sagt er. Ohne Chemotherapie keine Tumorverkleinerung. Ohne Tumorverkleinerung keine Operation. Ohne Operation kein weiteres Leben. Das ist die nüchterne einfache logische Sequenz.

Also wird mein nächster intimer Freund das venöse Portsystem sein müssen. Der verschleißfreie Zugang zu einer großen Vene, über den Medikamente direkt in den Blutkreislauf eingebracht werden können.

Wie ein Schrittmacher soll der Port bei mir an der Brust unterhalb des linken Schlüsselbeins unter der Haut eingesetzt werden. Er besteht aus einer Kunststoff- und einer Metallplatte und hat einen Durchmesser von etwa zwei Zentimetern. Seitlich ist eine Infusionskanüle aus Kunststoff angesetzt.

Also machen wir das so, meine ich. Keine Affäre das Ganze. Wie es geht? Eine Injektion an der Operationsstelle. Ein Schnitt. Die Kanüle wird bei der Operation in die *Vena cephalica* eingeführt.

Die Operation findet ambulant unter lokaler Anästhesie statt und dauert eine knappe Stunde. Ich kann den schmerzfreien Eingriff akustisch verfolgen. Sehen werde ich ihn nicht, weil der Operationsbereich weiträumig abgedeckt sein wird.

Die Operationswunde – tatsächlich nur ein Schnitt von etwa fünf Zentimetern Länge – wird nach dem Einsetzen des Ports verklebt werden und wird innerhalb weniger Tage fast völlig verheilt sein. Das System wird mir keine Beschwerden bereiten, außer dass es die Haut etwas ausbeulen wird. Als Autofahrer werde ich in Zukunft den Sicherheitsgurt abseits dieser Erhebung anlegen. Kein wirkliches Problem. Auch das Tragen eines schweren Rucksackes über viele Stunden soll keine Einschränkung sein.

Meinen Port werde ich zumindest bis 2018 nicht entfernen lassen. Vielleicht bin ich zu feige oder zu abergläubisch.

Bei der Chemotherapie wird die oben liegende Kunststoffplatte jedes Mal von einer Winkelnadel angestochen werden. Man verwendet eine solche, da sie eng an der Körperoberfläche anliegt. Vor dem Anstich wird die Haut desinfiziert, um das Eindringen von Bakterien oder Viren in den Blutkreislauf zu vermeiden. Nach dem Einstich wird Nadel an der Haut verklebt, damit man sie nicht versehentlich herausreißt. An die Nadel wird ein Mehrwegventil angesteckt, an dieses der Schlauch des Infusionsbehälters angeschlossen.

Die Kanüle, die in der Vena cephalica liegt, wird etwa alle drei Monate gespült werden, nur so bleibt sie durchgängig. Zur

Spülung werden dann mit einer Injektionsspritze ein paar Kubikzentimeter physiologischer Kochsalzlösung durchgedrückt. Das ist alles.

Der Assistent hatte mir damals alle wichtigen technischen Details auf den Weg gegeben. Auch dass die Chemotherapie eine conditio sine qua non wäre, also eine Bedingung, ohne die es keinen Erfolg geben könne. Die Entscheidung zu den weiteren Schritten läge nun ausschließlich an mir.

Ich hatte mich daraufhin mit meiner Frau beraten und ihr bedeutet, dass ich die Chemotherapie in meiner Klinik machen wolle, denn mein wissenschaftlicher Instinkt sage mir, ich solle mich am Newtonsche Gravitationsgesetz orientieren.

Sie sah zunächst keinen Zusammenhang zu meinem Zustand, doch war meine Überlegung einfach: Wenn ich die Behandlung mit den gefährlichen und unangenehmen Zytostatika irgendwo weit abseits klinischer Einrichtungen durchführen ließe, beispielsweise bei meinem Internisten, so würde ich bei Komplikationen länger auf Hilfe warten müssen, als in einer Klink, wo medizinische Kompetenzen und Einrichtungen auf engstem Raum beisammen wären.

Diese einfache Überlegung der grundsätzlichen Wirkung geometrischer Nähe machte einst Newton in völlig anderem Zusammenhang berühmt, und sie gehörte zu den Entscheidungen, die mein Leben retteten.

Damit war der erste Akt der gesamten Geschichte zu Ende und der zweite begann.

Die Ernährungsberaterin

Anfang Oktober 2004

Es läuft immer wieder alles auf Dasselbe hinaus. Ohne Ernährung gibt es keinen Erfolg. Ohne Ernährung keinen belastbarer Körper und daher keine Chemotherapie. Ohne die Therapie keine Operation und ohne sie kein Überleben.

Diese Kette ist nach wie vor einfach und zwingend. Es gibt keine andere Möglichkeit, keine Ausrede, kein Entkommen.

Für mich ist dieser Zustand des Nicht-Entkommen-Könnens eine völlig unbekannte Erfahrung. Ich denke an die gallertartige Argumentation langatmiger, vieldeutiger, sinnlos lähmender Besprechungen in unserem Unternehmen, an die als enorm wichtig definierten Ergebnisse, an die scheinbaren Dringlichkeiten, die dünnhäutigen Befindlichkeiten, die merkwürdigen Prioritäten, die groteske Arroganz gegenüber den wirklichen, unerkannten Schwerpunkten des Lebens, an die Wichtigtuerei, an den völlig nutzlosen Kram, an alles das, von dem ich mich gerne trennen würde, würde ich mich im gleichen Zug von diesem Tumor trennen.

Und wieder die simple Forderung, immer dieselbe, ich muss Nahrung aufnehmen. Der Erfolg der Maßnahmen wird dann einfach messbar sein in Leben oder Tod.
Wie groß ist hier die Abweichung zum Alltagsgeschwätz.

Die Ernährungsberaterin ist schlank und rank und gleicht einem Mannequin. Derart ist sie nicht unbedingt eine Reklame für ihre Mission in der Klinik, denn von einem guten Koch erwartet man eine übergewichtige Repräsentanz, auch wenn es kein notwendiges Merkmal für die Güte seiner Küche ist.

Das Mannequin ist über unser Ansinnen informiert. Es rückt mit einem ganzen Arsenal von Astronautennahrung heran, auf der eine unbedingte Hoffnung ruht. Es bedeutet uns, dass ein einziges Paket dieser Hochkonzentrate einen Menschen über lange Zeit am Leben erhalten kann. Oder so ähnlich. Es gibt uns bereitwillig einige Muster zur Kostprobe mit nach Hause und verspricht, dass es uns auch bei der Bestellung größerer Mengen mit unterschiedlichen Geschmacksrichtungen – von Schokolade über Himbeere bis hin zu Kaffee – behilflich sein wird, falls wir sie brauchen, was ich super nett finde. Es sagt, dass Schokolade sehr gerne genommen würde, weil die Schokomischung am ehesten nach Schokolade schmecke.

Wir nehmen einen repräsentativen Nylonbeutel an Material mit, dessen Brennwert die Versorgung der Europäischen Weltraumstation auf Monate hinaus sicherstellen könnte.

Ich brauchte das nur noch zu essen, versichert das Mannequin, dann wäre mein Ernährungsproblem beseitigt.

Zu Hause öffnen wir eine Packung mit der hoffnungsvollen Geschmacksrichtung *Schokolade*. Tatsächlich, der Inhalt schmeckt verhältnismäßig stark danach. Um Verwechslungen völlig auszuschließen, trägt ein Etikett auch noch das Präfix *schoko*. Meine Begeisterung über den gewaltigen Heizwert des Konzentrats verhindert eine verheerende peristaltische Abwehrreaktion nach der Erstverkostung.

Schon nach dem ersten Löffel ist die Erträglichkeitsgrenze erreicht. Da helfen weder die Lockrufe meiner Frau, noch weitergehende Erklärungen über die Bedeutung des Vitamingehalts dieser Produkte. Selbst ein neuerlicher kulinarischer Vorstoß in die als *fruchtig* hervorgehobenen Varianten kann die Situation nicht retten. Auch Kirschen und Himbeeren können ihre Wesenheit nach der astronautischen Vergewaltigung nicht zweifelsfrei nachweisen.

Spontan entsage ich meiner vielfach geäußerten Absicht, in den Erdorbit fliegen zu wollen, es sei denn, es gäbe dort stinknormale Kost. Als lukullische Fata Morgana tauchen vor meinen Augen Wiener Schnitzel, Tafelspitz, Apfelstrudel und Marillenknödel auf, schlichte Gerichte also, aber sie werden mir wohl für lange Zeit verwehrt sein.

Um meinen lebensnotwendigen Kalorienbedarf einigermaßen zu stillen, kocht mir meine Frau Suppen, die in erstklassigen Restaurants alle Michelin Punkte holen würden, doch mein kaputter Magen verweigert sich den Versuchen. Jede Art von Speisenzufuhr, auch allerkleinste Mengen, auch in bester Qualität, quittiert er nach einigen Stunden mit fürchterlichem Gegrummel und Gasausstößen aus allen erdenklichen Körperöffnungen. Ich habe Schüttelfrost und muss mich hinlegen, Nur so kann ich einige Löffel dieser herrlichen Suppen vertragen. Ich habe weder Appetit noch Hunger, kann auch kaum mehr schlucken. So gesehen kann und brauche ich eigentlich gar nichts mehr zu essen. Die Waage quittiert die asketische Lebensführung mit eher undramatischem, aber leider kontinuierlichem Gewichtsverlust. Das Ganze gleicht einem Schachspiel mit zunehmend leichtem Positionsvorteil des Gegners Krebs.

Immer wieder schlagen auch noch die Laienberater zu. Mit wohlgemeinten Ratschlägen lauern sie hinter jeder Ecke. Wir sind einer Vielzahl unerbittlich lieber Menschen schonungslos ausgeliefert. Jeder der etwas sagen kann-will-muss, rät uns etwas, von dem er meint, es würde stoppen-helfen-heilen.
Wir erhalten Hinweise im Dutzendpack. In unserer Mutlosigkeit prüfen wir jeden, und wenn er irgendwie plausibel und machbar erscheint, probieren wir ihn auch aus.

Verschiedene Arten von Spurenelementen, Früchten, Broten, Säften, Breien, Wässern, Tees. Einfach alles, was gesunde Menschen essen können, ohne nennenswert Schaden zu leiden.

Man lehrt uns die Vorteile der Homöopathie, drängt auf die Wirkung von Yoga, rühmt die Fähigkeit von Wunderheilern, von Kraftsteinen, autogenem Training, Fußbädern und Misteln. *Homöopathische Ausschaltung der Schwerkraft. Schwerelos durch Yoga. Schweben mit Kraftsteinen.*

Sind denn alle verrückt geworden! Jeder denkt, dass sein Ratschlag helfen wird, doch keiner hat einen wirklich erfolgreich ausprobiert, kann ihn gar nicht ausprobiert haben, ohne sein Leben zu gefährden, war niemals in jenem Zustand, den er verbessern will, kennt aber einen, von dem er meint, dass der damit bereits Erfolg hatte oder zumindest ein Buch besitzt, in dem selbsternannte Fachleute für 19 Euro 98 Cent die grenzenlosen Erfolge einer global-intergalaktisch-menschen-gerechten Behandlung rühmen.

Die meisten verdammen die Unmenschlichkeit der Behandlung in den Krankenhäusern. Es ist zum Aus-der-Haut-fahren. Noch nie war mir die verheerende, flächendeckende Kombination von Angst, Dummheit, Hilflosigkeit und Besserwisserei so bewusst wie jetzt. Lemminge. Die Menschheit als Auslaufmodell. Milliardenfache Multiplikation der Blödheit.

Wir sind von der grotesk-hilflosen Anteilnahme willig-unbedarfter Laienhelfer gerührt und können es doch keinem übelnehmen, denn jeder will helfen, fühlt sich verantwortlich und als zu Unrecht gescheiterter Arzt. Inkompetenz gepaart mit Engagement – eine verheerende Kombination.

In meiner Orientierungslosigkeit lasse ich mir sogar einige Mistel-Ampullen injizieren, esse ärztlich verschriebene Selen-Kapseln und trinke einen abscheulich schmeckenden, schäumenden Vitamin-Spurenelemente-Trank, ohne im Mindesten seine Wirkung zu kennen oder gar an sie zu glauben. Vielleicht bin ich auch schon verrückt.

Instinktiv setze ich nach wenigen Tagen das ganze Zeug mit einem Schlag ab.

Radfahrt Nürnberg - Cannes

Vorbereitung Mai 2006

Nürnberg hat partnerschaftliche Beziehungen zu Nizza. Axel ist Mitglied einer Organisation, die diese Beziehungen seit einigen Jahren pflegt und er hat Bekannte in Nizza. Nach unserer kleinen Frankentour hole ich zum konsequenten Vorschlag aus. Ich meine, wir sollten mit dem Rad von Nürnberg nach Nizza fahren, vielleicht auch weiter nach Cannes und darüber hinaus, wenn wir wollen und können. Axel ist sprachlos.

Das Gewurstel mit meinen Radtaschen könne freilich nicht so bleiben, meint er, man könne nicht nach Nizza fahren wollen und dabei solche Tuchtaschen auf dem Gepäckträger mitführen. Das wäre nichts, Wasser und Schmutz gingen durch, es wäre kein professionelles Transport- und Ordnungssystem.

Ich erkundige mich also nach zweckmäßigen Gepäcktaschen. Axel schwört auf seine Ortlieb-Taschen. Dass sie schlichtweg nicht umzubringen sind kann ich später nach vielen Fahrten feststellen.

Ich kaufe mir eine Lenkertasche, man kann seine Karten darauf montieren und ist so ständig über die Route und ihre Varianten informiert.

Wasser kommt an die Karten nicht heran, auch nicht an die Unterwäsche in den seitlichen Packtaschen, die auf jeder Seite des Gepäckträgers eingehakt sind. Man braucht keine wasserabweisenden Plastikbeutel aus diversen Kaufhäusern mehr zu sammeln. Die Taschen haben eine geniale Klinke, an der sie leicht und vor allem schnell ein- und auszuhängen sind, was beim Ein- und Aussteigen auf überfüllten Bahnhöfen sehr wichtig ist.

Damit Fremde diese Gepäckstücke nicht ohne weiteres abhängen könnten, sind die Taschen mit einem Stahlseil am Fahrrad befestigt. Und dann gibt es noch einen kleinen Koffer, den man über den Taschen durch einen einfachen Druck auf dem Träger anflanschen kann.

Axel besorgt Kartenmaterial und tüftelt an der Route, insbesondere an der Strecke durch den Apennin. Dann optimieren wir gemeinsam den Weg. Gedanklich sind wir also schon unterwegs, aber Axel glaubt einfach immer noch nicht an die Realisierung der Tour. Unsere Angehörigen und Freunde äußern ihre Zweifel, machen unsichere Bemerkungen dazu und berichten über die zahlreichen Fehlversuche anderer. Man könne ja ruhig mal planen, meinen sie, auch sie hätten schon mal geplant, andere hätten auch schon mal geplant, sie hätten massenhaft Literatur über alle Gegenden, sie wüssten, kennten auch, hätten aber damals nicht weil, würden vielleicht, aber ...

Es ist ein weiter Weg und er ist von einer anderer Dimension, als die fünftägige Frankenfahrt vor einigen Monaten, da er mehrere Wochen über einen Teil des Donauradwegs, durch den bergigen Allgäu, am Bodensee entlang, durch einen Teil der Schweiz, über die Alpen, am Ufer des Lago Maggiore entlang, über die Po-Ebene, dann eben auch durch den Ligurischen

Apennin und letztlich einige hundert Kilometer an der Côte d'Azur entlangführt.

Axel träumt schon seit Tagen von einem Foto seines Fahrrads, das an einer Palme lehnt ... Wir schieben den Termin hin und her, denn es darf ja nicht zu heiß, aber auch nicht zu kalt, vor allem aber nicht zu regnerisch sein, man sollte möglichst immer Rückenwind haben, was wäre mit den Übernachtungen, sollte man nicht doch versuchen zu reservieren, es gäbe auch geführte Touren, auf denen das Gepäck mit einem Auto von Station zu Station transportiert würde, wie käme man über die Alpen, wie durch den Apennin, wo an die Küste hinunter, wie würde der Verkehr sein, gäbe es Radwege, welche Verpflegung, Medikamente, Verbandszeug, Versicherungen, mit Helm bei Hitze oder Regen, Reparaturzeug, Ersatzteile. Das Ergebnis sind ansehnliche Listen und ein Rad mit mehreren randvollen Gepäckstücken und einem Gesamtgewicht von knapp 40 Kilo.

Um dem Ganzen eine verbindliche Note zu geben, legen wir einen Starttermin fest und verschieben ihn dann auch gleich wieder. Das Wetter ist einfach zu instabil, wochenlang regnet es und es geht ein orkanartiger Wind. Wir warten ab und argumentieren. Das Wetter ändert sich nicht.

Wir besprechen die Situation wieder und wieder, legen den Termin nochmals fest. Und dann fahren wir los.

Vor dem Zweiten Akt

Mitte Oktober 2004

Die Zeit nach der Entlassung aus der Chirurgie ist schrecklich und schier hoffnungslos. Um nicht zu sagen, trostlos. Ich kann nichts mehr essen und schon fast nichts mehr beschwerdefrei trinken, habe massive Schluckbeschwerden, schwitze in der Nacht.

Ich erinnere mich an einen Handchirurgen, der mir bei einer Visite in der Chirurgie, nachdem er sich den Fingerstumpf meines Zimmerkollegen angesehen hatte, mit Begeisterung erzählte, wie die Novelle ‚Der Schimmelreiter' entstand:

„Wissen Sie", sagt er mir mit Begeisterung, „Storm litt an Magenkrebs in fortgeschrittenem Zustand. Etwa so wie Sie. Und er hatte in diesem Spätstadium seiner Krankheit, also unmittelbar vor seinem Tod Wahnvorstellungen. Ein Ergebnis dieser Wahnvorstellungen ist diese herrliche Novelle."

Der belesene Arzt ist entzückt vom literarischen Ergebnis der Stormschen Krankheit. Ich kann es ihm nicht übelnehmen, denn die Novelle beschreibt in beklemmender Weise eine düster-geheimnisvolle Stimmung. Da nun Storm keine Ärzte hatte, die ihm helfen konnten, und er auch keine wirksamen Medikamente erhielt, starb er an der Ärzte- und Medikamenten-Hilflosigkeit der damaligen, sogenannten *Guten alten Zeit*.

Wo aber ist jetzt die Lösung für mich? Wenn ich jetzt, nach vorübergehenden Entlassung aus der Klinik, mit meinem Hund spazieren gehe, habe ich manchmal einen schlagartig auftretenden, exzessiven Speichelfluss, verbunden mit einem überwältigenden Brechreiz, so dass ich mich nur äußerst schwer beherrschen kann, um mich nicht gleich an Ort und Stelle übergeben zu müssen.

Mittlerweile habe ich schon Angst vor diesen Attacken und diesem Zustand. Der Gewichtsverlust wird nun auch schon immer deutlicher. Hinzu kommen unangenehme Gefühle aus dem Bauchraum, die nur verschwinden, wenn ich mich hinlege. Es sind zwar noch keine richtigen Schmerzen, dennoch ist absehbar, wann das alles zu Ende sein wird. Aus diesem Grund bin ich wirklich stark daran interessiert, dass mir so bald wie möglich das venöse Portsystem eingesetzt wird und die Chemotherapie beginnen kann. Gleichgültig mit welchem Ergebnis. Es muss nur endlich etwas geschehen.

Das Einsetzen des Venösen Portsystems

Mitte Oktober 2004

Einige Tage nach der vorläufigen Entlassung aus der Chirurgie erhalte ich einen Termin, an dem mir das Portsystem, vulgo *Port*, eingesetzt werden kann. Die Aktion sollte kein großes Thema sein, versichern mir die Onkologen. Sie würde ambulant erledigt werden. Man könne also unmittelbar danach wieder nach Hause gehen. Nach etwa einer Woche würden die Fäden vom Hausarzt gezogen werden und das Ding sei dann einsatzbereit.

So bin ich denn mit meiner Frau wieder an Ort und Stelle, in der Chirurgie und melde mich bei der Assistenzärztin. Sie erklärt mir, was ich auszuziehen habe, und was ich in welcher Reihenfolge anzuziehen habe. Ich werde aufgerufen, lege mich in bereits geübter Weise auf den zugewiesenen OP-Tisch und sehe mir die Anlage des Operationssaales aus der defensiven Perspektive an. Es gibt eine Reihe interessanter Einrichtungen.

Der Chirurg ist noch irgendwo unterwegs, vielleicht steckt er im Stau. Der Operationssaal ist kalt. Man begründet die niedrige Temperatur damit, dass die Chirurgen bei höheren Temperaturen zu stark schwitzen würden. Das leuchtet mir ein und ich signalisiere mein Verständnis und meine Abscheu vor schwitzenden Chirurgen. Also versuche ich, unter dem dünnen OP-Laken nicht zu frieren.

Während der nächsten Stunde erinnere ich mich an einen meiner Lufthansa-Flüge von Hongkong nach Frankfurt und an die Temperatur in der Maschine, die mit knapp 20 Grad karg bemessen und deutlich tiefer war, als die 35 Grad in der Stadt, weshalb ich beim Betreten förmlich zusammenzuckte und froh war, für den Zwölf-Stunden-Flug meinen Überlebens-Pullover im Handgepäck zu haben. Die Chef Stewardess hatte mit trainiertem Blick mein Frieren bemerkt und mir erklärt, dass Stewardessen nur bei niedriger Temperatur arbeiten könnten, weil sie sonst zu sehr schwitzten. Nicht auszudenken, wenn einer der Passagiere auf einer höheren Kabinentemperatur bestanden hätte und alle Stewardessen verschwitzt servierten. Schwitzende Stewardessen wären auch mir ein Gräuel gewesen. Deshalb flog ich diese Route später nur noch mit Cathay Pacific. Die Stewardessen dort schwitzten auch bei normaler Kabinentemperatur nicht, weil sie an das Klima am ‚Duftenden Hafen' einerseits und im Flugzeug andererseits besser gewöhnt waren, als teutonische Warmblütler.

Hier hingegen ist nichts mit Umbuchen.

Der Chirurg kommt nach einiger Zeit in großer Eile in den OP. Um die verlorene Zeit aufzuholen, legt er sofort los. Er zieht eine Injektion auf und fragt mich währenddessen, ob ich schon operiert und Mediziner wäre. Ich beantworte beide Fragen wahrheitsgemäß mit Nein. Er ist zufrieden und betäubt den Operationsbereich mit einigen Stichen. Ich bin froh, kein Mediziner zu sein. Er erzählt mir, dass das Einsetzen von

Venösen Portsystemen in der Chirurgie derzeit ein gutes Geschäft sei. Vielleicht war es doch falsch, kein Mediziner sein zu wollen. Er sagt mir, dass ich ihm sofort sagen solle, wenn es wehtue. Er macht einen ersten Schnitt, es tut weh und ich sage es ihm sofort. Er meint, dass die Betäubung noch nicht richtig wirke, und ich teile sicherheitshalber seine Meinung. Er wartet ein wenig und macht dann gleich weiter, denn es tut nicht mehr weh. Ich bin mit einem grünen Leintuch nahezu völlig zugedeckt und kann nicht sehen, was er tut. Auch habe ich eine Maske über dem Mund, die sukzessive nach oben verrutscht und mir immer mehr die Augen verdeckt.

Ich kann sie nicht einrichten, weil meine Hände zugedeckt sind. Aber ich höre genau, was sie sprechen. Der Operateur gibt einige kurze Befehle. Ich höre das Klappern verschiedener Werkzeuge. Es klingt interessant. Wie in der Celesta-Komposition von Bartok etwa. Dann reden sie über Alltägliches. Was sollen sie sonst schon tun, wo sie doch den ganzen Tag beisammen sind.

Was die Kinder so in der Schule zu lernen haben und dass die Bremse des neuen Fahrrades justiert werden muss und der Sohn eine neue Freundin hat.

Im Radio läuft eine Schlagersendung. Sie fragen mich, wo ich wohne, und ich sage es ihnen gleich. Dann frage ich sie, wo sie wohnen. Sie sagen es mir auch gleich, aber ich vergesse es. Das geht so eine Zeit lang dahin. Es gibt noch eine kurze spannende Szene, als der Operateur den über 20 Zentimeter langen Schlauch in die Vene einführen und an das Portsystem anschließen muss. Weil der Kunststoffschlauch nicht problemlos in die Vene gleitet, sind die Leute einige Sekunden lang etwas gereizt. Kurz darauf ist alles gelungen, und der Operateur sagt, dass er fertig ist. Sie entfernen die Abdeckung, und ich sehe auf das Pflaster unter meinem linken Schlüsselbein. Es ist erstaunlich klein für die viele

Mühe, die sie sich gegeben haben. Da ist eine kleine Auswölbung. Das also ist der berühmte Port.

Ich bin überrascht und beruhigt, erhalte noch einige Anweisungen bezüglich Hygiene und der Entfernung der kleinen Nähte, gehe in die Umkleidekabine, ziehe mich wieder an und laufe auf den Gang hinaus. Meine Frau empfängt mich mit großer Freude, denn ich war fast zwei Stunden weg gewesen.

In einigen Tagen, nach der Entfernung der Nähte, kann die Chemotherapie beginnen.

Die Chemotherapie Teil I

Mitte Oktober 2004

Mein Hausarzt hat einen Assistenten. Mit ihm habe ich mich schon vor der Erstdiagnose unterhalten. Er ist damit einer der Männer der ersten Stunde meiner Erkrankung.

Er ist ein netter Mensch. Aus meiner Sicht allerdings etwas unerfahren, unsicher und vor allem zu weich, um irgendwann ein wirklich hervorragender Arzt werden zu können. Denn gute Ärzte haben wie gute Dirigenten schon in ihrer Jugend den entscheidenden Biss.

Gute Dirigenten beispielsweise wissen ob, wann und wo wichtige und heikle Situationen vorliegen. Sie sind immer auf dem Posten, besonders aufmerksam und greifen dezidiert ein, wenn es erforderlich ist und nicht aus Unsicherheit schon weit vorher. Sie übertragen ihre Sicherheit auf die Musiker, weil sie genau wissen, wo die Fehlerquellen sind, wo sie daher deutlich und genau schlagen müssen. Wo das Orchester Hilfe braucht.

Deswegen schlagen sie auch nicht die ganze Zeit. Das nämlich ermüdet den Dirigenten, die Musiker und das Publikum. Ich kenne verschiedene Dirigenten noch von meinem Musikstudium in Wien her. Sichere und unsichere. Ein unsicherer Dirigent wedelt nutzlos in der Luft herum und ist nachher schweißgebadet.

Ein guter Chirurg kann seine Sicherheit auf die Mannschaft übertragen. Er weiß genau, was er tun muss, und die Mannschaft, das Orchester, merkt das. Und diese Sicherheit des Arztes, sein Wissen, sein Können, seine Erfahrung übertragen sich auch auf den Patienten. Es sei denn, der Arzt vermag seine Unsicherheit und sein Unwissen zu verdecken. Das tun meines Erachtens die Homöopathen.

Der Patient weiß zwar nicht wirklich was los ist, aber er bemerkt die Sicherheit des Arztes. Daher wird er ruhiger sein, als wenn einer vor ihm steht. der auch nicht weiß was los ist, aber im Gegensatz zu ihm kraft seiner Aufgabe so tun muss, als ob er es wisse.

Ein solcher Arzt verunsichert und gefährdet letztlich den Patienten zumindest indirekt, schon weil er notwendige Maßnahmen verzögert oder unnötige auslöst.

Es ist leider zu verständlich, dass ein ängstlicher Patient zunächst einen weicheren, weniger entschieden auftretenden Arzt bevorzugen wird, denn er hat in erster Linie Angst vor der Wirklichkeit, über die ihm ein solcher Arzt berichtet – über die wirkliche Situation, über den schrecklichen Befund und vor allem über die Konsequenzen. Der weiche Arzt wird ihm nichts über diese Wirklichkeiten sagen oder zumindest nicht so schonungslos, wie der entschieden auftretende Arzt. Er wird sie ihm, so er sie denn überhaupt erkennt, in homöopathischen Dosen geben. Die Gesamtdosis an Information, die er ihm aber im Lauf der Behandlung geben muss und letztlich auch geben wird, ist irgendwann ebenso hoch wie jene des entschieden wirkenden Arztes, vielleicht sogar höher. Aber der Patient wird die kleinen Schritte und Dosen zunächst besser vertragen, mit Hilfe derer sich der unsichere Arzt an die tatsächliche Situation heranpirscht. Nur werden sie ihm wenig nützen.

Es ist wie in einem scheinbar billigen Restaurant. Die Speisen sind billig, weil die Mengen klein sind, die Getränke sind teuer, und der Gesamtpreis, den man letztlich zu zahlen hat, ist der gleiche wie in einem teuren Restaurant. Nicht selten ist er sogar beträchtlich höher. Während des Essens hat man gute Laune und beim Bezahlen ist man beschwipst. Das haben manche erkannt und nützen es aus.

Der nette Arzt wird die Praxis meines Hausarztes irgendwann wieder verlassen und ich werde dann keinen Kontakt mehr zu ihm haben. Aber jetzt ist er noch da, und ich kann ihm meinen Port vorführen. Er zupft die Fäden vorsichtig mit einer kleinen Pinzette heraus. Er ist so behutsam, dass ich nicht einmal merke, dass er schon fertig ist. Ich merke es erst, als er zum Computer geht, um die Arbeit einzutragen.

Ich fragte ihn über die Chemotherapie aus, wie sie so ist, ob oder welche Probleme man damit haben könne und so fort. Ich möchte meine Unsicherheit irgendwie wegdiskutieren. Er aber weiß keine Antworten auf meine Fragen, denn er hat eine solche Behandlung nicht selbst erlebt. Außerdem kann ich mir nicht vorstellen, dass er mir seine Erfahrungen ohne Beschönigung schildern würde, so er denn welche hätte.

Ich stelle mir also die Chemotherapie selbst vor wie eine Wanderung in einem völlig unbekannten, nicht ganz ungefährlichen Gebiet. Ich war in solchen Gebieten schon. Auch in gefährlichen Höhlen. Wenn man sie mental vorweggenommen hat, wird man sich nicht mehr davor fürchten, denn dann war man ja schon einmal in dieser Gegend und kann sich seiner Sache sehr sicher sein.

Ich bin mir meiner Sache sicher und gehe mit meiner Frau in die Onkologie der Internen.

Onkologie ist für manche ein Schreckenswort, auch wenn die meisten niemals physischen Kontakt damit hatten. Sie meinen sie aber zu kennen. Über Berichte aus der Klatschpresse, die scheinbar alles weiß. Kahle Köpfe. Fahle Gesichter. Ausgemergelte Körper. Der Tod an jeder Ecke. Das ist die Onkologie in der Yellow Press. Solange die Distanz zur Wirklichkeit groß genug ist, ist es angenehm gruselig darüber zu lesen, die Hefte verkaufen sich gut. Wie schrecklich ist das denn, und ich, der Leser, bin davon ja gar nicht betroffen. Bin hinter einer Glasscheibe. Wie angenehm. Spannung in der klinisch reinsten Form, in sicherer Distanz, für eine saturierte risikominimierte dekadente Gesellschaft.

Man sollte aber nicht vergessen, dass in der Onkologie normale Menschen aus Fleisch und Blut ihre Tagesarbeit verrichten. Sie erledigen ihre Aufgaben wie Busfahrer, Lehrer und Bankbeamte. Nur sind sie mit einer krassen Realität konfrontiert und diese hat nichts gemeinsam mit den Schilderungen ahnungsloser Journalisten, die eine sensationsgeile Bevölkerung befriedigen müssen, weil diese ‚ein Anrecht auf Berichterstattung' hat.
In welcher Welt leben wir denn eigentlich.

Ich muss einen Teil der irrationalen Urangst vor dem Unbekannten hinter mir lassen. Die onkologische Behandlung wird kein Honiglecken sein, die Medikamente der Chemotherapie kein Champagner. Sie sind hochwirksam und deshalb auch nicht ungefährlich. Die Wirkungsfläche meines Körpers wird mit 1,92 Quadratmetern angegeben. Eine dauernde Überwachung durch die Ärzte ist wichtig. Alle Hinweise müssen gewissenhaft und konsequent beachtet und eingehalten werden. Dann aber kann man das alles überstehen.

Ich melde mich an. Die junge Dame am Schalter, ich werde sie öfter wiedersehen, schiebt den Ausweis in den Computer, tippt einige Daten ein, bedankt sich höflich und weist mir mit professioneller Selbstverständlichkeit den Weg zu den Schwestern. Ich bin positiv überrascht, gehe an wartenden Patienten vorbei zum sogenannten Schwesternstützpunkt. Die Stimmung dort verblüfft. Ich habe Trübsal erwartet, Todesahnungen, aber die von den Medien geschilderte letale Unerbittlichkeit von Schicksalen kann ich jetzt nicht erkennen. Ärzte und Schwestern sprechen sich mit ihren Vornamen an. Erleichterte Kommunikation jedenfalls. Ich merke mir einige Namen und die dazu gehörigen Gesichter. Sie haben mich schon erwartet, das medizinische Datennetz kennt mich.

Schwester Martha braucht mein Blut. Es geht los, und ich bin gespannt, unaufgeregt. Sie zieht einige Ampullen. Bevor die Infusion angelegt werden kann, muss der Leukozytenwert, die Konzentration der weißen Blutkörperchen im Blut bestimmt werden. Die Leukozytenkonzentration darf zu Beginn jeder Chemo-Sitzung nicht unter 4000 pro Mikroliter sein.

Nach der Blutabnahme muss ich warten bis dieser Wert bestimmt ist. Ungefähr eine Stunde. In dieser Zeit lese ich in den Zeitungen, was es Neues gibt in Politik, Wissenschaft und Medizin. Das regt mich im Moment auf. Ich lege die Zeitungen wieder weg.

Nun werde ich von jener Ärztin aufgerufen, mit der wir schon das Einführungsgespräch geführt haben und gehe mit ihr in ihren Behandlungsraum.

Sie wird mich bis Juli 2008 begleiten und betreuen, dann wird sie gemeinsam mit ihrem Mann die Klinik für eine Zeit verlassen, aber wiederkommen. Ich werde zu diesem Zeitpunkt die Chemotherapie schon seit Jahren hinter mir gelassen haben, ja kaum mehr ein unterstützendes Medikament brauchen, und es wird mir so gut gehen, wie in der Zeit lange vor der Entdeckung der Krankheit. Es wird so sein, als ob alles dazwischen nur ein düsterer Traum gewesen ist.

Die Ärztin spricht mit mir.

Ich kann mich nicht mehr erinnern worüber. Irgendetwas. Familie, Kinder, Freizeit, Literatur. Ich weiß es nicht mehr.

Das Gespräch ist der Weg zur Nadel und über diese zur Infusion. Sie hat keine Eile. Sie wird auch bei unseren späteren, zahlreichen Gesprächen, die wir immer noch anlässlich einer vierteljährlichen Nachsorge führen werden, niemals Eile haben.

Unsere Gespräche werden in allen späteren Behandlungen völlig entspannt sein und über lange Strecken einen angenehm privaten Charakter haben. Eine enorm wichtige Voraussetzung für den gesamten Ablauf.

Sie geht auf alle meine Fragen ein. Ohne irgendwelches Drängen. Wie viele Therapiestufen werden erforderlich sein? Jede Woche eine, vielleicht am besten jeden Mittwoch. Wenn der Mittwoch recht ist. 18 Wochen wird das insgesamt dauern, nach jeweils sechs Stufen zwei Wochen Pause. Damit sich der Körper wieder erholen kann. Also insgesamt ein halbes Jahr hindurch. Das ist eine lange Zeit. Wie kann man das überstehen? Kann man es überstehen? Und wenn man es überstanden hat, was dann? Was kommt nachher für ein Leben? Als Anfänger stelle ich mir diese Fragen.

Ich habe niemanden, der mir wirklich darüber berichten kann, der persönliche Erfahrung damit hat. Die Ärztin kann natürlich Ratschläge geben, aber bis jetzt hat sie zu ihrem Glück auch keine Erfahrung als Patient.

Als Anfänger in diesem Metier stelle ich mir komische Fragen über Ablauf und Ausgang. Man kann es überstehen, wenn man will. Man legt sich Verhaltensregeln zurecht: Was werde ich tun, wenn es mir gut geht, und was werde ich tun, wenn es mir nicht gut geht.

Während der Therapie werden immer wieder beide Zustände auftreten. Manchmal wird es mir nicht gut gehen, manchmal wird es mir recht gut gehen. Allerdings niemals so gut wie in einer therapielosen Zeit. Das ist eigentlich logisch, doch dieser Zustand des Unwohlseins ist zu ertragen, und ich gewöhne mich an ihn. Patienten aus der Onkologie erzählen mir, dass sie fast nichts oder überhaupt nichts merken. Das kann ich mir zwar nicht vorstellen, aber ich freue mich für sie.

Die Therapie wird also immer am Mittwoch sein. So werde ich die Woche später in drei Abschnitte zerlegen müssen: die *Kernzeit*, gleich der unmittelbaren Wirkungszeit. Ihre Dauer ca. zwei bis zweieinhalb Tage, also bis einschließlich Freitag. Da wird es mir nicht so gut gehen. Es wird aber auch nicht so ganz fürchterlich sein. Immer unangenehmer allerdings, wenn der Kopf es schon von vornherein als *fürchterlich* definieren wird. Das wird sich mit zunehmender Erfahrung einzustellen beginnen. Wird aber auch zu ertragen sein. Die *Abklingzeit* wird etwa einen Tag betragen. Da werde ich die Nachwirkungen spüren, sie werden aber deutlich geringer sein, als in der Kernzeit. Die *Freizeit* wird dann etwa dreieinhalb bis vier Tage betragen.

Nach einigen Durchgängen wird sich der Körper auf die Therapie einstellen und dann immer schon im voraus daran denken, dass es ihm bald wieder schlecht gehen wird.

Das wird zwar dumm, aber nicht zu ändern sein und mir sicherlich die Verschnaufpausen versauen. Ich werde in der *Freizeit* Spaziergänge unternehmen und versuchen müssen, mich dabei abzulenken. Man wird sehen.

Nun denn, es kann losgehen.

Wo also lauert die Infusion? Her damit!

Ich frage die Ärztin danach. Sie drückt einen Knopf an ihrem Telefon. Eine Schwester kommt herein und bringt einen Beutel von etwa 250 Kubikzentimeter Volumen. Das ist es vermutlich. Das also ist ein – mein – Medikament. Die gefürchtete Chemotherapie. Wir stehen uns wie im Boxring gegenüber:

Das Medikament und ich.

Wer wird gewinnen? Die Ärztin und die Schwester mit mir in meiner blauen Ecke. Das Medikament in der anderen. Die Ärztin fragt mich, ob ich bereit bin. Klar.

Der Gong.

Ich ziehe das Hemd aus und lege mich auf das Behandlungsbett. Die Schwester desinfiziert die Haut in der Umgebung des Ports. Die Ärztin zieht Gummihandschuhe an und nimmt die Winkelnadel aus der Verpackung. Ich sehe das Dreiwegeventil an der Nadel. Sie drückt die Nadelspitze in den Port. Der Stich ist kaum zu spüren, sie sagt aber *Aua* dazu. Das wird sie später immer sagen. Sie zieht eine Injektion mit physiologischer Kochsalzlösung auf, schließt den Injektionsbehälter an das Portsystem an und spült es durch. Die Spülung ist beim besten Willen und trotz meiner inneren Anspannung nicht zu merken. Sie löst die Spritze vom Ventil des Ports und schließt das Ventil. Ich sehe auf das Anschlussstück des Beutels.

Ich sehe, wie die Ärztin wortlos die Verbindung des Beutels mit dem Ventil herstellt, und ich sehe, wie sie das Ventil öffnet. In welchen Bundesstaaten der USA ist doch die Todesstrafe verboten, denke ich mir.

In etwa einer halben Stunde wird der Beutel leer sein. Unmittelbar darauf wird er durch einen anderen mit Folinsäure ersetzt werden, den ich nach Hause mitnehme und der in rund

24 Stunden leer sein wird. Dieser Beutel mit Nadel können vom Hausarzt entfernt werden. Noch aber ist es nicht so weit.

Ich ziehe mein Hemd wieder an und setze mich auf einen Stuhl. Die Schwester hängt den Beutel an einen Infusionsständer und stellt die Tropffrequenz ein. Stigmatisiert mit dieser Ausrüstung stehe ich wieder auf und mache mich auf den Weg über den Gang in den Ruheraum.

Nun gehöre ich also zu ihnen. Ein sonderbares Gefühl. Es stellt sich mir die Frage, wer von diesen, zu denen nun auch ich gehöre, als erster sterben wird, wer am längsten überleben wird, wer wie viele Therapiestufen schon hinter sich gebracht hat und viele andere Fragen solcher Art. Ich setze mich in einen freien Stuhl und sehe mich dann vorsichtig um.

Manche Patienten - es sind insgesamt sechs – lesen etwas, andere scheinen zu schlafen, manche trinken aus Behältern Wasser oder andere Flüssigkeiten. Es ist ruhig wie in einem normalen Wartezimmer. Die Vögel zwitschern draußen und man hört Motorgeräusche der Fahrzeuge auf dem Parkplatz. Ich blicke auf den durchsichtigen Plastikschlauch, sehe wie Tropfen um Tropfen herunterfällt und im Röhrchen verschwindet. Irgendwo da drinnen in mir werden die Tröpfchen nun ihr geheimnisvolles Wesen oder ihr Unwesen treiben.

Der Beutel leert sich langsam. Ich warte angespannt darauf, dass mir übel wird, denn man hat so viel von der Übelkeit gehört. Noch aber geschieht nichts. Wann wird sie denn auftreten? In einigen Minuten, Stunden, am nächsten Tag, oder gar nicht? Manche der Patienten sind bereits fertig. Sie werden abgehängt und gehen aus dem Zimmer. Andere kommen herein und nehmen wortlos Platz.

Der Beutel ist leer. Die Schwester dreht das Ventil zu, entfernt den Beutel vom Ventil und geht aus dem Zimmer. Ich muss auf die Ärztin warten. Sie kommt herein und hat einen hellgrünen durchsichtigen Kunststoffzylinder in der Hand, in dem sich ein beigefarbener Ballon von der Größe eines Apfels befindet. Sie schließt den Schlauch des Ballons an das Ventil an meinem Port an und öffnet es. Sie zieht eine Injektion auf. *Atropin*, das Gift der Tollkirsche wird helfen die Nebenwirkungen der Chemotherapie leichter zu ertragen. Das kann verstehen wer will, ich glaube es einfach. Er später lese ich, dass Atropin zur Milderung oder Verhinderung des sogenannten *Cholinergen Syndroms* eingesetzt wird, welches sich unter anderem durch psychotische Erscheinungen bemerkbar macht. Die Ärztin sagt, dass ich mir morgen von meinem Hausarzt die Portnadel entfernen lassen soll und dass wir uns nächste Woche am Mittwoch um etwa neun Uhr für den nächsten Chemogang wiedersehen werden. Im Falle des Falles sei die Klinik natürlich auch telefonisch zu erreichen. Die Schwester steckt den Zylinder in einen Beutel, den ich mir an den Hosenbund hänge. In 24 Stunden wird man ihn wieder komplett entfernen.

Das ist eine überschaubare Zeitspanne und zunächst alles. Wir verabschieden uns und fahren nach Hause.

Ein schlimmer Rückschlag

Mitte Oktober 2004

Der Mensch weiß nie, was auf ihn zukommt, und ich weiß noch nicht, dass die nächste Phase eine besonders dramatische auf dem Weg ins weitere Leben sein wird.

Ich bin gespannt, denn es ist mir nach der Infusion nicht schlechter als vorher. Zunächst. Eine gewisse Trockenheit des Halses hat man mir schon prognostiziert. Sie stellt sich relativ früh ein, und ich habe das unbedingte Bedürfnis zu trinken, was für die Nierenfunktion außerordentlich wichtig ist, denn die Nieren werden in der nächsten Zeit die Hauptlast zu tragen haben. Müssen sie doch das eingeschleuste Gift wieder aus dem Körper entfernen.

Ein Problem der letzten Zeit ist die völlig unregelmäßige Darmentleerung, die zusammen mit dem Druck in der Magengegend das Leben unerträglich macht. Es ist erstaunlich, wie sich Teilbereiche des Lebens auf wenige elementare Funktionen reduzieren lassen. Wenn du nicht auf die Toilette gehen kannst, sieht die Welt beschissen aus. Ein vulgärer Seufzer, der den Nagel auf den Kopf trifft. Die Frage nach irgendwelchen Hilfen, die man geben könnte, um den Stuhlgang zu erleichtern, stellt sich andauernd. Wie groß doch die kleinen Unterschiede zwischen einem Gesunden und einem Kranken werden können! Was für einen Gesunden leicht und selbstverständlich ist, kann für einen Kranken sehr schwer, wenn nicht gar unüberwindlich werden. So ist es mittlerweile für mich und meine Frau unbegreiflich schwer, eine Entscheidung über die weitere Behandlung zu treffen. Diese Entscheidung wird mir die eigene Physiologie in wenigen Stunden selbst abnehmen.

Zunächst kommt die Nacht, in der der Ballon seinen Inhalt in mich ablädt. Ich habe in dieser Nacht das Gefühl komplett auszutrocknen. Der Körper verlangt unbändig nach Flüssigkeit, nach Verdünnung des Giftes. Ich trinke mehr als zwei Liter Wasser aus einer Flasche an meinem Bett und muss alle anderthalb Stunden auf die Toilette. Die Schmerzen in der Bauchgegend nehmen zu, es ist sehr unangenehm – zwar noch nicht unerträglich, aber sehr unangenehm. Am nächsten Morgen ist der Ballon tatsächlich leer. Ich habe kein Bedürfnis nach einem Frühstück, trinke aber dennoch, um den Kalorienbedarf einigermaßen zu decken, eine ganze Flasche Schlagsahne. Das mit der Toilette wird wieder nichts, und der Druck in der Bauchgegend nimmt nach dem Satz von Gauß weiter zu.

Der Hausarzt entfernt die Portnadel, klebt auf den kleinen, kaum sichtbaren Einstich ein Pflaster, und ich gehe wieder nach Hause. Es ist kühl draußen und ich friere, obwohl recht warm angezogen, bitter.

Der Toilettengang wird zur Zwangsvorstellung. Es muss einfach klappen, aber es klappt eben nicht, jedenfalls nicht in dem Maße, wie ich es mir gewünscht habe und wie ich es dringend brauchen würde. Der Vormittag verrinnt, der Nachmittag, der Abend auch. Es vergehen einige Tage, in denen mir schlechter und schlechter wird. Eines Abends muss ich mich immer wieder übergeben, ohne das Geringste gegessen zu haben. Vermutlich sind das schon die Auswirkungen der Chemotherapie. Irgendwann wird es ja hoffentlich wieder normaler werden, aber es wird nicht normaler. Im Gegenteil, die Perioden werden immer kürzer und das wenige Erbrochene immer dunkler.

Ich rufe meinen Internisten an und berichte ihm über meinen Zustand. Er sagt mir, dass ich das den Onkologen bei der zweiten Chemotherapie in den nächsten Tagen sagen soll. Ach ja, toll. Das hätte ich auch ohne seinen Rat getan, aber diese zweite Chemotherapie hätte es fast nicht mehr gegeben.

Ich kann kaum mehr aufrecht stehen, bin einfach zu schwach dazu. Das hätte ich mir im Juli bei der 12stündigen Umrundung des Gosau-Kamms am Dachstein in brütender Hitze nicht so vorstellen können. Vor wenigen Wochen war das.

Es ist mir totenübel. Ich muss mich ständig hinlegen. Das also ist die gerühmte Chemotherapie. Die wohlwollende Fehlinterpretation hätte mich um Haaresbreite umgebracht. Denn es ist nicht allein die Chemo, die das alles in mir verursacht. Ich lege mich wieder einmal ins Bett um zu schlafen. Hier ist alles viel besser, der Bauch entspannt, die Schmerzen lassen nach, der Überdruck entweicht lautstark mit unanständiger Amplitude und hoher Frequenz. Für erfahrene Ärzte ein untrügliches Warnsignal eines fortgeschrittenen Geschwürs am Magenausgang.

Ich möchte nochmals ins Badezimmer gehen, um etwas Wasser zu trinken und breche nach drei Schritten noch im Schlafzimmer ohnmächtig zusammen. Es ist eigentlich gar nicht dramatisch. Nur weshalb ist die Wand plötzlich mit einem Teppich beklebt? Oben-Unten-Links-Rechts. Ich kann mich nicht orientieren. Meine Frau schreit vor Schreck auf. Warum schreit sie nur so! Wo bin ich? Ich liege auf dem Boden, und der Kopf tut weh, hoppla. Ich bin haarscharf am steinernen Fensterbrett vorbeigefallen. Offenbar mobilisiert der Körper jetzt die allerletzten Reserven. Er hat mich in die Horizontale gebracht, um mein Gehirn mit Sauerstoff zu versorgen. Ich krabble auf dem Boden zurück ins Bett. Meine Frau möchte einen Notruf absetzen, aber ich bitte sie, das nicht zu tun und schlafe einen traumlosen, tiefen, erholsamen Schlaf. Morgens bin ich sehr müde und schwach. Aus meiner Sicht ist es der Zuckerspiegel. Oder doch nicht? Elementares Unwissen. Ich esse einige Stücke Traubenzucker, um für den Transport in die Klinik einigermaßen fit zu sein. Ich rufe dort an, um meinen Zustand zu schildern und Informationen für eine eventuelle stationäre Aufnahme zu erhalten. Es sind noch keine Ärzte anwesend, aber die diensthabende Schwester – ich habe sie später noch oft getroffen – rät mir, nachdem ich ihr meinen Zustand geschildert habe, auf jeden Fall etwas für eine stationäre Aufnahme einzupacken. Das tue ich, und meine Frau bringt mich mit dem Auto in die Onkologie, um dort die zweite Chemotherapie durchführen zu lassen. *Sagen Sie wie schlecht es Ihnen geht, wenn Sie in den nächsten Tagen wieder dort sind...* erinnere ich mich an den Internisten.

Wir erledigen die Formalitäten und gehen dann die wenigen Schritte zum Schwesternstützpunkt. Ich kann diese wenigen Schritte, 15 Meter vielleicht oder 20, nicht mehr laufen, bin einfach zu schwach, weiß zu diesem Zeitpunkt noch nicht, dass ich zumindest in dieser Nacht eine Magenblutung gehabt habe und sie möglicherweise immer noch habe, weiß nicht, dass meine Blutwerte an der untersten Grenze sind, weiß nicht, dass ich deshalb dem Tod näher bin als dem Leben.

Ich weiß auch nicht, dass ich kaum zwei Jahre später mit dem Fahrrad und 35 Kilo Gepäck fast 1000 Kilometer von Nürnberg an die Côte d´Azur fahren werde und bis 2018 dann Jahr um Jahr nach Pisa, Venedig, Wien, in die Bourgogne und acht mal über den Großglockner, und dass ich dem Professor immer wieder eine Ansichtskarte schreiben werde, die er medizinisch lobend zu meinen Krankenakten legen wird.

Was weiß man schon. Nichts weiß man. Das sollte man sich als Gesunder jedes Jahr ins Poesiealbum schreiben.

Anfang 2018 wird mein Radfreund Axel, mit dem ich in den Jahren nach der Operation tausende Kilometer durch Europa gefahren bin, durch einen überaus unglücklichen Umstand sterben.

Nichts weiß man also. Nichts hat Axel gewusst. Nichts hat er geahnt. Sein Instinkt hat ihn auch diesmal im Stich gelassen. Er hat leider nicht immer auf mich gehört. Ein anderer Freund meinte, ich würde ihm mit meinen Ratschlägen auf die Nerven gehen. Einen Ratschlag habe ich im Januar 2018 vergessen: Gehe niemals, wenn dir übel ist, alleine in eine Klinik und schon gar nicht dort unbeobachtet auf eine Toilette für die Allgemeinheit. In einem Notfall werden sie dich zu spät auffinden.

Es gibt die typisch gedämpfte Unruhe im Schwesternstützpunkt, wenn etwas los ist. Das werde ich noch zu beachten lernen. Wie rasch und gezielt und überaus professionell sie doch reagieren, wenn sie merken, dass etwas Ernstes vorliegt. Dieser unmerkliche Hinweis, die Tatsache, dass ich an der Wand stehe, mich am Holm festhalte und nicht weitergehe, setzt schlagartig die ganze Maschinerie der Lebenserhaltung in Gang. Gravitation. Ich habe geahnt, dass von der Nähe zur Klinik mein Leben abhängen wird.

Mein untrüglicher Instinkt hatte mich auch hier nicht verlassen. Wie beim Studium und dann wie so oft in meinem Beruf.

Sie setzen mich also sofort in einen Patientenstuhl, nehmen Blut ab und bestimmen den Hämoglobinwert. Er is deutlich unter 6,5 – normal sind etwa 15. So bringen sie ein Bett, legen mich hinein und befördern mich mit der Bemerkung, dass kein Bett in einem Patientenzimmer frei wäre, auf die Intensivstation. Nach weniger las 15 Minuten erhalte ich die erste Bluttransfusion. Ein halber Liter Blut schon bringt mich derart in Schwung, dass ich den Eindruck habe, gleich wieder aufs Fahrrad steigen und einen der Berge in der Umgebung hochfahren zu können. Aber auch dieser Eindruck ist natürlich völlig falsch. Er entsteht durch den kleinen Unterschied zwischen praktisch tot und nahezu tot.

Jetzt habe ich wieder einmal Gelegenheit, mir die Geräte in diesem Raum anzusehen. Es ist erstaunlich, was da alles herumsteht und was überwacht werden kann. Ich bin beruhigt. Die nächste Ladung Blut kommt nach drei Stunden. Es geht aufwärts. Sie bestimmen wieder den Hb-Wert, und der ist nun schon deutlich besser, wenn auch nicht durch meinen eigenen Beitrag.

Die entscheidenden Phasen werden in einigen Tagen kommen. Vor jeder Transfusion werden sicherheitshalber beide

Blutgruppen bestimmt. Meine und die des Spenders. Meinem Verbesserungsvorschlag, mir doch ein Bändchen an das Handgelenk zu hängen und dort die Blutgruppe zu notieren, um mir den Einstich zu ersparen, wird nicht stattgegeben. Mir ist diese Redundanz lieber, als an einer Fehllieferung zu sterben. Mein Vater hatte 1940 als Patient im Krieg eine solche Verwechslung bei der Versorgung seiner Verwundung rechtzeitig bemerkt, sonst wäre ich wohl gar nicht auf der Welt.

Die letzte der vier Transfusionen erhalte ich um ein Uhr nachts. Ab nun muss ich selbst schauen, wie ich das weiter schaffe. Das sagen die Blutlieferanten, die Ärzte und die Schwestern.

Ich liege in meinem kleinen Zimmer mit den vielen Apparaten. Meine wenigen Begleiter sind meine Bücher, ein Telefon und ein Fernsehgerät. Eigentlich ist alles soweit in Ordnung. Der Hb-Wert ist dank des Spenderblutes einige Zehntelpunkte über dem kritischen Wert. Aber was kann ich denn jetzt dazu beitragen, damit es mir wieder besser geht? Ich kann nur noch mehr Bücher lesen als bisher. Was kann ich sonst noch tun? Ich wollte schon immer den ,Ulysses' von James Joyce lesen. Dieses Monstrum von experimentellem Roman. Bisher hatte ich es nicht geschafft. Ich bitte meine Frau mir das Buch zu besorgen. Mit der Quantenmechanik und der Statistik von Laplace würde es eine ausgewogen anspruchsvolle Literatur ergeben. Vielleicht ist das auch meine letzte Chance. Nach dem ,Ulysses' werde ich mir noch ,Finnegan's Wake' vornehmen. Auch von Joyce und noch schwieriger.

In der Klinik werde ich den Finnegan aus Zeitgründen nicht mehr schaffen, und nach der Entlassung aus der Klinik nicht mehr den nötigen Willen aufbringen. Heute frage ich mich, wie ich während des kritischen Zustandes die Kraft und den Willen aufgebracht habe, solche Bücher zu lesen. Es war vermutlich die

Herausforderung meines Gegners. Ich wollte ihm zeigen, wozu ich fähig war. Ich hatte ihn personalisiert, und er hat letztendlich verloren. Man kann sich an einem Seil leichter festhalten, wenn man darin mehrere Knoten macht. Ich habe mir einen Wettbewerb ausgedacht: Die Bücher waren so etwas wie psychologische Knoten. An solchen Knoten konnte ich ihn packen. Das war mir damals nicht bewusst.

Noch ist es lange nicht so weit, jetzt ist der Kamerad deutlich besser als ich, und es sieht keineswegs so aus, als ob er besiegbar wäre. Die Gedanken darüber machen mir zu schaffen.

An dieses kleine Zimmer, das mit Elektronik vollgepackt war, kann ich mich jetzt, 2018, nur noch vage erinnern. Zu viel war in diesen Stunden im Kopf herumgelaufen und ich war damals gespannt, wie es weitergehen sollte.

Die Klebung der Magenblutung

Oktober 2004

Ich werde genau beobachtet, was mir zunächst nicht auffällt. Mehrmals in der Stunde kommt irgendeine Person mit irgendeinem seltsamen Argument in mein Zimmer, murmelt einen unverständlichen Grund und geht wieder. Sie wollen mich nicht verunsichern und dennoch stets auf dem Laufenden sein, über die vielen Informationen hinaus, die sie ohnedies über die Apparate abrufen.

Nach einem Tag heißt es, es müsse eine Magenspiegelung durchgeführt werden. Man wolle sehen, ob man den blutenden Tumor verkleben könne.

Das ist etwas völlig Neues. Wieso weiß man denn, dass der Tumor geblutet hat, und wie will man ihn verkleben? Die simplen Antworten darauf gibt mir ein Assistenzarzt der Inneren Medizin. Man weiß von der Blutung, da mein Blutbefund so schlecht war. Kein anderer Grund ist plausibel, nur eine Magenblutung kann diesen massiven Blutverlust verursacht haben, weswegen ich daheim ohnmächtig geworden bin und weshalb ich derart schlechte Blutwerte habe. Der Tumor muss geblutet haben. Die *Staging Werte* der Chirurgie untermauern diese Hypothese. Für mich naiven Patienten ist das eher positiv, ich meine, der Tumor habe aufgegeben. Die Ärzte hingegen sehen das anders: Der Tumor hat zwar geblutet, aber keinesfalls aufgegeben. Im Gegenteil, er ist jetzt am Ziel seiner Bestimmung, er hat seine Zellen über den ganzen Körper verteilt. Nun kann er sich überall ansiedeln.

Für mich ist die Chemotherapie der Auslöser dieser Blutung. Kann das sein? Für die Ärzte kann die Chemotherapie – es ist ja erst eine Stufe erfolgt – nicht der Auslöser der Blutung gewesen sein. Zumindest sei das sehr unwahrscheinlich. Auch der Professor der Internen, der einmal bei einer Visite erscheint, schüttelt den Kopf.

Es ist müßig, über den Auslöser der Magenblutung – so es eine war – zu spekulieren. Wichtig ist lediglich, ob und wie man sie stoppen kann, andernfalls besteht die Gefahr einer weiteren und jede wäre lebensgefährlich. Wie kann man also das Loch im Magen stopfen? Das ist recht einfach, so es denn funktioniert. Man klebt es einfach zu. Über den Mund führt man eine Sonde ein. Den undichten Punkt im Magen findet man über eine Lichtleiteroptik, und das Loch verklebt man mit einem Fibrinkleber.

Ein langjähriger Freund sagt mir Monate später, man müsse natürlich den richtigen Kleber nehmen. Es gäbe solche und solche. Das ist eine interessante Information. Bei mir haben sie offenbar den richtigen Kleber verwendet, denn der Magen war nachher dicht. Sie deuten an, dass er schon vor der Klebung einigermaßen dicht gewesen wäre, die Blutung also von sich aus zum Stillstand gekommen sein muss, obwohl eine große Vene daran beteiligt gewesen sein sollte.

Ich werde also wieder einmal in einen kleinen Operationssaal gebracht, mit einer leichten Narkose versehen, und dann wird der Tumor wird geklebt. Nach einer halben Stunde bin ich wieder auf meinem Zimmer. Sie sagen mir später, dass sie das Ergebnis der Klebung übermorgen noch mit einer weiteren Gastroskopie überprüfen wollen. Welche Angst hatte ich vor jener ersten Magenspiegelung, die mir die fürchterliche Diagnose beschert hatte, und wie selbstverständlich ist das alles nun geworden. Es ist tatsächlich eine Kleinigkeit, und es ist für mich unbegreiflich, wie man davor Angst haben kann. Angst eben vor dem Unbekannten.

Ab nun bestimmen sie dauernd meinen Hb-Wert, und es ist spannend zu sehen, wie er ansteigt. Zehntelwerte bringen dich vom Rand des Abgrunds weg, sage ich mir: von 6.5 auf 7.0, auf 7.5, auf 8.0, von 8.0 auf 8.3. Der Teil des Körpers, der für die Blutversorgung zuständig ist, funktioniert also, und der Magen ist dicht. Die Magenspiegelung bestätigt dies. Was will man also mehr.

Essen! Klar.

Aber der Tumor ist schließlich auch wieder dicht und seine Blutversorgung funktioniert. Das ist weniger gut.

Die künstliche Ernährung

Oktober 2004

Nach zwei Tagen legen sie mich in ein anderes Zimmer. Es sind schöne Zimmer in der modernen Klinik. Ich bin zunächst mit einem Assistenten der hiesigen Universität im gleichen Zimmer. Er ist sehr kultiviert, gebildet und Fachmann für Fluiddynamik. In meinem Beruf war ich mit diesem Thema intensiv befasst, seine Ansichten interessieren mich daher.

Warum er hier ist? Er hat mit einem Mal Schluckbeschwerden bekommen und man konnte den Grund bis jetzt nicht finden. Er ist sehr besorgt darüber, aber ich tröste ihn und er verlässt das Krankenhaus nach drei Tagen.

Wir haben uns einige Zeit geschrieben. Es ging ihm sehr gut. Ob er die Beschwerden jetzt noch hat, weiß ich nicht. Ich werde ihm wieder einmal schreiben.

Bei mir hingegen geht es jetzt den Bach hinunter. Da ich praktisch gar nichts mehr essen kann, werde ich ab jetzt künstlich ernährt. Ich erhalte einen Beutel mit 1500 Kalorien. Das reicht für einen Tag, sagt die Schwester. Den Zugang dafür haben sie an der rechten Halsvene gelegt, denn der Port soll frei bleiben. Ich weiß nicht wofür. Vermutlich für die Fortsetzung der Chemotherapie.

Der Tropf der Ernährung ist so eingestellt, dass die Nahrung in 24 Stunden durchläuft. Tag und Nacht, ununterbrochen. Ich sehe, wie es tropft. Ich habe keinen Hunger mehr, keinen Durst, muss kaum auf die Toilette. Bis auf den Beutel eigentlich ideal.

Er hängt an einem Infusionsgalgen, und ich selber hänge auch dran. Wenn ich aus dem Bett steige, muss ich an den Galgen denken, wenn ich ans Fenster gehe, muss ich den Galgen mitnehmen. Wenn ich das Zimmer verlasse, ist der Galgen mit mir. Am Gang, auf der Toilette, am Waschbecken, am Fenster.

Das Wichtigste sind die Räder des Galgens, mit ihnen läuft er gut. Alles reduziert sich also auf die 3 kleinen Räder. Galgen und Beutel anstelle eines funktionierenden Magens. Sie sorgen für mein Überleben. Die Ärzte betonen, dass man solche Beutel grundsätzlich auch auf Wanderungen mitnehmen kann. Man sei also durchaus beweglich. Ich glaube es einfach, kann mir aber keine Bergtour mit einem solchen Beutel vorstellen, denn wie soll man die vielen Kalorien und vor allem die Flüssigkeit, die man braucht, in den Körper hineinbringen? Ein Bier und eine Bergsteigerwurst mit einem Landbrot kann man doch nicht einfach durch den dünnen Schlauch drücken. Aber ich bin ja bescheiden geworden. Für die allerletzte Wanderung wird der Beutel sicherlich reichen.

Die permanente Kontrolle des Gewichts bestätigt leider dessen permanenten Verlust. Ich werde nicht schwächer, aber auch nicht stärker, aber jedenfalls dünner. Das ist der Krebs. Sicherheitshalber wiege ich mich ab jetzt mit dem Morgenmantel. Das scheint mir psychologisch günstiger.

Joyce und Mozart

Oktober 2004

‚Ulysses' – ein riesiger Roman. Wollte ich schon immer lesen. Jetzt ist die Gelegenheit dazu, ich habe jede Menge Zeit. Meine Frau hat ihn mir ins Krankenhaus gebracht. Joyce beschreibt einen einzigen Tag im Leben des Verlagsangestellten Bloom in Dublin. Zufällig sind bisher fast genau 100 Jahre vergangen seit dem Tag, dem 16. Juni 1904, an dem der Roman spielt, und ich lese die verwobenen Sätze mit geradezu manischer Besessenheit. Manche der fast tausend Seiten drei- oder viermal, um sie einigermaßen zu verstehen. Blooms gesellschaftliche Position, seine Freunde, die Stellung im Verlag, seine Ehe mit Molly, auch beschreibt Molly ihr Gefühlsleben in einem einzigen Satz auf dutzenden interpunktionslosen Seiten. Eine strukturlose Enthemmung, literarische Irrfahrt wie die musikalische 12-Ton-Literatur Schönbergs, Alban Bergs und Anton Weberns in Worten. Unfassbar wie die Große Fuge Beethovens. Unverständlich für alle, die den Roman nicht selbst geschrieben haben. Alle minus Eins.

Die Literaturgeschichte begegnet hier einem mehrköpfigen Dichtungsungeheuer. Drama, Essay, Posse, Erzählung, Reportage in einem.

Ganz im Gegensatz dazu ‚Mozarts Tod'. Ein Buch, das sich dieser geheimnisvollen Thematik angenommen hatte. Der Autor wird mich später regelmäßig anrufen und mich fragen, wie es mir geht. Wir werden über Jahre hindurch nach meinem Weggang aus der Klinik noch telefonieren. Bis zu seinem Tod. Er wird mir erst in der allerletzten Phase von seiner Chemotherapie erzählen. im Dezember 2012 wird er an Krebs sterben und ich werde nur noch mit seiner Witwe telefonieren.

Merkwürdig, was Einsteins ‚Alter' mit uns Menschen so treibt.

Die Lösung des Geheimnisses von Mozarts Tod liegt noch immer vor mir auf dem Tisch. Das Geheimnis des Requiems. Des düsteren Grauen Boten. Dieses angeblichen Todesengels. Was war da los? Es war überaus prosaisch: Im 19. Jahrhundert die Entmythologisierung dieser geheimnisvollen Botensage durch einen Lehrer in Wiener Neustadt: Graf Walsegg von Stuppach war der reiche Besitzer eines Gipswerks bei Gloggnitz und das

Mozartsche Requiem eine Auftragskomposition für die sehr jung verstorbene Frau des Kleinindustriellen. Das Requiem die Befriedigung der Eitelkeit dieses Laienkomponisten. Der Kauf musste daher anonym vonstatten gehen. Der graue Bote war ein Vermittler. Es war keine Werbestrategie von Mozart für seine Werke, wie irgendwann absurd vermutet. Weshalb hätte er so etwas gebraucht, am Ende seines Lebens. Der *Graue Bote* war schlicht der Portier des Gipswerks.

Schon in der Chirurgie habe ich das neue Buch über Mozarts Tod mit großem Interesse gelesen. Woran ist Mozart nun wirklich gestorben. Durch Salieri? Ein Unsinn. Es war schlichtweg eine Denunziation des Herrn Salieri durch die Wiener. Sie mochten ihn nicht. Salieri ein musikalischer Stümper? Alles Unsinn, denn er hat hunderte Opern geschrieben, und Mozart war zumindest in der Anzahl dieser Werke zweitrangig. Sicherlich nicht in der Qualität. Aber immerhin.

Die Analyseergebnisse von Ludwig Köppen, dem Autor, sind scharfsinnig und plausibel: Mozart war partout kein Vaserl, kein Harmloser. Fürsterzbischof Colloredo hatte das schon vor zweihundert Jahren begriffen. Aus Miloš Formans Mozart Darstellungen in seinem Filmdrama Amadeus von 1984 lässt es sich nicht ablesen, denn im Gegensatz zu diesem Regisseur war Mozart nicht dümmlich. Immerhin war der Film ein Welterfolg, was allerdings nicht gerade für den psychologischen Einblick seiner Fans spricht und schon gar nicht für den musikalischen. Jeder, der das Klarinettenkonzert nur ein Mal gehört hat und den Figaro, muss das gemerkt haben.

Mozart vergiftet sich also bei einer Selbstmedikation. Selbstlos verschafft Baron van Swieten, einflussreicher Hofbeamter und eine der reichsten Mäzene und Freunde Mozarts diesem die gefährlichen Medikamente zur Behandlung einer venerischen

Erkrankung, sorgt aber dann auch gleich dafür, dass Mozart in einem Schachtgrab verscharrt wird, um jede historische Verbindung zu kappen. Zu ihm, dem hochrangigen Beamten am Kaiserhaus. Der Kaiser aber ist natürlich informiert. Die Vorsichtsmaßnahmen werden van Swieten allerdings nichts mehr nützen. Am Tag nach dem Tod des Komponisten wird er aus den Diensten des Kaisers entlassen.

Aus dem Erfolg von *Amadeus* war zu erwarten, dass sich ein anspruchsvolles Buch über Mozart nicht besonders gut verkaufen würde. Wer will schon etwas über den Tod eines Komponisten lesen. Pekuniär erfolgreicher wird man, wenn man Mozart als Trottel hinstellt. Das hat Köppen verabsäumt. Mit solchen Sujets lässt sich eine größere Zahl von Interessenten erreichen.

Mit Mozart verknüpfen mich schon seit meiner Kindheit enge Bande, am wenigsten wegen unsers gemeinsamen Geburtstags, aber ich habe im Wiener Konservatorium mehrere Violinkonzerte Mozarts einstudiert, über mehrere Jahrzehnte hindurch fast alle seine Quartette gespielt und zahlreiche Biographien gelesen. Er ist für mich der faszinierendste Mensch und bedeutet selbst mir als Physiker mehr als Einstein und Heisenberg zusammen. Vielleicht könnte ihm noch der Logiker Kurt Gödel das Wasser reichen, den über ein Jahrzehnt hinweg in Princeton Einstein auf seinen täglichen Spaziergängen begleitete. Und auch wenn ich manchen Physik- und Mathematik-Koryphäen aufgrund meines Studiums intensiv verbunden bin, würde ich, wenn ich im Jenseits einen Menschen treffen dürfte, Mozart treffen wollen. Lachen Sie bitte jetzt nicht.

Mozart hat in seinen 35 Lebensjahren mehr geschaffen, als wir in hundert Jahren erzeugen können. Unübertrefflich. Der Bärenreiter Verlag hat für die Herausgabe von Mozarts Gesamtausgabe 36 Jahre gebraucht.

Wenn ich in Wien bin besuche ich gelegentlich den Friedhof in St. Marx im dritten Bezirk, und setze mich einige Zeit vor den Hügel mit dem weinenden Engel. Albrechtsberger liegt auch dort, er hatte ehemals den Wettbewerb um die Domorganistenstelle gegen Mozart gewonnen. Was hat es ihm genützt. 1797, sechs Jahre nach Mozart wurde er in unmittelbarer Nähe von Mozarts Grab beigesetzt. Zuerst waren sie Konkurrenten. Dann Nachbarn. Überall in Wien kann man den Geist Mozarts spüren, besonders aber auf diesem Biedermeierfriedhof in St. Marx.

Der weinende Engel von Mozarts Grabhügel hat mich im Krankenhaus stets begleitet. Ich habe ihn unter den Schwankenden gesucht, aber nicht gefunden.

Der Maurer – Ein Zimmerkollege

Oktober 2004

Nachdem mich der Fluiddynamiker verlassen hat, kommt ein kranker Maurer zu mir ins Zimmer. Er wird nur zwei Tage bleiben.

Er hat eine seltene Erbkrankheit, die dazu führt, dass er ständig Zysten in seinem Darm bekommt. Diese Zysten werden jedes Jahr einmal operiert und dann kann er wieder nach Hause gehen. Die Zysten sind sein Kalender. Ich beneide ihn um jede seiner Zysten.

Er ist ruhig und sieht auch ruhig zu, wie zwei junge Ärzte versuchen meine Portnadel zu wechseln, über die seit ein paar Tagen der Protonenpumpenhemmer eingespeist wird.

Der technische und psychische Aufwand beim Wechseln der Nadel wird für die beiden jungen Mediziner zum grenzwertigen Erlebnis in angewandter Medizin. Sie sind sehr aufgeregt und der einfache Maurer sieht aus dem Hintergrund dem merkwürdigen Treiben zu und ich beobachte ihn.

Er schmunzelt. Was er wohl denkt.

Jede der Schwestern der Onkologie wird später bei der Chemotherapie die Nadel mit verbundenen Augen in wenigen Sekunden wechseln.

Der Maurer wird operiert. Bei der Gewebeuntersuchung wird man feststellen, dass eine seiner Zysten bösartig ist. Er nimmt es gelassen. Er sagt, dass wir alle einmal sterben müssen. Ich stimme ihm zu.

Ein Statistiker würde sagen, dass bisher alle sterben mussten. Ich versuche ihm diesen Unterschied zu erklären, bin mir aber nicht sicher, ob er mich verstehen will.

Wir tauschen unsere E-Mail-Adressen aus, für danach. Ich schreibe ihm auch danach. Er schreibt nicht zurück. Vielleicht hat er gar keine E-Mail-Adresse. Er erzählt mir, dass er nach diesen Tagen wegen des Colonkarzinoms in die Chirurgie überstellt wird. Er macht sich hauptsächlich Sorgen, woher er frische Unterwäsche bekommen wird. Seine Tochter kann ihn nicht jeden Tag besuchen. Ich beruhige ihn wegen der Unterwäsche. Es wird sich eine Lösung finden, sage ich ihm. Es wird alles gut werden.

Nach seinem Weggang kommen andere Patienten in das Zimmer. Ich kann mich nicht mehr an alle erinnern. Manche bleiben nur einen Tag. An manchen Tagen bin ich alleine. Ich empfinde es jetzt als angenehmer wenn ich alleine bin. Allein kann man sich die Dusche und die Toilette besser teilen. Der Maurer verstünde das.

Eine Lichtgestalt

Oktober 2004

Meine Frau besucht mich jeden Abend, wie sie das auch schon in der Chirurgie getan hat. Sie macht sich große Sorgen um mich und ist immer recht angespannt, auch wenn sie versucht, sich das nicht anmerken zu lassen. Sie tut mir wirklich leid. Sie muss sich um ihre alten Eltern kümmern. Andererseits möchte sie mich jeden Tag besuchen. Beides zusammen funktioniert nicht.

Unser Sohn könnte sie entlasten, sagt sie. Auf ihn ist sie nicht gut zu sprechen. Er hat mich noch immer nicht besucht. Trotz der Situation, die man nun alles andere als optimal bezeichnen kann, beginnt unsere Diskussion in abstruser Weise zu eskalieren und mündet in scharfen persönlichen Angriffen auf ihn, den Abwesenden. Es ist sicherlich ein Teil Verzweiflung, die Ihres dazu tut, und ich bin ungemein interessiert daran, dieses Ungemach so bald wie möglich zu beenden. Meiner Frau deute ich an, dass ich mir keine andere Situation vorstellen kann, in der ich noch besser als hier dazu beitragen könnte, die familiäre Situation dauerhaft zu verbessern, Positionen zu klären, erkaltete und verfestigte Fronten aufzulösen, die Partner wieder zu einem versöhnlichen Gespräch zu bewegen, ihnen die Augen zu öffnen, ihnen klar zu machen, was es bedeutet, so krank, sterbenskrank zu sein.

Alle flehenden Worte sind vergebens, sie fallen schon seit langem auf keinen fruchtbaren Boden mehr. Alle Tore sind verschlossen, die Situation verhärtet.

Auf dem fast unerträglichen Kulminationspunkt der Diskussion, die wir nunmehr nicht nur physisch, sondern auch ethisch auf unterschiedlichem Niveau führen, öffnet sich leise und fast unerträglich langsam die Tür zu unserem abgedunkelten Zimmer, in dem man sich kaum sehen kann, wobei das gleißende Licht des Krankenhausflurs die verchromten Rahmen der beiden Betten streift und die gläserne Infusionsflasche in feierlichem Licht erstrahlt. In der Tür ist der Umriss einer mächtigen Gestalt zu erkennen. Es muss Siegfried sein und er hat sicherlich Balmung in der Hand. Wer sonst könnte jetzt kommen, um alles zu bereinigen. Die Situation ist unwirklich.

Hinter diesem Schweigen tost der Krankenhauslärm kontrapunktisch auf dem Flur.

Die sparsamen und geräuschlosen Bewegungen des Fremden und sein flirrender Umriss aber lassen das Licht im Zimmer nun irrwitzig kreisen.

Mit der Betätigung eines Lichtschalters mutiert dieser merkwürdige Siegfried augenblicklich zu unserem verlorenen Sohn und eine tonnenschwere Last fällt von mir ab.

Meine Frau ist sprachlos geworden. Die Mutter aller Sätze in ihrer Entstehung gekappt. Ein Japsen nach Luft lässt sich bestenfalls auf eine vorangegangene Schwächung durch den Formulierungskampf der fruchtlosen Auseinandersetzung zurückführen.

Nach ersten formalen Trivialsätzen, wie man sie allenfalls von Tupperwarepartys kennt, ist alles im Lot. So einfach könnte das Leben sein. Der Familienvater macht bloß den kleinen Umweg über einen Magenkrebs und kaum droht er zu sterben, schon kriegt die Familie ihr schlechtes Gesamtgewissen und alle sind wieder einig. Diese Einigkeit-durch-Reue mündet spontan in eine geradezu himmlische Harmonie, welche sich in den nächsten Monaten erfreulich weiterentwickeln wird. Die Verhältnisse Sohn/Mutter und Schwiegertochter/Schwieger-mutter werden vorbildlich innig, und sie sollten nun nach menschlichem Ermessen bis ans Ende aller Tage halten.

Ich bin glücklich und völlig sicher, dass dieses seltsame Ereignis wesentlich zu meiner Gesundung beitragen wird.

Mein Sohn ist entsetzt über meinen Gesundheitszustand und verfestigt sein Entsetzen durch eine Rückfrage bei den Ärzten, denn sie bedeuten ihm, dass ich nur noch ein paar Monate leben werde.

Ordnung Zeit Kausalität

Oktober 2004

Sonderbar. Nach der Verkostung des Romans von Joyce zwingt es mich fast nach dem Originaltext der Statistik von Laplace, denn seine Struktur fügt sich nahtlos an jene des Ulysses an.

Der geniale Mathematiker schreibt in seinem Text kurze Gleichungen wortwörtlich aus, skurill, und sie haben damit erstaunliche Ähnlichkeit mit den Konstrukten des Iren.

Laplace' Gleichungsformulierungen füllen gelegentlich ganze Seiten. Daran erkennt man, wie straff und gnadenlos kurz mathematische Formulierungen sind. Ist mir niemals in dieser Weise aufgefallen. Nun wird mir klar, weshalb viele Menschen derartige Angst vor dieser Disziplin haben. Sie verzeiht keinen Fehler und jeder von uns ist doch gewöhnt, Fehler machen zu dürfen. Wie kann es da eine Versöhnung geben. Politiker sollten ein Mathematik-Studium absolvieren müssen, um ihre vagen Ideen so kürzen zu können, dass nur die Wahrheit übrig blieb. Dann würden sich Wahrheiten wie *Keiner ist mit dieser Mehrheit einverstanden* von selbst entlarven und schon vor ihrer Veröffentlichung im demokratischen Abtritt verschwinden. Viel Unsinn bliebe uns erspart.

Von Mathematikern und Chirurgen aber erwartet man a priori Fehlerlosigkeit. Ich muss an den Professor denken. Wenn er operiert macht er hoffentlich nur wenige oder am besten gar keine Fehler. Ob er mich operiert?

Laplace war einige Wochen Innenminister bei Napoleon Bonaparte, hatte aber angeblich sein Amt so schlecht versehen, dass ihn der Chef schon nach sechs Wochen durch einen Bruder, Lucien, ersetzte. Zum Trost wurde Laplace Mitglied eines einflusslosen Senats. 1803 Vizepräsident des Senats und damit ein reicher Mann. Durch eine Vielzahl von Ämtern verdiente er an die 100.000 Francs im Jahr. Gauß 1810 als Leiter des Göttinger Observatoriums ungefähr 4.000 Francs. Vergleichsweise ein Bettlerlohn.

Laplace war ein politischer Intellektueller. In verschiedenen Konzepten, die er Napoleon vorgelegt hatte, kam Gott niemals vor. Napoleon rügte ihn. Laplace konterte, Gott sei *eine überflüssige Hypothese.*

Gesunde Mathematiker vermögen also die Sache auf den Punkt zu bringen.

Ich denke also über die Einheit und die Ordnung des Universums nach, über Zeit und Kausalität. Hier in der Klinik hat man ja genug Zeit, um auch über die Zeit nachzudenken. Ich folge Gödel in dessen Ansichten, dass *Zeit* eine Erfindung des Menschen ist. Ein *überflüssiger Parameter* hätte Einstein – wie Laplace über Gott – schon sagen müssen, noch bevor er seine Allgemeine Relativitätstheorie entwickelte. Aber dann hätte er sofort davon ablassen müssen.

Der Parameter Zeit ist praktisch in unserem Alltag, er ist aber gleichermaßen tückisch, indem er in der Quantenmechanik, die alle Elementarprozesse der Atom- und Kernphysik beschreibt, nicht mehr richtig funktioniert. Ja eigentlich überhaupt nicht mehr. Mit der Anwendung unserer einfachen Zeitvorstellung bringt man die Kausalität dort völlig durcheinander.

Das Was kommt nämlich Wonach.

Ich denke daher über die Kausalität nach und über die Wellenfunktion von Schrödinger. Er beschreibt die Vorgänge der Atomphysik mit Hilfe von Wellen. Alle Wellen von Teilchen in einem Atom oder einem Atomkern sind untereinander verwoben. Menschliche Schicksale sind Makroskopische Wellenfunktionen.

Mein Schicksal wird wohl auch durch Schrödinger beschrieben.

Da makroskopische Wellenfunktionen für unser Begriffssystem zu komplex sind, müssen sie uns grundsätzlich für alle Zeit unzugänglich bleiben. Man kann nicht alles messen, und ohnedies wird jedes System durch eine Messung so verändert, dass man nicht mehr weiß, wie es vor der Messung war. Das liegt auch das Fundamentalproblem der Medizin. Der kleinste Heilungsversuch ändert alles. Man hat also mit demselben Menschen niemals einen zweiten Versuch. Hat sich das irgendeiner der Mediziner je überlegt. Wohl nicht, sonst gäbe es nur verzweifelte. Wirklichkeit und Wahrheit sind Fiktionen wie Zeit und Raum. Alles ist uns unzugänglich.

Wenn mein Schicksal schon beschlossen ist, sind dann nicht alle unsere Schicksale bereits vollständig beschlossen, ja die Schicksale des gesamten Universums oder der modernen Multiversen definiert. Vielleicht eher im Sinne von *abgeschlossen*, nicht im Sinne von beschlossen durch einen alten Mann mit Bart. Nicht durch Einsteins raffinierten *Alten*. Subtle ist he Lord. Es kann keine menschliche Freiheit geben. Sie ist nichts als eine nette Illusion. Gerhard Roth, der Gehirnforscher, mit dem ich ab und zu korrespondiert habe, war meiner Meinung, die FAZ anderer Meinung, die Juristen ebenso. Wie kann ein Mörder unschuldig sein!

Schuld ist doch so wichtig für die Verurteilungen in der Welt. Aber gibt es überhaupt objektive Schuld, ist sie nicht ein undefinierbarer und daher undefinierter Zustand, eine Folge ontogenetischen Unsinns, indem uns das Gehirn Freiheit vorgaukelt. Wenn es keine Kausalität gibt und damit keine Freiheit, dann gibt es keine Schuld und keine Gerechtigkeit und wo bleibt dann die ganze Ordnung. Was, wenn das Universum nach seinem eigenen Gutdünken reagiert. Dieses unendlich große Universum, das angeblich mit einem Knall entstanden sein soll. So ein Quatsch. Da haben wir mit der Geozentrik schon so viel Unsinn angenommen und dann mit der Heliozentrik. Immer Zentrik. Immer ein Anfang und ein Ende, nur weil wir einen Anfang und ein Ende haben. Hier in der Chirurgie.

Was, wenn das Universum gar nicht wäre. Wäre es dann ein Unendliches Nichts? Aleph Null. Unendlichkeit erster Ordnung, Cantor, Mathematiker, der Wahnsinnige hat sich unter anderem damit beschäftigt. Lange nach seinem Tod hat er – natürlich ohne es zu wollen – mit seiner Mengenlehre durch wahnsinnige Eltern gepeinigte Schulkinder erzeugt. Oder sogar umgekehrt, war er ein Produkt der Gesellschaft? Viel zu schwierig für die Allgemeinheit. Unsinn, sagt die *Bild* Zeitung ihren Lesern. Wir können uns weder die Unendlichkeit vorstellen, noch das Nichts, noch die Homogenität. Wir sind nichts, sagt sie auch noch dazu. Das ist verständlich. Trotz dieses hochphilosophischen Teils lege ich die Zeitung doch lieber weg.

Cantor im Irrenhaus. Logisch, wo sonst. Wahnsinn und Genialität sagt meine Frau stets. Aber Kausalität? Warum also hadere ich mit meinem Schicksal, unterziehe mich einer Chemotherapie, tue ich das freiwillig oder hadert mich mein

Schicksal? Ist Hadern nicht eine spezifische Ausprägung von Kausalität? Ein Widerspruch einfach.

Dann wiederum diese verschränkten Photonen. Verschränkt und dann wieder entschränkt, was eigentlich gar nicht geht. Dennoch tun sie so etwas. Enthalten irgendeine Information und tauschen sie prompt aus. Gegen den Willen von Einstein. Uns zu liebe. Nett. Plötzlich ist das hier im Bett leicht zu erklären, da doch alle Schicksale dieser Welt, alle Labors, alle Menschen und Apparate, alle Experimente schlussendlich und final-kausal miteinander irgendwie zusammenhängen, über Informationsfunktionen oder andere Effekte oder egal. Eine Änderung des Spins an einem der unendlichen Photonen beeinflusst alle Schicksale in der Welt oder in allen Welten. Was heißt eigentlich *Alle*? *Alle* kann man doch nur durch Abzählen feststellen. Und wenn die Schicksale aller Elementarteilchen dieser Welt miteinander spontan verwoben sind, so sind es natürlich auch die Schicksale der Elementarteilchen der Labors, die sich mit diesen Photonen beschäftigen, alle die gescheiten Professoren sind es, mit ihren gescheiten Schriften, und die Photonen gehorchen gemeinsam mit allen Labors der Welt dem Gesamtzusammenhang dieser Welt und ändern sich in der von uns wieder zwangsläufig beobachteten Weise. Wenn wir sie in anderer Weise beobachteten, würden sie sich anders ändern.

Ich werde verrückt, oder bin es schon.

Wir kleinen Fuzzies maßen uns an, etwas durch unseren freien Willen ändern zu können, im Labor oder sonst wo. Nichts da.

Und dann klappen bei einer lächerlichen Operation oder einer lächerlichen Chemo alle Überlegungen zu Raum und Zeit und Struktur und Kausalität mit einem Mal zusammen.

Was können wir denn schon ändern an unserem Schicksal? Und was sind eigentlich Zeit und Raum? Fiktionen. Wir also auch.

Vielleicht ist es bloß der dämliche Protonenpumpenhemmer, den ich jeden Tag intravenös erhalte, der dafür sorgt, dass mein kranker Magen nicht so viel Säure produziert und damit den Vitamin D-Mangel. Das wird der Professor irgendwann andeuten. Man muss den Mangel eindämmen, durch Vitamin D-Gaben.

Vielleicht steigt mir das Pantoprazol ins Hirn anstatt in den Magen und fördert solche krassen Ideen zutage. Vielleicht auch nicht.

Warum hat mich der ganze philosophische Kram früher nicht so intensiv beschäftigt wie jetzt.

Vielleicht brauche ich nur Abstand. Aber wovon?

Der Besuch eines Freundes

Oktober 2004

Ich habe keine Lust und vor allem keine Kraft mehr, mir Geschichten von allerlei Leuten und deren ebenso wohlgemeinte wie nutzlose Genesungswünsche anzuhören. Meine Familie hat den Auftrag, niemandem zu erzählen, wo ich bin, um mich vor derlei Leistungen zu schützen.

Abends besucht mich ein Freund. Er hat sich nicht abwimmeln lassen. Das ist typisch für ihn. Er gehört zu den stabilen Persönlichkeiten. Oftmals haben wir in der Firma über unsere Familien gesprochen. Nun besprechen wir diese Situation.

Einer unserer gemeinsamen Bekannten hat auch ein Magenkarzinom. Zunächst konnte sich niemand einen Reim auf seine Schluckbeschwerden machen. Bis ein junger Assistent seines Internisten eine intensive Untersuchung des mittleren Magenbereiches vorgenommen und die entscheidende Anomalie bemerkt hatte. Die sofortige Entfernung des gesamten Magens hatte ihm das Leben gerettet. Er brauchte nicht einmal eine Chemotherapie. Mein Professor hat ihn operiert. Das ist nun bereits mehr als 6 Jahre her. Sie haben gute Chancen, hatte ihm der Professor damals gesagt.

Dieser Bekannte wird mich 4 Jahre später anrufen, wir werden in der alten Firma einen Besprechungstermin machen. Wir werden wieder unsere ursprünglichen Aktivitäten beginnen. Alles hängt mit allem zusammen.

Der Freund geht mit mir einige Schritte auf dem Flur. Bei den aktuellen Blutwerten ist das so etwas wie eine olympische Leistung. Nach fünfzig Schritten bin ich völlig fertig und reif fürs Bett.

Er bleibt einige Zeit bei mir, es ist dunkel im Zimmer, die Schreibtischlampe brennt und taucht den Raum in ein angenehmes Licht. Hinter dem kleinen Park kann man die Lichter der Stadt erkennen. Unter anderen Rahmenbedingungen würde man eine solche Stimmung romantisch nennen. Die elektrische Steuerung der Betten gestattet ihr Einrichten einer besonders angenehmen Sitz- oder Liegeposition.

Seriöse Wissenschaftler und Techniker seien der Meinung, sagt der Freund, dass man bei guten Projekten niemals aufgeben dürfe. Zu dieser Sorte Mensch gehört dieser Freund Max. Max ist kein Kneifer. Er war von jeher sofort zur Stelle, wenn eines unserer Kinder in der Schule die dritte Fünf in Mathe geschrieben, der Chef eine neue unverschämte Beurteilung vom Stapel gelassen oder die Ehefrau über die letzten vier Arbeitstage ihre Migräne genommen hatte. Max kannte fast immer einen Parallelfall oder konnte sich zumindest einen solchen vorstellen, und in der Regel hatte er einen praktischen Tipp zur Hand, den man zwar nicht wirklich realisieren wollte, der einem aber die moralische Rechtfertigung gab, vorerst nichts zu unternehmen. Solche Nicht-Aktionen führten erstaunlicherweise in über 99 Prozent der Fälle zu einer annehmbaren Lösung von Problemen, gegen die man in der Regel ohnedies nichts tun konnte.

Max ist also ein Freund und als wirklicher Freund wirklich robust. Max hat mir schon vor Jahren geraten mich einer Prostata-Untersuchung zu unterziehen. Seine hohe Wertschätzung und Achtung dieser Drüse entstammt seiner Einschätzung, dass es sich hierbei um ein außerordentlich wichtiges Organ handeln musste, welches allerdings die Eigenschaft habe, im falschen Moment krank zu werden. Dieser falsche Moment war nach Maxens Philosophie die Zeit zwischen dem vollendeten vierzigsten Lebensjahr und der biologischen Endzeit. Dem Risiko eines unerwarteten Prostata-Versagens im selbst definierten potentiellen Anforderungszeitraum wollte sich Max durch permanente PSA-Bestimmung entgegenstemmen. Mein Argument, dass seine Präventivstrategie mit hoher Wahrscheinlichkeit ein Schuss in den Ofen sein würde und letztlich nur die Krankenkasse belaste, ließ Max nicht gelten.

Blicken wir nur kurz in das aktuelle Jahr 2018. Der Dampf mit dem Magenkrebs hat sich verzogen, aber drei meiner langjährigen Freunde – Max gehört nicht dazu – wurden in sehr unangenehmer bis schrecklicher Weise Opfer ihrer eher freiwilligen PSA-Kontrolle.

Der erste Freund war nach einem Prostata-Positiv-Befund mittels PSA und Biopsie nach der folgenden Prostata-OP an Nierenkrebs erkrankt und etwa drei Jahre später an Knochenkrebs gestorben. Die kranke Prostata war vermutlich nur eine unangenehme Begleiterscheinung gewesen, welche die Ärzte zudem auf eine falsche Spur führte. Das Nierenkarzinom war schicksalsbestimmend gewesen. Es wurde offenbar zu spät entdeckt.

Der zweite Freund hatte ebenfalls einen Prostata-Positiv-Befund durch PSA und Biopsie erhalten. Er versuchte den Prostata-Krebs mit einer homöopathischen Misteltherapie zu heilen und starb derweilen durch eine völlig andere tragische Ursache, die in keinerlei Zusammenhang mit der ganzen Sache stand.

Der dritte Freund hatte durch eine selbst initiierte urologische Einmischung dieselbe Diagnose erhalten und musste sich infolge massiver Miktions-Beschwerden wohl oder übel einer Prostata-OP unterziehen, die er gut überstand. Es geht ihm ohne nachfolgende Behandlungen sehr gut.

Ein vierter Freund hatte nach den ersten zwei empfohlenen Untersuchungen und zwei quantitativ völlig disparaten PSA-Ergebnissen die Flucht vor den Urologen ergriffen und ohne jede weitere Behandlung unbeschadet das achtzigste Lebensjahr erreicht.

Nun aber wieder zurück ins Jahr 2004: Maxens Warnungen, Drohungen und Maßnahmenvorschläge waren während der letzten Jahre mit steigender Frequenz im Modus quasi-periodischer Überfälle so lange auf mich eingeprasselt, bis ich mich seinen wohlgemeinten Attacken durch eine für uns beide unerwartete medizinische Variante entzog.

Max hatte meine Frau ins Verhör genommen, bis sie, obgleich juristisch geschulte Person, den insistierenden Fragen nicht mehr länger standhielt und ihm den Grund meines Verschwindens verriet.

So wie ich Max kenne, war es für ihn auch hier zunächst unwichtig, ob ich im Gefängnis, in einer Gletscherspalte oder in einem Seminar verschwunden war, Max war sich sicher, dass ich seine Hilfe brauchte, setzte sich also auf sein Fahrrad und war kurz darauf bei mir in der Internen.

Ich bin fast froh, ein Magenkarzinom zu haben, denn bei einer bösartigen Prostata-Erkrankung wäre ich zum finalen Opfer von Maxens ewig dauernder Beratung geworden. So aber habe ich noch die Chance ihr zu entkommen, und Max hilft mir zudem, seine Beratungselemente in Sachen Magen praktisch umzusetzen.

Max hört sich also meine Schilderungen an und ist der liebe Mensch, den ich schon seit langem kenne und schätze. Er nimmt auch hier in seiner sehr persönlichen Weise an meinem Schicksal teil. Ratschläge seinerseits bleiben dieses Mal aus, er berichtet lediglich über den Zustand der Umgebung. Aus dieser seiner Haltung erkenne ich, wie ernst es um mich steht. Andernfalls hätte ich schon ein halbes Dutzend von Verfahrensanweisungen im Pack. Max fragt mich nach dem Hb-Wert, der bereits das für mich astronomische Niveau von 8,3 erreicht hat – gegenüber dem Sollwert von 16 allerdings ein Wert, mit dem sich der normale Alltagsmensch vor Schwäche nicht länger als eine halbe Stunde pro Tag in der Senkrechten halten könnte.

Ich bitte Max mich auf den Flur zu begleiten, und er versucht mit gespielter Überraschung zu vermitteln, wie gut ich schon beisammen wäre. Max merkt sich meinen Hb-Wert wie die Telefonnummer seiner ersten Studienfreundin und fragt mich bei jedem seiner späteren Besuche gleich beim Eintreten in das Zimmer danach. Ich denke er prüft das vorher in seinem Taschenkalender. Mit seiner Hilfe sind bei jedem der weiteren Besuche ein paar Zehntel drinnen. Es geht sehr zäh nach oben, aber es geht.

Meine Frau und Max führen in meiner Anwesenheit Gespräche, die sich trotz kontroverser Themen durch einen überraschend zivilisierten Ablauf auszeichnen, was mich misstrauisch macht. Wissen sie mehr über meinen Zustand? Max geht mit mir auf den

Flur. Ich schleppe mich wieder die fünfzehn Meter zur nächsten Tür, wobei mir die Wandholme gute Dienste leisten. Die Lücken der Holme überwinde ich mit seiner Hilfe. Allerdings sind meine Reserven nach dieser Reise restlos erschöpft. Es ist zu erkennen, dass der Mensch, diese Krone der Schöpfung, von wenigen Parametern abhängt. Ein paar Zehntel mehr oder weniger und schon ist alles dahin.

Wenn mir Max in diesen Tagen prognostiziert hätte, dass ich 18 Monate später mit einem Mountainbike und gut 38 Kilogramm Gepäck von Nürnberg nach Cannes fahren würde – jeden Tag zwischen fünf und sechs Stunden etwa 100 Kilometer, dass ich am Ende der Reise einen Pass fahren würde, vor dem ich schon als Autofahrer immer Respekt gehabt habe, dass ich einige Wochen nach dieser Tour unseren Hausberg von fast 2500 Metern mit etwa drei Stunden Gehzeit in weniger als zwei Drittel jener Zeit bewältigen würde, die der Alpenverein für diese Wanderung angibt und daraufhin eine Woche bergsteigend zur Ötzi-Fundstelle in den Ötztaler Alpen –, dann hätte ich geglaubt, dass er mich wohl jetzt schon abgeschrieben hatte und mir deswegen als Todkrankem noch eine restlebensverbessernde Illusion gönnte.

Chirurgie Teil II

Oktober 2004

Jetzt geht alles ganz schnell. Ich muss mich aus den Klauen der Krankheit befreien. Aber wie soll das funktionieren? Es sieht überhaupt nicht erfolgversprechend aus, aber sie müssen nun einfach etwas tun. Wie soll ich eine neoadjuvante Chemotherapie überstehen, wenn ich nur künstlich ernährt werden kann? Ein solcher medizinischer Seiltanz kann nicht funktionieren. Ich werde ihnen auf die Nerven gehen müssen. Sie müssen etwas tun, egal was!

Irgendwer in der Internen hat das auch beobachtet. Nach ungefähr einer Woche teilt mir der behandelnde Arzt mit, dass man sich entschlossen habe, meinen Fall bei der Interdisziplinären Tumorkonferenz vorzutragen, mit dem Ziel eine Operation herbeizuführen. Der Professor der Chirurgie, der eine Operation in diesem meinem Zustand aus gutem Grund als nicht zielführend bewertet hat, soll seine Entscheidung nun nochmals überprüfen.

2018 werden wir beide, Professor Hohenberger und ich, ein gemeinsames Buch schreiben, und irgendwann in dieser Zeit wird er mir auf einem Blatt Papier skizzieren, was damals das nahezu unlösbare chirurgische Problem war. Dass er es dennoch geschafft hat, grenzt an ein Wunder und zeugt von seinen außergewöhnlichen chirurgischen Fähigkeiten.

Mir aber ist zu dieser Zeit schon völlig egal, was geschehen soll. Hauptsache, es geschieht irgendetwas. Insofern stelle ich den Ernährungstropf auf eine etwas höhere Frequenz ein, um damit einige Stunden vom Infusionsständer unabhängig zu sein. Wie wunderbar es ist, sich nur etwas freier bewegen zu können! Wie bescheiden wird der Mensch. Es ist ein herrlicher Herbsttag. Die Menschen im Park sind sicher wieder fröhlich, aber ich bin einfach zu schwach, um in den Park laufen zu können, daher gehe ich auf der Galerie des Krankenhauses spazieren. Einige Schritte aber schon kosten mich die letzten Kräfte.

Ein Patient im Nachbarzimmer liegt im Sterben. Ich treffe seine Frau auf dem Gang und spreche mit ihr. Ich tröste sie soweit ich kann, es würde alles wieder gut. Sie macht einen gefassten Eindruck.

Die Enttäuschung der letzten Tage war groß. Ich bin gespannt, was nun wird. An jedem Tag des Aufenthaltes in der Internen zeigt mir die Waage den Weg, den ich gehe. Ich trage beim Wiegen schon immer ein T-Shirt mehr unter dem Morgenmantel, um die Wahrheit der leichten, aber unübersehbaren Gewichtsabnahme nicht erkennen zu müssen, obwohl ich um sie weiß.

Jetzt aber hat sie also stattgefunden, die Konferenz. Am Tag danach kommt der behandelnde Arzt zu mir. Die Tumorkonferenz hat entschieden: ich soll operiert werden. Der Professor nimmt das Risiko in Kauf. Er hat praktisch keine Wahl, denn der führende Onkologe hat ihm bedeutet, dass ich eine Kombination aus Chemotherapie und künstlicher Ernährung kaum überleben werde.

Es soll eine palliative Entlastungsoperation gemacht werden, ein sogenanntes *Roux-Y*. César Roux war Operateur, primär Landarzt, und hat 1892 erstmals die später nach ihm benannte *Ausgeschaltete Dünndarmschlinge* zur Wiederherstellung der Passage im Verdauungstrakt oder zur Ableitung der Galle und Sekret der Bauchspeicheldrüse verwendet. 1929 erhielt er, gleichzeitig mit Albert Einstein, die Ehrendoktorwürde der Universität Paris. Einstein. Roux. Palliativ. Oh je. Alles hängt mit allem zusammen.

Damit wird der Engpass am Magenausgang umgangen, der Tumor bleibt also zunächst unangetastet. Sagt der Arzt. Der Magen bleibt funktionsfähig, ich soll mich normal ernähren können und damit die Chemotherapie vertragen. Sagt er. Das klingt plausibel, es gibt zumindest gewisse Chancen. Der unübersehbare Nachteil ist eine neuerliche, große Operation zur Entfernung des verbliebenen Tumors, sofern dieser überhaupt auf eine operable Größe geschrumpft ist. Aber zumindest ist eine kleine Tür offen. Sagt er.

Ich unterschreibe wieder eine der mir bereits sattsam bekannten Einverständniserklärungen zu den verschiedenen Risiken der Operation. Da die Ärzte der Internen nun keinen Handlungsbedarf haben, bedeuten sie mir, die zwei Tage bis zur Überstellung in die Chirurgie doch daheim zu verbringen. Die künstliche Ernährung würde ich dort selbst durchführen können. Die Begeisterung meiner Frau hält sich in Grenzen, was sie der Institutsleitung unmissverständlich überbringt und diese zu einer Entscheidungsänderung bewegt. So darf ich bis zur Überstellung in der Internen bleiben. Für mich ist das eine physische und psychische Entlastung, denn allein der Gedanke an das Verfahren daheim und selbst die wenigen Möglichkeiten von Fehlern belasten mich immens. Und über allem hängt der Damokles.

Nach diesen zwei Tagen packe ich meine Siebensachen in den Koffer und gehe in Begleitung meiner Frau aus eigenen Kräften über die Straße in das andere Gebäude, wo mit dem zweiten Aufenthalt in der Chirurgie der dritte Akt beginnt.

Das Personal der Chirurgie und das Umfeld sind mir bereits bekannt. Dort bin ich schon daheim, zumindest kommt mir das so vor. Das Zimmer liegt in unmittelbarer Nachbarschaft meines ursprünglichen von vor einigen Wochen. Dieses Mal gibt es keinen Erwartungsstress mehr, denn was soll schon anders sein als vorher. Sie werden wieder alle Untersuchungen durchführen. Auch den Lungenfunktionstest mit der hübschen Schwester. Der dicke Anästhesist wird mich wieder befragen. Sie werden operieren, und dann wird alles so laufen wie geplant. Chemotherapie, Untersuchung, neuerliche Operation und so weiter. Ich bin sehr optimistisch, trotz allen Niederungen, durch die ich bereits gegangen bin, auch nicht bedrückt, obwohl nach dieser palliativen, also nur entlastenden Operation eine weitere erfolgen muss. Nur froh, dass endlich etwas geschehen wird.

Der Professor besucht mich unmittelbar nach meiner Überstellung. Er bespricht mit mir die Ziele und die Realisierungschancen. Sein Ton ist wie gewohnt klar und deutlich. Er beschreibt die Vorgehensweise, aber auch die möglichen Varianten, über die er erst entscheiden wird, wenn der Bauchraum offen ist. Die Wahrscheinlichkeit, dass er die Roux-Variante nutzen muss, ist nach seiner Einschätzung fast sicher. Er kann sich aufgrund der Untersuchungsergebnisse kaum vorstellen, dass es anders ablaufen wird als geplant, und ich habe guten Grund ihm zu glauben, denn er hat jahrzehntelange Erfahrung und tausende Operationen durchgeführt. Aber er ist, wie er sagt, offen für Varianten und ich bin froh, dass er nun operieren wird.

Die Frau des Polizisten

Oktober 2004

Es ist Sonntag. In das Zimmer wird ein Polizist eingeliefert. Er ist Stürmer bei einem Fußballclub. Vor wenigen Minuten haben sie ihm in einem Freundschaftsspiel das rechte Schienbein durch den Schienbeinschutz hindurch gebrochen. Er hat jetzt keine Schmerzen mehr, weil er ruhig gestellt ist. Er ist guter Laune. Wir unterhalten uns über die Vor- und Nachteile von Fußball. Er sieht im Moment hauptsächlich Nachteile. Ich sehe einen großen Vorteil für ihn, denn wenn er operiert ist, ist er wieder gesund. Im Gegensatz zu meiner Situation bewirkt seine Operation eine Genesung. Mein Magen hat nichts mit Fußball zu tun. Einem Tausch will er nicht zustimmen. Unter den Thrombo-Injektionen leidet er. Wir erhalten sie jeden Morgen. Auf solcherlei Ungemach nehmen die Schwestern keine Rücksicht. Sie gehen beim Messen der Körpertemperatur, des Blutdrucks, dem Prüfen der Thrombo-Strümpfe und eben den Thrombo-Injektionen ganz konsequent vor und lassen sich dabei auf keine Diskussionen ein. Auch die raffiniertesten Charmeattacken gehen ins Leere.

Ich unterhalte mich mit dem Polizisten, von ihm kann man praktische Ratschläge für den Kampf in der medizinlosen Freiheit erhalten. Das Gespräch findet auf einer anderen Ebene statt, als mit dem Strömungstheoretiker der Universität.

Ein Arzt betritt das Zimmer. Er teilt meinem Zimmerkollegen einen ernsten Befund mit. Bei den Voruntersuchungen für die Operation haben sie einen bisher unbekannten Herzfehler festgestellt. Ich bereue meine voreilige Bereitschaft zum Tausch. Sein Bein wird noch am gleichen Tag operiert, und er ist nach einigen Stunden wieder auf dem Zimmer – fachkundig verschraubt sieht das Schienbein nun belastbarer aus als zuvor. Er schläft noch. Das ganze Vorgehen in der Klinik macht auf mich wieder einen überaus routinierten Eindruck. Das Personal hat alles im Griff. Ich bin sehr beruhigt.

Die Frau des Polizisten kommt auf Besuch. Es ist abzusehen, wann er die Klinik verlassen wird. Sie ist ungemein gestresst. Sie sagt mir, dass sie Magenschmerzen hat. Vielleicht weil er ihr auch erzählt hat wie es um mich steht und sie damit meinen Magenzustand auf den ihrigen projiziert, was weiß ich. Ich beruhige sie und rate ihr zu einem Arztbesuch. Sie erzählt mir, dass sie eigentlich eine Magenspiegelung machen sollte, aber wahnsinnige Angst davor hat. Ich berichte ihr von meinen letzten Spiegelungen und dass diese für mich weniger belastend gewesen wären als eine Zahnsteinentfernung und dass sie keine Angst davor zu haben braucht. Sie hat aber Angst vor den Magenspiegelungen. Ihr Polizist hat Angst vor den Thrombo-Injektionen. Beide haben Angst. Beide haben Angst voreinander. Sie hat Angst vor ihm. Sagt ihm aber nichts darüber. Sie hat vielleicht schon ein Magengeschwür. Nach meiner Einschätzung hat sie definitiv ein Magengeschwür und will es nicht wissen. Sie besucht ihn auch die nächsten Tage. Nach einigen Tagen wird er entlassen. Aber zunächst bleibt er noch hier.

Jedes Mal wenn sie kommt, streicht eine merkwürdige Stimmung durchs Zimmer. Irgendwie spielt sie aber keine Rolle oder eine andere Rolle, als sie wirklich ist. Irgendwie ist ihr sein Bein gleichgültig. Vielleicht hasst sie den Fußball. Ich vergleiche die Situation mit der von mir und meiner Frau. Wie anders ist diese Situation, vielleicht gesteuert durch die Unterschiede in der Ernsthaftigkeit unserer Umstände – seines Beins und meines Magens.

Der Direktor – Ein Zimmerkollege

Oktober 2004

Nachdem mich der Polizist und seine Frau verlassen, kommt ein völlig neuer, ein völlig anderer Patient. Ein gediegener Herr. Eigentlich ist er eher Direktor einer Handelsgesellschaft oder eines Museums oder der Vize-Bürgermeister einer oberbayerischen Kleinstadt, als ein Patient. Etwas älter, vielleicht zwischen 65 und 70, eventuell auch etwas jünger. Von kleinerer Gestalt. Sehr gepflegt, hat einen Schnurrbart und steht trotz seiner Krankheit immer aufrecht.

Sie betritt das Zimmer. Er betritt das Zimmer.
Sie steht tapfer neben ihm. Etwas größer als er. Nicht viel, aber doch etwas. Etwas jünger als er. Nicht viel, aber etwas.
Er fragt mich nach meinen Personalien.
Sie fragt mich, wie lange ich schon hier bin und wie lange ich noch bleiben werde.

Er fragt mich, wie lange ich schon hier bin und wie lange ich noch bleiben werde.

Um sicherzugehen, dass ich sie richtig verstanden habe, wiederhole ich beide Fragen, bevor ich sie beantworte.

Sie prüft das Zimmer.

Er quittiert jede ihrer Prüfungen mit einem *Ja*.

Sie erklärt mir dass hier keine Klimaanlage ist.

Ich stimme ihr zu und sage, dass ich das auch schon bemerkt hätte. Es wäre nicht leicht zu bemerken, denn es wäre ein wunderbarer, lauer September, und die Luft, die vom Park ganz in der Nähe in das Zimmer ströme, entfalte ihre ungefilterte Heilwirkung. Weil das Zimmer keine Klimaanlage hätte.

Gelegentlich gehe ich auf den Balkon, sehe auf die Bäume hinunter. Mein Bett steht am Fenster. Das hat Vor- und Nachteile, weil man nämlich stets frische Luft hat.

Sie prüft mein Bett. Sie sagt mir, dass er nicht am Fenster liegen kann, weil ich am Fenster liege.

Weil ich das offenbar nicht verstanden habe, sagt sie mir nun präziser, dass er am Fenster liegen muss. Sie sagt mir, dass sie das mit der Stationsleitung besprechen muss.

Ich sage ihr, dass er am Fenster liegen kann, wenn ich bei der Operation sterbe.

Sie sagt mir, dass sie das nicht so gemeint hat.

Ich sage ihr, dass ich das auch nicht so verstanden habe.

Sie ist versöhnt und sagt mir, dass sie nach einer anderen Lösung suchen wird, für ihren Mann.

Sie opfert sich auf.

Die Stationsleitung gibt ihm ein Bett im Nebenzimmer.

Er hat ein Bett am Fenster. Von seiner Frau, wie er mir später stolz berichtet.

Ich bin froh.

Sie wird jeden Tag kommen, morgens schon um acht Uhr, damit er nicht alleine ist. Das Putzgeschwader wird da noch unterwegs sein und beim Wischen auf ihre Beine Rücksicht nehmen.

Die Körpertemperaturen der Abteilung werden gemessen, die Thrombo-Injektionen verabreicht, und es wird der Sitz aller Thrombo-Strümpfe geprüft.

Sie wird den ganzen Tag bleiben. Abends wird sie um neun Uhr gehen. Am Gang wird man sie nur zu zweit sehen. Niemals allein. Eine Allegorie der Verschränkung.

In dieser Umgebung, wo der Tod allgegenwärtig ist, übt eine solch groteske Umklammerung einen magischen Reiz aus. Ich denke an den altägyptischen Ritus der Beerdigung von Pharaonen. Vielleicht ist er ein verkleideter Pharao und seine Nofretete muss wollen, dass er so lange wie möglich lebt, andernfalls müsste sie ihn ins Grab begleiten. Ich weiß nicht, weshalb er hier ist. Ich werde den Direktor nach meiner Entlassung aus der Klinik nicht mehr wieder sehen. Hoffentlich ist es ihnen beiden gut ergangen. Echnaton und seiner fürsorglichen Nefertiti.

Die Operation

25. Oktober 2004

Der Tag vor dem Österreichischen Nationalfeiertag. Ein durchaus angemessener Zeitpunkt.

Die Operation wird vorbereitet.

Das Prozedere kenne ich nun schon und stehe dem Ganzen immer noch gelassen gegenüber. Das wundert mich. Es ist interessant, wie schnell man sich selbst an solche Situationen gewöhnt. Aber was kann schon geschehen. Die Angst vor dem Ungewissen ist offenbar die Fundamentalangst. Sie ist größer als alle Angst vor der gefährlichen Realität, und diese Fundamentalangst ist nun nicht mehr vorhanden.

Der Polizist teilt noch immer das Zimmer mit mir. Er hat wieder Angst. Natürlich, denn er hat stets Angst, obwohl er mit einem geradezu lächerlichen Knochenbruch hier herumliegt. Er hat immer Angst. Der Polizist des Sondereinsatzkommandos.

Nun aber hat er Angst um mich. Das weiß ich vor der Operation noch nicht, erst nachher erfahre ich es von ihm und den Schwestern. Und da finde ich es dann doch ziemlich rührend, dass ihn solche Gedanken umtreiben.

Noch bin ich so entspannt, dass ich auf die Beruhigungstablette verzichten kann, die man mir für die unmittelbare Zeit vor der Operation empfohlen hat. Es ist 11:30 Uhr und nun geht es Schlag auf Schlag. Zwei Schwestern fahren mich mit meinem Bett über den Gang zum Lift und von dort zur zweiten Ebene, auf der die vier großen Operationssäle liegen. Bei der Einfahrt zu ihnen verliere ich die Orientierung. Es folgt eine Kaskade von Schleusen, in denen sich zahlreiche vermummte Gestalten bewegen. Eine von ihnen fragt mich nach meinen Daten, meinem Geburtsdatum, meiner Adresse, dem Familiennamen meiner Mutter, ob ich Mediziner bin und verschwindet unmittelbar darauf. Ich versuche sie unter den vielen Leuten wieder zu erkennen. Das ist unmöglich, wie beim Mischen mehrerer Karten, unter denen verschiedene Farben und Werte befinden, kann ich diese Person nicht verfolgen, auch wenn sie nur für kurze Zeit verschwindet und dann wohl gleich wieder erscheint. Es könnte jede sein. Sie sind austauschbar. Wie Elementarteilchen. Aber eben nur scheinbar.

Der Anästhesist stellt sich gemeinsam mit einem jungen Assistenzarzt vor. Es geht um die *Periduralanästhesie PDA*. Ich habe mich schon lange vorher für diese Art der Narkose entschieden, da man mir erklärt hat, dass die Narkosebelastung damit erheblich erleichtert würde. Mir war das Ganze früher etwas unheimlich, da bei der PDA eine Nadel zwischen zwei Lendenwirbel eingestochen wird. Also habe ich mich ehemals schon von verschiedenen Leuten aufklären lassen und deren Aussagen miteinander verglichen. Die Vorteile wurden von allen gepriesen, und so habe ich mich dazu entschlossen. Zwischen dem Dornfortsatz des dritten und vierten Lendenwirbels wird eine Hohlnadel rückenmarksnah in den sogenannten Periduralraum eingestochen. Anschließend wird durch diese Nadel ein haarfeiner Katheter vorgeschoben, durch welchen ein lokal wirkendes Betäubungsmittel injiziert werden kann. Die Medikamente werden in die Nähe der Rückenmarksnerven eingebracht und können vor dort aus ihre schmerzlindernde Wirkung effizient entfalten. Mit der hochwirksamen Positionierung eines entsprechenden Analgetikums kann die globale Schmerzmittelgabe während und nach der Operation optimiert werden.

Es klingt schlimm, wenn man hört, dass eine Kanüle in die Wirbelsäule eingeführt werden soll. Auch hört man die wüstesten Meinungen über die Risiken. Objektiv ist das Gegenteil der Fall. Dennoch entsteht eine unterschwellige Angst. Sie steigert sich während des nahezu schmerzlosen Einstiches so sehr, dass der langsame Vorgang des Einstiches kurzzeitig unterbrochen werden muss, aber nach einigen Minuten Pause erfolgreich abgeschlossen werden kann. Es ist nur die Angst vor etwas, das ich nicht kenne. Weil ich seit meiner Erkrankung unterschiedliche, teils völlig unqualifizierte Bemerkungen darüber im Hinterkopf habe, hat mir das Unterbewusstsein einen Streich gespielt. Hinzu kommt auch noch meine allgemeine Situation: Ich bin auf den Erfolg der Operation angewiesen und aus diesem Grund psychisch ziemlich unter Druck. Das habe ich im Zimmer noch nicht wahrgenommen, hier in der anderen Umgebung macht sich mein realer Zustand deutlich bemerkbar.

Vielleicht hätte ich doch die Tablette nehmen sollen ...

Diese Art der Schmerztherapie stellt sich bald als sehr vorteilhaft heraus. Sie ist besonders in der Zeit nach der Narkose sehr wirksam und hat bei mir keine Neben- oder Nachwirkungen. Die Alternative wäre eine bedeutend höhere Dosierung von Schmerzmitteln durch den ganzen Körper gewesen, mit einer viel stärkeren Belastung des gesamten Organismus.

Die Nadel führt bei der PDA nur den Katheter in den Periduralraum. Der Katheter ist aus Kunststoff, biegsam und man kann daher auf dem Rücken liegen, ohne dass man ihn bemerkt. Ich merke jedenfalls nichts von seiner Existenz.

Das wäre also geschafft und ich bin ganz stolz auf meine Tapferkeit. Man fährt mich mit dem Bett ins Zentrum des Operationssaals. Er hat ungeheure Dimensionen und ich sehe mich um. Die Geräte sind selbst für einen technisch interessierten Laien ein Buch mit sieben Siegeln. Vor jedem der Geräte steht eine vermummte Person. Im Zentrum des Saals befindet sich der Operationstisch, eine schmale, harte Liege, auf die ich aus dem Bett hinübergleite. Ein Arzt befragt mich über meine Liegeposition und sagt mir, dass ich bequem liegen müsse, da das Ganze doch einige Stunden dauern würde. Einige Stunden. Kaum vorstellbar, dass sich derart viele Leute einige Stunden mit meinem Körper befassen werden.

Nun kommt eine weitere Narkoseärztin heran. Sie bereitet die Narkose vor, indem sie mich nochmals ruhig über die Wirkungen aufklärt. Sie nennt die Präparate, was für mich einigermaßen bedeutungslos ist. Nun bin ich wieder völlig ruhig. Sie legt einen Zugang in eine Armvene. Dann schließt sie die Injektion mit dem

Beruhigungsmittel an und erklärt mir, dass ich sehr bald einschlafen werde. Ich sehe auf die Uhr: Es ist eine Minute nach zwölf.

Ein Ausflug in die Ferne

August 2006

Professor Hohenberger sitzt mir gegenüber. Auch jene Assistentin, die ursprünglich während seiner ersten Diagnose vor mehr als zwei Jahren dabei war. Er ist jetzt viel gesprächiger als während der Visiten, wo er immer nur ,Herr Moldaschl' gesagt hat oder ,Haben Sie noch Fragen?'

Jetzt hat er Fragen. Wie wir nur auf diese Idee gekommen sind, so weit zu fahren. In welche Etappen wir diese Fahrt geteilt haben, welche Strecke wir jeden Tag gefahren sind, wie wir uns gefühlt haben? Er will es genau wissen.

„Herr Professor", beginne ich, „die Sache ist so. Die Probleme beginnen erst nach einer Woche, bis dahin kann jeder die Strecke fahren."

Jetzt ist er gespannt, wie ehemals ich bei seinen Visiten. Ich erzähle ihm über die Fahrt, die Strecke, die Highlights und die Schwierigkeiten. Ich möchte für die Erzählung nur ganz wenig Zeit verbrauchen, denn im Wartezimmer sitzen Leute und alle werden ernsthafte Schwierigkeiten haben, sonst wären sie nicht hier. Etappen. Nürnberg, Treuchtlingen, Lauingen, Winterrieden, Wangen, Osterried, Chur, Bellinzona, Angera, Acqui Terme, Mortara, Finale Ligure, San Remo, Nizza, Napoule, Cannes, St. Raphael. Das war alles.

Er will es genau wissen. Er fragt und ich erzähle. Er hat sich hingesetzt. Mit dem Rücken zum Monitor, der meine medizinischen Daten zeigt. Er spricht über seine Aktivitäten. Viel zu tun, abends spät nach Hause. Er wäre ein Partner, wenn er nicht mehr in der Klinik wäre. Ich getraue mich nicht ihm das vorzuschlagen.

In Gedanken bin ich bei unserer ersten, für uns unglaublichen Fahrt. Beim ersten und einzigen Reifendefekt aller großen Fahrten schon nach 20 Kilometern, noch im Stadtgebiet von Nürnberg. Wie ein Test: Können sie einen Reifen flicken?

Wie Axel flucht, was für ihn völlig ungewöhnlich ist, weil es natürlich das Hinterrad ist. Dass Laien Reifendefekte mehr als alles andere fürchten und immer daran denken, auch wenn sie nur zum Supermarkt um die Ecke fahren. Wenn man weit unterwegs ist, ist die Sache etwas anders. Dieser Reifendefekt wird tatsächlich der einzige bleiben, außer meinem Felgenbruch in Viareggio in der Levante, ein Jahr später.

Auf den ersten 350 Kilometern bis zum Bodensee erkaufen wir uns vier regenfreie Tage mit erbarmungslosem Gegenwind. Er ist so stark, dass ich auf meinem Mountainbike zeitweise extrem kleine Übersetzungen brauche, 100 Watt, ich verbrauche die Energie des Schnitzels vom Mittagessen in Nullkommanichts.

Der Professor hatte nach der OP gesagt, dass ich prüfen müsse, was ich an Essen vertrüge.

Was wissen sie denn schon, die Autofahrer? Karosserie, Faradayscher Käfig der Sinne, sie nehmen die Natur nicht wahr. Es regnet zwar nicht, aber es geht seit Tagen dieser Sturm mit Böen, die einen fast vom Rad fegen. Der Himmel ist dicht verhangen, wir müssen jeden Moment mit einem Wolkenbruch rechnen, es regnet aber zum Glück nicht. Die Wolken fetzen hin und her, doch ist die Luft von milder Klarheit, wie man sie von holländischen Gemälden kennt. Der Wind ist nicht alles, mittlerweile fordert uns das Allgäu mit seiner bergigen

Topographie die ganze Energie ab. Wie wird das weitergehen? Irgendwann werden wir vermutlich die Lust verlieren. Wir versuchen es auf Radwegen, die uns kreuz und quer durch die Landschaft führen und das Streckenpensum verdoppeln, verirren uns bis auf Wanderwege, wo nur noch Gehzeiten angegeben werden. Mit schmalen Brücken deren Enge das Überqueren von Schluchten verwehrt. Auf steilen Anstiegen können wir jedes Rad oft nur zu zweit schieben, landen auf Pferdekoppeln mit elektrischen Zäunen und in stillen Hochwäldern, in denen wir vormittags von jenen Füchsen, die sich dort gute Nacht sagen, begrüßt werden. Der Stundenschnitt sinkt auf unter zehn Kilometer. Nun ist es wieder eine der Asphaltstraßen auf exponierter Höhe, von der uns der Wind in die Niederungen heruntertreibt. Ich brauche so viel Energie, dass mir trotz der Kälte fast die ganze Zeit über ein Hemd mit kurzen Ärmeln genügt.

Da sind sie. Da hinten sind die Alpen. Wie in einem Scherenschnitt weit in der Ferne erkennt man die Konturen ihrer Gipfel. Ganz klar. Dunkelgrau auf Hellgrau. Irgendwo da hinten ist also Nizza. Jetzt ist es fast gleichgültig, wie weit es noch ist. Bisher völlig verschwommen in unseren Gedanken konkretisiert sich das Vorhaben urplötzlich über diesem greifbaren Horizont. Wir sind wie gedopt, unsere Stimmung schwenkt mit einem Mal um. In Wangen essen und trinken wir am Abend in einem uralten Weinkeller, schwärmen von der Wärme des Mittelmeers und gehen dann in unser hübsches Hotel am Hauptplatz. Vor dem Aufbruch am Morgen des folgenden Tages fotografieren wir eine frierende Braut vor der Stadtmauer und müssen im leichten Regen unsere mediterrane Illusion vom Vorabend vergessen.

Mit neuem Ansatz können wir alsbald jedoch die Höhe des Allgäus in jenen Schwung umsetzen, der uns über eine lange

Strecke bergab direkt an die Gestade des Bodensees treibt und unserer Fahrt eine neue Dimension gibt. Viele Leute sind unterwegs auf den Radwegen rund um den See. Nur wenige Meter von ihren geparkten Fahrzeugen entfernt verbrauchen sie die meiste Kraft in verbaler Kommunikation mit sich und der Welt. Für uns haben diese Begegnungen eher episodischen Charakter und bleiben vage Bilder auf der langen Fahrt. Noch befinden wir uns in der herrlichen Aulandschaft des Alt-Rheins. Schwarze Wolken andererseits, soweit das Auge reicht und Bedenken, was unsere nächste Unterkunft betrifft.

Osterried wird die erste Station in der Schweiz sein, morgen sind wir dann schon in die Alpen unterwegs und werden nach einer weiteren Übernachtung in Chur über Thusis und die Via Mala nach Bellinzona fahren. Diese Etappe bereitet uns schon seit der ersten Planung Kopfzerbrechen. Wie im Fluge radeln wir dann an Liechtenstein vorbei, passieren die Grenzbrücke, fotografieren die Burg und sind völlig enthemmt unterwegs in Richtung Italien. Permanent ändert sich die Landschaft mit erstaunlicher Geschwindigkeit und wir merken, dass schon das Fahrradtempo die Wahrnehmungsfähigkeit des Menschen über die Maßen strapaziert. Man sollte die Landschaft eigentlich per pedes apostolorum durchqueren, mit dem gesamten Gepäck auf dem Rücken. Dies wäre die humane Geschwindigkeit zur Wahrnehmung aller Details. Wie können Autofahrer, die an uns vorbeibrausen, nur einen Hauch dieser herrlichen Landschaft aufsaugen – stellt sie sich ihnen doch nur mehr oder weniger in den Weg. Wir aber sind auf dem Weg zu wandelbaren Zielen, die fortwährend ihre Gestalt ändern, sich uns als Anziehungspunkte der besonderen Art nähern und gleichzeitig wieder entziehen.

Was können die Schnellen unter uns denn schon berichten über ihre Fahrt? Über immer mehr von immer weniger. Über die

Gesamtzahl von Highlights, Restaurants, Sterne, die sie verspeist haben während ihrer gestrafft multiplen Aufenthalte. Aber was darüber hinaus? Sie können nichts berichten, aber es fehlt ihnen auch an nichts, da sie nicht wissen, was ihnen fehlen könnte.

Bellinzona. Die Poebene. Der Apennin. Das Meer. Savona.

Wir haben das Meer erreicht. Das Rad lehnt jetzt an der Palme.

Der Professor ist immer noch da. Nein, das kann ich ihm nicht alles erzählen, dafür bräuchten wir Zeit. Seine ist viel zu kostbar für solche Erzählungen. An jeder Minute, die er hier in dieser Weise mit mir verbraucht, kann ein Leben hängen. Er müsste einfach einmal mitfahren.

„Schreiben Sie mir auch von Ihrer nächsten Fahrt wieder."

Ich werde ihm schreiben. Aus Pisa, nächstes Jahr.

Aus Beaune in der Bourgogne im übernächsten.

Die Rückkehr ins Leben

25. Oktober 2004

Jemand nennt fortwährend meinen Namen. Was ist los? Ich gebe eine Antwort von der Art *Jaja.* Dann ist dieser Jemand plötzlich verschwunden. Eine Täuschung? Nein, keine Täuschung, ich bin im Krankenhaus, in einem großen Raum, gemeinsam mit anderen Menschen. Sie liegen in Betten, an denen Infusionsständer stehen, auf denen wiederum Flaschen hängen.

Es sind vielleicht acht Betten. Ich sehe auf die große Uhr über der Tür. Sie zeigt 16:25 Uhr. Ich bin sehr zufrieden. Wäre es 13 Uhr, dann wäre mein Schicksal wohl besiegelt. Sie hätten meinen Bauch geöffnet, befunden, dass nichts mehr hilft und hätten mich wieder zugemacht. Wäre es 20 Uhr, dann hätten sie festgestellt, dass der Pankreas befallen ist und eine Pankreasoperation durchgeführt. Nach einer solchen Operation stünden die Chancen eher schlecht. Nun waren ungefähr viereinhalb Stunden vergangen. Das ist in etwa der Zeitbedarf für eine Magenoperation. Sie haben also die geplante Palliativoperation durchgeführt, die mich so lange am Leben erhalten wird, bis die Chemotherapie den Tumor so weit verkleinert hat, dass er operabel ist. Dieser saure Apfel wird nachher geschluckt. Das ist mir jetzt gleichgültig, denn sie haben endlich operiert. Der Professor war es wohl.

Ein Mann sitzt an einem Tisch, auf dem ein Notebook steht. Er gibt irgendwelche Daten in den Rechner ein. Eine Frau kommt hinzu und beantwortet ihm verschiedene Fragen. Sie sagt mir, dass meine Kaliumwerte noch etwas zu niedrig sind und dass ich deshalb noch eine gewisse Zeit im Aufwachraum bleiben müsse. Das klingt nicht tragisch, zumindest empfinde ich es so.

Irgendwie gefällt es mir hier. Ich sehe mich um. Es ist ruhig. Der Mann und die Frau sprechen über die Daten. Jemand kommt an mein Bett. Vorsichtig taste ich meinen Bauch ab. Tatsächlich. Da ist ein riesiges Pflaster. Der untere Rand liegt etwa fünf Zentimeter unterhalb des Nabels, der obere etwa am unteren Rand des Brustbeins. Ich habe also nicht geträumt. Es ist alles wahr. Der Bauch war offen. Es ist unendlich lange Zeit vergangen. Oder es ist keine Zeit vergangen. Was ist die Zeit?

Ich habe keinerlei Schmerzen, es ist mir auch nicht übel. In meinem Umfeld kann ich alles sehr genau wahrnehmen, und ich führe zum Test meines Bewusstseins ein paar Kopfrechnungen durch. $12 \times 12 = 144$. Alles normal.

Sie prüfen meine Werte, geben einige Kommentare dazu ab und entriegeln das Bett. Eine Schwester fährt mit mir aus dem

Raum, über den Gang, in den Lift, wir erreichen die Station und das Zimmer.

Der Polizist schreit auf, wo ich denn die ganze Zeit gewesen sei, er hätte die Schwestern schon seit Stunden nach meinem Verbleib gefragt, sie hätten ihn immer vertröstet, er hätte die schlimmsten Gedanken gehabt, vermutlich wäre ich längst gestorben, wäre schon im Keller, sie wollten es bloß nicht eingestehen, doch nun wäre ich ja endlich da, wie es mir wohl ginge, ob er das Fenster öffnen oder schließen oder kippen solle, oder beides gleichzeitig, ob wir nicht das Bett wechseln wollten.

Er ist rührend besorgt. So filigran kann also die Psyche eines Polizisten des Sondereinsatzkommandos sein. Ich ändere sofort mein Standardbild. Er fragt mich wie es war. Ich kann nichts sagen, denn ich war ja in Narkose. Ich beruhige ihn. Es war eigentlich nicht schlimm, soweit ich das beurteilen kann, aber vielleicht geht es jetzt erst richtig los. Er sieht auf die vielen Anschlüsse, beim Abzählen komme ich auf acht, die von zwei Infusionsständern zu mir führen, und diese Konstellation sieht wohl nicht gerade beruhigend aus. Da ist der Anschluss an die Periduralanästhesie am Rücken, jener der künstlichen Ernährung am Hals, die Magensonde durch die Nase, wohl zur Entwässerung meines nun sehr klein gewordenen Restmagens, eine Robinson-Bauchdrainage zur Entwässerung des Bauchraumes, die Blasensonde durch die Bauchdecke, an der rechten Hand ein Infusionsschlauch für irgendwelche Medikamente und die künstliche Ernährung und der Portanschluss für die Chemotherapie, den sie offensichtlich gar nicht verwendet haben, obwohl ich gerade ihn als ersten Kandidaten für so etwas im Sinn hatte. Mit dem ganzen Zeug sehe ich wohl wie ein Außerirdischer aus. Der Polizist denkt jetzt sicherlich gleich wieder an seine furchtbaren Thrombo-Spritzen.

Mein Telefon läutet kurz vor neun Uhr abends. Ich drehe mich, so gut es in diesem Zustand möglich ist, ein wenig auf die Seite und hebe den Hörer ab. Ich kann tatsächlich fünf Stunden nach dieser OP einen Telefonhörer abheben und etwas hineinkrächzen. Irgendjemand krächzt zurück – es ist meine Frau. Sie ist in einem hyper-euphorischen Ausnahmezustand, das kann ich selbst in dieser Situation sofort erkennen. Und wie das Frauen in Krisensituationen so zu tun pflegen, erklärt sie mir sogleich, wie es mir geht, beziehungsweise wie es mir jetzt zu gehen hat. Dass es mir unglaublich gut gehen müsse, weil sie doch schon mit dem Professor gesprochen habe. Meine Frage, wie denn der Professor während der Operation aus dem Operationssaal mit ihr gesprochen haben konnte und warum sie ihn überhaupt beim Operieren aufgehalten hätte, findet sie gar nicht lustig und erklärt mir sofort, dass der Professor alles gemacht habe.

Alles gemacht habe.

Das will ich auch hoffen und bestätige daher sofort ihre Meldung.

Neinneinnein. Der Professor hätte etwas anderes gemacht als das, was er ursprünglich vorhatte, mit seinem Wissen über meinen tatsächlichen Zustand, das er vor der Öffnung des Bauchraumes hatte. Und nun hätte er doch andere Möglichkeiten erkannt, und er hätte alles gemacht. Alles gemacht. Anders gemacht. Was gemacht. Was hat er alles gemacht und was anders gemacht? Mit dieser Art von Logik kenne ich mich ja schon nicht aus wenn ich keine Narkose habe, sage ich ihr. Und jetzt stehe beziehungsweise liege ich doch noch neben mir. Wider Erwarten hat das Team eine sogenannte subtotale Magenresektion mit Erhalt der oberen Magenabschnitte durchgeführt. Sie konnten den Tumor wider Erwarten komplett entfernen. Sie konnten den Tumor entfernen, den Tumor entfernen. Der Tumor war entfernt. Hurra. Gewonnen. Mir ist es gleichgültig, ob sie den

Tumor entfernt haben oder nicht, ich möchte nur wieder essen können, ohne nachher zu kotzen. Der Konsequenzen dieses unglaublichen, unerwarteten, unerhört positiven Schrittes, dieses Schrittes, der nun mein Leben bis auf weiteres ungeheuer beeinflussen wird, bin ich mir im Augenblick überhaupt nicht bewusst. Kein Roux, kein Y, alles weg. Nein, nicht alles weg, er konnte sogar noch einen Teil des Magens retten. Sagt die Frau. Teil des Magens retten, unwichtig, gleichgültig, denn ich kann ja ohnedies nichts mehr essen. Aber kann ich jetzt wieder etwas essen? Essen. Was war das nur wieder gewesen? Mein Hirn ist im Augenblick paralysiert. Danke, danke für die Nachricht, ja bitte. Ich muss schlafen. Ich schlafe sofort ein. Das Wunder dieses langen Tages lässt mich umgehend einschlafen.

Der Projektfortschritt

26. Oktober bis 2. November 2004

Jetzt geht es in Riesenschritten aufwärts, das Tempo ist unglaublich. Ich erkläre mich explizit zum Projekt. Die Schwestern haben den Verdacht, dass ich übergeschnappt bin. Ich erkläre ihnen, dass sich ein Projekt durch den Projektfortschritt auszeichnet. Und der Projektfortschritt wäre für mich in erster Linie an der Anzahl der Strippen zu messen. All jene Strippen, die mich mit der Umgebung verbinden, müssen schrittweise weg. WLAN. Die blöde Reklame hat recht. Also jJeden Tag eine Strippe. Jeden Tag muss eine Strippe weg. Aus meiner Sicht muss jeden Tag eine weg. Das ist mein Benchmark.

Zuerst allerdings, das ist am Morgen danach, erfolgt die Waschattacke des Personals auf mich. Es ist sieben Uhr. Mit dem

Glockenschlag kommen sie im Geschwader überfallartig an mein Bett und fordern mich in entschiedenem Ton auf aufzustehen:

„Herr Moldaschl: Stehen Sie auf! Sie müssen sich waschen!"
„Was soll ich?"
„Aufstehen!" Träum ich oder wach ich?! Lauter Wahnsinnige.
„Wie soll ich denn aufstehen? Ich kann ja kaum liegen."

Ich frage sie, ob sie etwas über den Durst getrunken hätten. Aber nein, hätten sie natürlich nicht, ich solle mich ja nur waschen. Und dabei fühle ich mich keineswegs schmutzig. Also nehme ich nach und nach das gesamte präsente Personal in Anspruch, um mich aus dem Bett zu wälzen, die Beine auf den Boden zu stellen. Das dauert ungefähr eine Viertelstunde.

Aufstehen. Ein Wahnsinn. 16 Stunden nach einer solchen Operation aufstehen. Ich fühle mich so ungefähr zwischen 100 und 150 Jahre alt, schaffe es letztlich unter Aufbietung aller meiner physischen und psychischen Kräfte bis zum Waschbecken, schrubbe irgendwo an mir herum und werde dann wieder zum Bett befördert, aufgesetzt umgekippt reingerollt. Für ein zweites Mal würden meine Kondition und mein Wille an diesem Tag ohnedies nicht mehr reichen. Der Mensch besteht scheinbar zu 90 Prozent aus Nerven, die Schmerzempfindungen produzieren. Der Rest sind abgeschlaffte Muskeln.

Völlig geschafft bin ich. Restlos geschafft. Aber immerhin haben sie mit mir gemacht, was ich überhaupt nicht für möglich gehalten hätte. Sie sind toll, wissen, was man mit so einem Rest von Mensch noch alles anstellen kann. Und da so etwas möglich ist, kann das Projekt nun mit Siebenmeilenstiefeln weiterlaufen, da lege ich Wert darauf, und ich werde das durchsetzen.

Natürlich gibt es dabei verschiedene kleine Zäsuren. In der Ersten befinde ich mich. Der Ansatz einer Erkältung, die ich mental niederbügle – so kommt mir das zumindest vor. Ein

Schnupfen wäre der blanke Horror. Niesen. 15 atü in den kaputten Autoreifen husten und dann beobachten, was geschieht. Nicht niesen. Auf keinen Fall. Etwas erhöhte Temperatur über einen Tag hinweg mit der Furcht, eine Infektion eingefangen zu haben, was aber nicht der Fall ist, sondern es sind wohl irgendwelche Nachwirkungen der Operation. Ich setze alles daran, keinen Schnupfen oder Husten oder Fieber zu bekommen. Atme in die Bettdecke und aus der Bettdecke! Mit einer derart großen Operationswunde würde jedes Husten oder Niesen eine Qual und vor allem mit der Angst verbunden sein, sich da drinnen im Körper etwas aufzureißen. Mein Zimmerkollege ist sehr aufmerksam und duldsam, gerade auch, was die Frischluftzufuhr betrifft. Und er hält mir einen Pfleger vom Leib, der mich ständig zum Husten auffordert. *Sie müssen husten. Herr Professor, der Moldaschl will nicht husten.* Er verstößt ohne es zu merken permanent gegen die Gesetze der Menschlichkeit.

Die postoperativen Schmerzen halten sich in Grenzen. Sie sind zwar unangenehm, aber dank der Periduralanästhesie gut zu ertragen. Es gibt da einen Knopf, den man drücken kann, wenn man Schmerzen hat. Ich bin stolz, nicht so oft drücken zu müssen. Der Hustenaufforderer aber drückt bei einem seiner unerträglichen Besuche gleich zweimal und fordert mich danach wieder zum Husten auf. Ärger bei mir. *Das ist meine Anästhesieverantwortung, nicht Ihre* ist meine Zurechtweisung.

Nach einigen Tagen beginnen sie die ersten Schläuche zu entfernen. Da ist diese scheußliche Magensonde. Sie tut beim Schlucken zunehmend weh, und ich überlege bei jedem Schluck-reiz, wie ich ihn unterdrücken kann.

Nach drei Tagen kommt eine Schwester und zieht das Ding lässig herraus. Der Akt dauert wenige Sekunden und ist trotz negativster Erwartungshaltung meinerseits beim besten Willen nicht zu spüren. Endlich kann ich mich mit meinem Kameraden wieder einmal mit vernünftigem Tonspektrum unterhalten. Die lästige Heiserkeit legt sich nach ein paar Tagen.

Und dann ist da diese leidige Wascherei am Waschbecken. Sie geht mir spätestens am vierten Tag beträchtlich auf den Wecker. Das eklige Herumgeschmiere von einigen Wassertropfen auf dem kranken Körper. *Duschen!* Das wird zur fixen Idee, nur sind die Schwestern auf dem Dusch-Ohr völlig taub. Sie schieben eine Infektionsangst vor. Es leuchtet mir nicht ein, dass horizontal bewegte warm-seifig-schmutzige Wassertropfen ein geringeres Infektionsrisiko darstellen sollen, als ein frühlingshafter Wasserschwall aus dem Brausehimmel. Vermutlich wird in Deutschland gar nicht so oft geduscht, wie die internationale Duschgemeinschaft vorgibt. Deutschland, angeblich ein duschendes Land? Ein junger Pfleger scheint bezüglich des Reinlichkeitsbedürfnisses reiferer Herren verständnisvoller und er bedeutet mir, dass er mich klammheimlich vor dem Wechsel des Bauchpflasters unter die Dusche schmuggeln wird. Nichts verraten!

Das Auskleiden gleicht dem besten Entfesselungstrick von Erik Weisz alias Harry Houdini. Die Flaschen müssen von zwei Infusionsständern auf einen einzigen übertragen werden. Der volle Infusionsständer muss vor der Kabine zurückbleiben, die Kabine also im Krebsgang betreten werden. Das Öffnen des Hahns ist eine heilige Handlung, und ein wundersamer warmer Wasserstrahl gleitet dann wohlig über meinen Körper. Er streift alle Unpässlichkeiten des letzten Jahrzehnts von mir ab.

Das warme Wasser strömt über das Bauchpflaster – strömt unter das Pflaster – soll es doch hinfließen wohin es will – ich fühle mich um 20 Jahre jünger. Die Operation strömt in eine weit zurückliegende Vergangenheit. Es könnte einen ganzen Tag dauern und die Verabschiedung von der Kabine fällt mir unendlich schwer.

Draußen vor der Dusche ziehe ich den Gürtel, den ich gemeinsam mit meiner Armbanduhr in einer Tasche meines Bademantels so sorgfältig verstaut habe, so dass der Uhr ja nichts passiert, mit dem Schwung eines Frischgebadeten heraus und diese meine Lieblingsuhr, das Hochzeitsgeschenk meiner Frau, fliegt in hohem Bogen auf den Fliesenboden des Duschraums. Der Minutenzeiger verabschiedet sich von der Welle. Ich nehme die Uhr traurig-liebevoll auf und drehe sie mehrere Male herum, in der Hoffnung, dass noch ein Wunder geschieht und der Zeiger freiwillig auf seine Position zurückkehrt. Um wieviel wichtiger ist mir diese Uhr im Augenblick als das blöde Pflaster auf dem Bauch und das darunter.

Die Angst vor irgendwelchen Infektionen der Wunde stellt sich natürlich als unbegründet heraus, nach meiner laienhaften Einschätzung ist die Wunde auch nicht mehr als eine Schnittwunde, zwar 25 Zentimeter lang ist und durch die ganze Bauchdecke, doch nach zwei bis drei Tagen sollte sie eigentlich schon mehr oder weniger geschlossen sein. Bei den Westernfilmen schneiden sie doch auch den Revolverhelden gleich ein paar Kugeln heraus, und am nächsten Tag sitzen die Typen schon wieder auf dem Pferd. Wäre doch gelacht. Also weiter.

Der nächste Kandidat auf meiner Projektliste ist die sogenannte *Robinson*, eine Bauchsonde zur Entwässerung des Bauchraums. Da habe ich doch so meine Bedenken bezüglich der Rauszieherei. Schlauch aus dem Bauch, Revolverheld!

Man wird wohl wieder in den OP müssen, vielleicht eine leichte Betäubung erhalten. Der Professor sieht sich den Output im Beutel an, in den die Sonde entwässert. Das ist in den letzten Tagen doch eine ganze Menge gewesen, literweise. Der Beutel mit etwa 250 Kubikzentimeter Volumen musste mehrmals täglich entleert werden. Am vierten Tag aber kommt kaum noch rotbraune Flüssigkeit, so dass der Professor meint, man könne die Sonde am Nachmittag ziehen. Ich bereite mich auf die Prozedur vor, also vermutlich eine Operation.

Am Nachmittag kommen zwei blutjunge Schwestern ins Zimmer und sagen ganz schlicht, sie wollten nun die Robinson ziehen. Das kann ja wohl wieder nur einer der üblichen Scherze sein. Aber nein, sie treten mit einigen Tampons an mein Bett heran, legen die Decke zurück, eine der Schwestern drückt leicht auf meinen Bauch, die andere auf die Sonde, die eine sagt *Jetzt!*, die andere zieht kurz, dann kleben sie irgendwo ein Pflaster hin und verlassen den Raum. Auf Wiedersehen. Ich traue mich nicht mehr zu atmen, aus Furcht vor furchtbaren Schmerzen oder sonst was.

Mir ist klar, dass das Ganze klassisch schiefgelaufen sein muss. So einfach kann es nicht gewesen sein, die beiden holen jetzt sicherlich einen Arzt, und der wird mich in den OP bringen. Ich suche mit der rechten Hand ganz vorsichtig nach der Sonde. Sie ist tatsächlich weg. Das Pflaster verdeckt klarerweise den Kanal durch den Bauch. Das ist schier unglaublich. So einfach kann man etwas entfernen, das bis in den Bauchraum gereicht hat. Mir fallen die vielen Bauchschüsse in den Wildwest-Filmen ein und ich verliere mit einem Schlag meinen ganzen Respekt vor den Revolverhelden. Auf meiner Projektliste steht eine Aufgabe weniger.

Zwei Stunden später fühlt es sich unter meiner Bettdecke ganz sonderbar warm an. Ich rolle sie langsam zurück und sehe, dass alles voll Blut ist. Jetzt ist es wohl soweit, das ist nun also eine der verschiedenen möglichen Komplikationen, von denen man stets hört. Blutungen!

Ich drücke den Knopf zum Schwesternkommando.

„Hilfe, Hilfe! Ich verblute!" Eine Schwester kommt mit großem Geschrei angerannt, sie hätte es ja immer schon gesagt, schimpft sie, das ist zu früh, dieser Professor, immer zu früh, nein, sie hat es sich schon gedacht. Ich fühle mich richtig schuldig ständig solche Schwierigkeiten zu machen. Und die Sonde ist ja jetzt auch weg. Aber man könnte sie ja wieder ins Loch hineinstecken, sie wäre ja noch im Mülleimer, rate ich der Schwester.

„Nein, nein, um Gottes willen! Sind Sie wahnsinnig?" Aber Schwesterlein mein, das war doch nur ein Scherz.

Also klebt sie ersatzweise ein Pflaster mit einem Ausgang und einem Nylonsack auf die Wunde. Das Ding muss alle paar Stunden entleert werden, und das geht zwei oder drei Tage lang so. Dann ist der Spuk vorbei und das Pflaster weg, was nicht heißt, dass sich im Bauchraum nicht immer noch eine Menge Wundflüssigkeit befindet, die die Onkologen hin und wieder erzittern lässt, weil sie einen Rückfall befürchten. Was aber nicht der Fall ist. Es wird über ein Jahr dauern, bis dieser *Aszites*, die pathologische Flüssigkeitsbildung vollends versiegt sein wird, was sorgsam durch entsprechende Untersuchungen überwacht wird.

Die Blasensonde ist der nächste Kandidat meines Projekts. Jetzt kann ich mir wenigstens grundsätzlich vorstellen, wie sich ein solches Loch bis in die Blase automatisch schließen wird. Aber die Natur ist ja so was von genial, sie hat vermutlich schon vor Millionen von Jahren damit gerechnet, dass da irgendwer einmal ein Loch in die Bauchdecke machen wird und dass dieses Loch dann nach einiger Zeit mit möglichst wenig Kosten für die Krankenkassen geschlossen werden muss.

Vor dem Ziehen ist von mir allerdings der Restharntest zu bestehen. Zu diesem Zweck muss das Dreiwegventil zum Beutel geschlossen werden. Damit ist endlich wieder einmal der natürliche Ausgang durch die Harnröhre gefordert. Sobald die

Blase voll ist, darf ich auf die Toilette gehen und sie dort entleeren. Dann muss das Ventil sofort wieder geöffnet werden, um die Restharnmenge in der Blase zu kontrollieren. Nach zehn Minuten sehen die Schwestern nach dem Rechten.

Ist wenig Flüssigkeit drinnen – weniger als etwa zehn Kubikzentimeter – dann sind sie begeistert und ich werde gelobt. Den Test muss ich dreimal bestehen und ich bestehe ihn jedesmal mit Bravour.

Die Blasensonde wird dann in ähnlich lässiger Weise gezogen, wie die Robinson, sie ist allerdings etwas komplizierter auf der Bauchdecke vernäht, was die Schwestern den Operateur verfluchen lässt. Als die Naht entfernt ist – ein pieksender Prozess von einigen Minuten mit verschiedenen Nadeln und Scheren, deutlich weniger unangenehm als das Herausziehen eines Dorns aus einem Fuß, aber mit durchaus dramatischer Anmutung –, zieht eines der Mädchen den Schlauch mit einem kleinen Ruck und einem mitfühlenden Begleitlaut ihrerseits heraus. Dann wieder das kleine Pflaster.

Und so geht es weiter. *Projektfortschritt* nenne ich das. Der Narkosespezialist kommt jetzt jeden Tag vorbei und fragt mich nach eventuellen Beschwerden, die ich zum Glück nicht habe. Nach fünf oder sechs Tagen möchte ich Kosten sparen und das PDA-Katheter-Ding entfernen lassen. Das tut er denn auch und zieht die Kanüle wortlos heraus. Auch diese Sache ist nicht nennenswert, der Prozess nicht zu bemerken. Es hat keine Entzündungen oder Ähnliches gegeben. Erleichterung meinerseits.

Der Stapellauf

2. bis 4. November 2004

Etwas später werden sie den Schlauch der Medikamentenzufuhr abziehen und den Ernährungsschlauch abtrennen.

Vorher kommt aber ein ganz feierlicher Akt, denn es wird der Verdauungstrakt auf seine Funktionsfähigkeit getestet. Auf das nämlich, wofür er eigentlich gut sein soll und wofür der ganze Zirkus gemacht worden ist: DAS ESSEN.

Wo ist das Essen!

„Möchten Sie es schon versuchen? Irgendwann müssen wir es probieren." Wir wollen es versuchen, mit Schleimsuppe und anderen Fünf-Sterne-Gerichten der besonderen Art. Welch wunderbaren Geschmack Schleimsuppe doch haben kann! Ganz langsam geht es los. Und dann ein kleines Frühstück. Mit Brot und Marmelade und Tee.

Zwei, eins, null – We have ignition!

Und dann lösen sie die Sicherungsleine, ziehen den Anschluss der künstlichen Ernährung. Nur noch das venöse Portsystem bleibt wo es ist und 2018 ist es immer noch drinnen.

Aberglaube vielleicht.

Nach genau einer Woche frage ich die Ärzte, wann ich denn endlich entlassen würde. Sie schütteln verlegen den Kopf, sprechen von einem Untersuchungsergebnis das noch ausstünde und das man noch abwarten müsse. Ich weiß nicht, dass es sich hier um einen kritischen Befund handelt, der das weitere Wohl und Wehe entscheidend beeinflussen kann. Es handelt sich um die Exzisionsränder, also die Gewebe-, Blutgefäß- und Lymphanschnitte, die der Professor bei der Operation gesetzt hat. Was ist das nun wieder für ein Geheimnis?

Peritonealkarzinose. Er hat schon abgesiedelt. Ich kann Sie nicht mehr operieren ...

Dann aber kommt das Ergebnis und sie schwirren herum wie die Hummeln. Ich kann mir keinen Reim darauf machen. Es ist wie auf dem Oktoberfest. Der Professor hat wieder einmal wie bei vielen anderen seiner Patienten ein reines Ro-Ergebnis produziert. Rest null. Das Zauberwort des Überlebens heißt *Ro*. In keinem der Exzisionsränder hat man Krebszellen gefunden! Es ist kaum zu glauben, denn es ist doch ungeheuer viel herumgeschnitten worden.
Peritonealkarzinose und dann ein solches Ergebnis.

Aber es ist tatsächlich so und damit steigen meine weiteren Überlebenschancen deutlich an. Ich kann mein Glück noch gar nicht fassen, so wie ich nach der Operation nicht glauben konnte, dass kein Roux-Y operiert, sondern der Tumor entfernt wurde und der Magen größtenteils zwar, aber nicht vollständig entfernt wurde, was für die Lebensqualität ungeheure Bedeutung hat.

Und nun noch dieses.

Der Professor kommt zur Visite: „Herr Moldaschl"

Er dringt entschieden auf eine nachfolgende Chemotherapie. Kein Honiglecken wird das werden, wie er sagt, aber wichtig. Viele andere Ärzte würden sich vielleicht in diesem erstaunlichen Erfolg suhlen, nach einem solchen, eher hoffnungslosen Erstbefund – Peritonealkarzinose – doch ein totales Ro erreicht zu haben. Aber nicht er. Er vermittelt mich weiter an die Onkologen der Klinik, um noch sicherer zu sein. Und auch hier bin ich ihm unendlich dankbar und denke an den dicken Anästhesisten und seine waghalsige Schlossfeten-Prognose.

Zwei Tage später, an einem Donnerstag, ist es dann so weit. Die Betreuer sprechen von ‚klarem Durchmarsch' und meinen damit die Geschwindigkeit, mit der alles abgelaufen ist. Sie sprechen auch von einem Vorbild, das ich als Patient abgegeben hätte, was mich sehr freut.

Ich packe mein Zeug zusammen und verlasse die Klinik in Begleitung meiner lieben Frau. Wir gehen an der Sitzbank neben dem Eingang vorbei, wo ich die Bekannte aus dem Konzert getroffen habe, gehen über den Parkplatz. Ein Blick zurück auf die hell beleuchteten Operationssäle, hier das Auto des Professors, der da oben sicherlich schon wieder operiert.

Wir steigen in unser Auto und fahren heim.

Mit den 29 Klammern, die meine Bauchwunde zusammenhalten, sehe ich aus wie eine Leberwurst, aber ich wollte einfach raus. Und mein Hausarzt kann die Klammern nach dem Wochenende genauso gut entfernen. Er wird dies am Montag darauf mit einem Klammeraffen tun, es wird nicht zwicken.

Ich hole mir meinen Hund und gehe mit ihm in der Siedlung spazieren. Er freut sich unbändig. Die Freude überträgt sich auf mich und wir beide sind stolz, als wir an einer Gruppe von Bekannten vorüberziehen, die irritiert und unsicher über uns beide tuscheln: Der lebt ja noch.

Der gute Rat des Professors

November 2004

Auch wenn alles so leicht klingen mag, jede Bewegung ist immer noch eine Strapaze. Wenn ich mich nicht jahrzehntelang so gesund ernährt, nicht geraucht und nicht so viel Bewegung an der frischen Luft gemacht hätte, dann hätte ich andere Blutwerte, andere Lungenwerte, andere Kreislaufwerte gehabt und hätte das Ganze wohl nicht so schnell und gut überstanden.

Der Professor, der zunächst mein Leben gerettet hat, hat mir vor meiner Entlassung aus dem Krankenhaus eingeschärft, möglichst sofort eine umfangreiche Chemotherapie anzuschließen. Er hat bei der Resektion des Magens und der 31 Lymphknoten am Peritoneum nicht alles entfernen können, was unter Umständen vom Krebs befallen sein könnte.

Da blieb auf jeden Fall noch ein unsicherer Lymphknoten am *Truncus Cöliacus*, dem gemeinsamen Anfangsabschnitt von drei Arterien aus der Bauchaorta (*Aorta abdominalis*), einer der wichtigsten Arterien in der Bauchhöhle, von dem man nichts Genaueres weiß, weil er nicht behandelbar war und man deshalb nicht weiß, ob er befallen ist. Und die Wahrscheinlichkeit dafür sei vielleicht 30 Prozent. Weil eben von 31 Lymphknoten 10 befallen waren. Einfache Statistik. Also zwei Patronen in der Trommel.

Der Professor schärft mir und meiner Frau also nochmals mit Nachdruck ein, auf jeden Fall eine Chemotherapie durchzuführen, auch wenn sie noch so unangenehm sein würde und er optimal, also mit Ro, resezieren konnte. Wo er reseziert hatte. Das ist natürlich eine herbe Geschichte, denn ich habe ja schon einen Chemo-Gang hinter mir, der in einer Magenblutung mündete, und meine Erinnerung an dieses Happening ist nicht gerade positiv belegt. Außerdem fühle ich mich noch ziemlich schwach und deshalb nicht gerade optimal aufgestellt für einen solch kulinarischen Ausflug, denn immerhin wird er etwa ein halbes Jahr dauern. Die Autorität dieser Kapazität lässt mich aber keine Sekunde daran zweifeln, dass diese Geschichte über die Bühne gehen muss.

Ich finde mich daher einige Tage nach meiner Entlassung aus der Chirurgie wieder in der Onkologie ein, um mit den Ärzten das weitere Vorgehen zu besprechen. Ein direkter zeitlicher Anschluss an die Operation ist nach meinem Gefühl nicht möglich, weil ich mittlerweile 15 Kilogramm abgenommen habe und zu schwach bin. Aber etwa vier Wochen sollten reichen, um hinreichend Kräfte für den vierten Akt dieser Auseinandersetzung mit dem Sportsfreund zu haben, um irgendwo verbliebenen Krebszellen nicht die Möglichkeit zu geben, sich zu vermehren.

Und so ist es denn auch. Wir vereinbaren eine Auszeit von einem Monat, dann soll es losgehen. Das Venöse Portsystem habe ich ja schon.

Chemotherapie Teil II

Mitte November 2004 bis Mitte April 2005

Eigentlich möchte ich darüber gar nicht so sehr viel schreiben, denn es ist keine schöne Angelegenheit. Und sie dauert immerhin von Mitte November bis Mitte April.

Wir – also die Onkologen und ich – verabreden wie schon beim ersten Versuch, den Mittwoch als Tag der Therapie. Jeden Mittwoch. Es sind 18 Veranstaltungen geplant. Eine habe ich schon absolviert. Bitte nicht vergessen. Also gut, 17.

17 Mittwoche. Einer davon wird ausfallen, mein Vergiftungszustand wird zu stark sein. Es werden also 16 Stufen plus zweimal zwei Wochen Pause sein. 20 eher unerfreuliche Wochen, was eine lange Zeit ist. Aber auch 20 Wochen gehen irgendwann vorbei. Der faktische Ablauf ist letztendlich: sechs Wochen, dann zwei Wochen Pause. Dann fünf Wochen. Dann wieder zwei Wochen Pause. Dann wieder fünf Wochen. Dann ist Schluss.

Die Chemotherapie bringt mich an den negativen Rand des Empfindungsspektrums. Ich könnte nicht sagen, dass etwas schmerzt, denn im Leben gibt es kleine Eingriffe, die viel unangenehmer und schmerzhafter sind, beispielsweise beim Zahnarzt. Aber bei der Chemotherapie merke ich sehr bald, dass sie meinen Körper als Ganzes betrifft, dass sie an die Substanz geht, dass ich durch sie alle Lebenserfahrungen überschreite. Mozart hat ehemals geschrieben, er spüre den Geschmack des Todes auf der Zunge. Er hat sich wohl mit Quecksilber selbst behandelt und ist vielleicht auch daran gestorben. Mit der Chemotherapie spüre ich den Zugriff des Todes in meinem Körper. Ich habe mir das Ziel gesteckt, das andere Ufer zu erreichen. Ich sehe das andere, unbekannte Ufer, die Leute am anderen Ufer, ich will an dieses Ufer. Es ist nur eine Modellvorstellung, aber sind nicht alle unsere Vorstellungen modellhaft. Ist nicht das ganze Leben ein einziges Modell einer für uns unbegreiflichen Wirklichkeit. Wenn ich am Mittwochvormittag ab neun Uhr in der Klinik bin, bringe ich diese Modellvorstellung mit. Da sind jedes Mal die Blutabnahme und die Bestimmung des Leukozytenwertes, der für die Behandlung wichtig ist. Ich warte jedesmal etwa eine Stunde, bis der Wert vorliegt, dann gibt es grünes Licht und es geht los. Die Besprechung mit der Ärztin leitet die Behandlung ein.

Da ist wieder diese Ärztin, jung und nett und freundlich und sie hat wieder so erfreulich wenig Eile. Ich kann ihr die eigenen Wünsche, Sorgen und Ängste erzählen, wie ich mir das alles vorstelle. Wie schon bei der ersten Chemo-Sitzung vor einigen Wochen. Sie gibt mir wieder Ratschläge, wie ich mich bei Übelkeit oder Durchfall verhalten kann. Es gibt verschiedene Medikamente um diese Erscheinungsbilder, so sie denn auftreten, zu mildern.

Die Dosen, in denen sie in einem solchen Fall eingenommen werden müssen, sind beträchtlich. Wie lange kann man das

Ganze ertragen? Das ist eine gute Frage. Wie wird es tatsächlich ablaufen? Das ist die andere.

Nach jedem Einführungsgespräch lege ich mich auf eine Liege im Behandlungsraum. Die Ärztin desinfiziert den Bereich des Portsystems und sticht dann die Portnadel ein. Der Stich ist kaum zu spüren. Dann befestigt sie das Dreiwegeventil und den Infusionsschlauch. Und dann geht es wieder los. Das Mittel läuft tropfenweise in die Vene, das dauert etwa eine halbe Stunde. Dann wird der leere Beutel abgehängt und der Beutel mit der Folinsäure angeschlossen. Dieser gibt seinen Inhalt in 24 Stunden ab und wird am Donnerstag vom Hausarzt entfernt, ebenso die Nadel. Vor dem Weggang aus der Onkologie wird noch eine Atropininjektion verabreicht, um das Zellgift leichter zu ertragen. Gift gegen Gift. Wie sonderbar.

Nach den ersten Sitzungen weiß mein Körper noch nicht so recht, was er mit dem Ganzen anfangen soll. Er sträubt sich noch nicht dagegen. Nach und nach aber ahnt er schon, was ihm da droht und er beginnt sich wie ein Tier schon bei der Anmeldung gegen den geplanten Akt zu sträuben. Schon der Geruch der Abteilung, des Desinfektionsmittels, des Pflasters über der Nadel löst eine unangenehme Stimmung aus, die dann durch das Mittel selbst, durch die Umgebung der Klinik, die Straße, den Lärm, die Sonne oder den Wind, den Parkplatz vor dem Supermarkt, den Hähnchenstand, den Eingang zum Haus, das Zimmer verstärkt wird. Ich werde bereits während der Fahrt nach Hause vorkonditioniert. Der Nachmittag steigert die Wirkung nach und nach, fast unmerklich, aber dennoch bedrohlich. Und doch ist jetzt alles ganz anders. Da ist die Erwartung, die Hoffnung auf das Ende dieser Leiden. Dann beginnt der Himmel auf Erden. Es ist April 2005, ein herrlicher April, der herrlichste April.

Im Mai fahre ich nach Wien, um meine Mutter zu besuchen. Sie nimmt das Ereignis nicht mehr richtig wahr, was da eigentlich so abgelaufen ist, wie nahe ich am Tod war. Sie spricht nur mehr von sich und über sich, nur über ihre eigenen Befindlichkeiten. Wie ich das letztlich auch das ganze Jahr getan habe. Ich bin traurig darüber, so gerne hätte ich ihr etwas erzählt, aber sie will es nicht wissen. Vielleicht hat die Natur auf diese Weise einen Abschied von einem ehemals lieben Menschen eingerichtet.

Ich sehe sie nicht mehr wieder nach dieser Begegnung. Sie stirbt im Februar 2007. Wir sind nur wenige an ihrem Sarg, mein bester Jugendfreund Heinz ist dabei. Meinem Bruder wird vier Tage nach ihrem Tod mit dem Befund eines fortgeschrittenen Bronchialkarzinoms der Boden unter den Füßen weggezogen. Er stirbt im November.

Im Mai bekommt meine Tochter eine ganz süße Tochter und nach zweieinhalb Jahren wieder eine. Der Kontakt zu unserem Sohn entwickelt sich in besonders netter Weise weiter. Für mich, für uns beginnt ein neuer Lebensabschnitt. Mit einer anderen Wahrnehmung der Umgebung, mit einer Verschiebung der Prioritäten, bisweilen allerdings auch mit gelegentlicher Anspannung, weil jede nachfolgende Untersuchung grundsätzlich eine negative Überraschung bereithalten kann, aber zum Glück bisher nicht gebracht hat.

Nach zehn Jahren hat mir die Onkologie eröffnet, dass sie mich nicht mehr braucht und ich mich zur Nachsorge anderswo umsehen soll. Das klingt sehr unfreundlich, ist aber keineswegs so gemeint, denn es gibt für derartige Fälle, sagen sie, keine zuverlässig Statistik und deshalb habe eine Nachsorge wenig Sinn. Man könne damit kaum etwas verbessern. Bis dahin habe ich mich periodisch einer Gastroskopie unterzogen, auch einer Koloskopie. Beide mit negativem Befund.

Mit meiner Onkologin, die mich durch die Chemotherapie begleitet hat, habe ich mich über die Jahre hindurch mehrmals privat getroffen, wir haben uns über verschiedene Dinge unterhalten, über die Familien, über den Sport und die Reisen. Wir haben sogar einmal einen Tag gemeinsam auf der Skipiste verbracht. Meine lieben Schwestern habe ich stets vor Weihnachten in der Klinik besucht, um ihnen kulinarische Kleinigkeiten zu überbringen.

Nach der Operation und der Chemo fahre ich mit Axel 2006 durch Franken, im Mai 2006 nach Cannes, Juni 2007 nach Pisa und Orbetello, Juni 2008 in die Bourgogne, 2009 nach Wien, auch zweimal alleine nach Mailand und dazwischen in Jahresabständen achtmal über den Großglockner.

Der Professor und ich

2004 bis 2018

Der Professor und ich haben uns in der Klinik zu periodischen Nachuntersuchungen getroffen und dabei zunehmend Privates diskutiert. Diese Form von Begegnungen hat sich im Laufe der Zeit vertieft, wir haben uns zahlreiche Mails geschrieben und 2017 beschlossen ein gemeinsames Buch über unsere Erlebnisse und Erfahrungen zu schreiben. Eher nur am Rande über meine Krankheit, sondern über die zahlreichen Missverständnisse, denen Ärzte und Patienten ausgeliefert sind. Sozusagen als Leitfaden für den Umgang miteinander.
Bei dieser Arbeit haben wir private Erlebnisse ausgetauscht in einer Weise, wie ich sie mir in der Klinik niemals vorgestellt hätte, und vieles über einander erfahren.

Ich bin ihm unendlich dankbar und hoffe, dass unsere Ansätze über die Jahre fortdauern können.

Medizinisches Glossar

Abdomen: Bauch, Unterleib. Bereich des Rumpfes zwischen Brustkorb und Becken. Umgangssprachlich auch das Fettpolster vor dem Bauch.

Angst: Ein subjektives, meist negatives Gefühl, das mit der tatsächlich oder vermeintlich erhöhten Wahrscheinlichkeit eines Schadens verbunden ist; sie beschreibt somit eine Empfindungs- und Verhaltenssituation aus Ungewissheit und Anspannung, die infolge einer bereits eingetretenen oder erwarteten Bedrohung (z. B. Schmerz, Verlust, Tod) hervorgerufen wird.

Antrum: Höhle. Hier Antrum pyloricum. Der Pylorus (lat., *Pförtner*) ist die ringförmig angeordnete glatte Muskulatur, die sich zwischen dem Antrum des Magens und dem Zwölffingerdarm (Duodenum) befindet. Der Pylorus ist in Ruhe geschlossen. Er hat die Aufgabe, den Weitertransport des Nahrungsbreis vom Magen in den Darmtrakt zu regulieren. Gelangt Nahrungsbrei in das Antrum des Magens, so erfolgt eine Reizauslösung über den Nervus vagus. Dies löst eine peristaltische Kontraktionswelle aus, wodurch es zu einer kurzzeitigen Öffnung des Pylorus kommt und ein kleiner Anteil des Mageninhaltes in den Zwölffingerdarm gelangt.

Arteria carotis communis: Kopfschlagader. Wegen ihres Verlaufs im Hals wird sie vielfach auch als Halsschlagader bezeichnet. Sie verläuft in der Tiefe der sogenannten Drosselrinne, Speise- und Luftröhre begleitend vom Brusteingang zum Kopf. Im Halsbereich lässt sich ihr Puls ertasten.

Bauchspeicheldrüse (Pankreas): Ein quer im Oberbauch liegendes Drüsenorgan des Menschen und der höheren Tiere. Die von ihr gebildeten Verdauungsenzyme werden über einen oder zwei Ausführungsgänge in den Zwölffingerdarm abgegeben. Sie ist daher einerseits eine exokrine Drüse (exokrin, *nach außen abgebend*). Diese Verdauungsenzyme spalten Eiweiße, Kohlenhydrate und Fette der Nahrung im Darm in ihre Grundbestandteile und zerkleinern sie damit in eine von der Darmschleimhaut aufnehmbare (resorbierbare) Größe. Darüber hinaus werden in der Bauchspeicheldrüse Hormone gebildet, die direkt in das Blut überführt werden. Damit ist sie gleichzeitig auch endokrine Drüse (endokrin, *nach innen abgebend*). Dieser endokrine Anteil des Pankreas besteht aus den Langerhans-Inseln, die vor allem für die Regulation des Blutzuckerspiegels (über die Hormone Insulin und Glucagon) sowie für Verdauungsprozesse verantwortlich sind.

Billroth-Operation: Die Billroth-Operationen sind klassische Verfahren zur Teilresektion des Magens nach Christian Albert Theodor Billroth, * 26. April 1829 in Bergen auf Rügen, † 6. Februar 1894 in Abbazia, Österreich-Ungarn (heute Opatija, Kroatien), war einer der bedeutendsten Chirurgen des 19. Jahrhunderts und wird allgemein als der Begründer der modernen Bauchchirurgie und Pionier der Kehlkopfchirurgie angesehen.

Blähungen (Meteorismus): Übermäßige Luft- oder allgemein Gasansammlung in Magen oder Darm durch Luft oder andere Gase. Beim Essen wird normalerweise immer etwas Luft mitverschluckt. Durch Aufstoßen entweicht die Luft wieder aus dem Magen. Zudem werden im Magen-Darm-Trakt verschiedene Gase gebildet. Darmbakterien produzieren Wasserstoff, Methan und Kohlendioxid, vor allem nach dem Verzehr von Bohnen und Kohl.

Blutbefund: Zahlreiche Blutwerte, die Hinweise auf Krankheiten geben können.

Bluthochdruck: Ein optimaler Blutdruck liegt nach Angaben der Deutschen Hochdruckliga bei 120/80 mmHg. Von Bluthochdruck (*Hypertonie* oder Hypertonus) spricht man, wenn der Druck in den Arterien andauernd auf einen systolischen Wert von über 140 mmHg und einen diastolischen Wert über 90 mmHg gesteigert ist.

CA 19-9: Dieser Tumormarker wird vor allem zur Erkennung und in der Nachsorge des Karzinoms der Bauchspeicheldrüse, der Leber, der Gallenwege oder des Magens verwendet. Es kann auch zur Erkennung und Nachsorge des Dickdarm- oder Eierstockkrebses verwendet werden.

CA 72-4: Tumormarker zur Verlaufskontrolle beim Magenkarzinom und evtl. bei Eierstockkarzinomen. Zur Erstdiagnose oder als Suchtest wenig geeignet.

CEA: Tumormarker; wird vorwiegend zur Verlaufskontrolle des Dickdarm- und Enddarmkarzinoms, des Brustkarzinoms, des Magenkarzinoms und evtl. des Gebärmutterhalskarzinoms eingesetzt. Als Suchtest ist die CEA-Bestimmung wenig geeignet.

Chemotherapie: Medikamentöse Therapie von Krebserkrankungen (*Antineoplastische Chemotherapie*) oder Infektionen (Antiinfektiöse Chemotherapie, auch Antimikrobielle Chemotherapie). Umgangssprachlich ist jedoch meistens die Behandlung von Krebs gemeint. Sie verwendet Substanzen, die ihre schädigende Wirkung möglichst gezielt auf bestimmte krankheitsverursachende Zellen bzw. Mikroorganismen ausüben und diese abtöten oder in ihrem Wachstum hemmen. Hierbei macht man sich bei der Behandlung bakterieller Infektionskrankheiten den unterschiedlichen Aufbau der Zellen von Mensch und Bakterien zu Nutze. Bei der Behandlung bösartiger Tumorerkrankungen wird die schnelle Teilungsfähigkeit der Tumorzellen genutzt, die empfindlicher als gesunde Zellen auf Störungen der Zellteilung reagieren. Auf gesunde Zellen mit ähnlich guter Teilungsfähigkeit üben sie allerdings eine ähnliche Wirkung aus, wodurch Nebenwirkungen wie Haarausfall und Durchfall entstehen können.

Chirurgie: Medizinisches Fachgebiet, das sich mit der Behandlung von Krankheiten und Verletzungen durch direkte manuelle oder instrumentelle Einwirkung auf den Körper des Patienten (= Operation) befasst.

Computer-Tomographie (Abkürzung CT): Eine Art Röntgenuntersuchung. Computergesteuertes Verfahren mit oder ohne Verwendung von Kontrastmitteln, bei dem dreidimensionale Bilder in einzelnen Schichten aufgenommen werden. Kann für detaillierte Untersuchungen sämtlicher Körperregionen u. a. auch des Kopfes verwendet werden.

Diagnose: Zuordnung von Befunden; Erkennung und Benennung einer gesundheitlichen Störung.

Dickdarm- und Mastdarmkrebs: Gehören sowohl beim Mann als auch bei der Frau zu den zweithäufigsten Krebserkrankungen. Meist entsteht Krebs im Darm aus Polypen, die anfangs harmlos sind, sich aber im Laufe der Zeit unter bestimmten Umständen in Krebs umwandeln können. Die endgültige Diagnose wird durch eine Dickdarmspiegelung mit gleichzeitiger Entnahme von Gewebeproben gestellt.

Extrasystole: Herzschlag außerhalb des normalen Herzrhythmus. Dabei kann der Herzrhythmus unbeeinflusst bleiben oder verschoben werden. Extrasystolen entstehen nicht im normalen Schrittmacherzentrum (Sinusknoten), sondern in ektopen Erregungszentren (Ektoper Fokus). Der Betroffene spürt sie oft als Herzstolpern. Extrasystolen treten bei Herzgesunden und Herzkranken auf und kommen v.a. bei Jugendlichen häufiger vor. Sie sind jedoch keine Erkrankung, sondern ein Symptom. Gelegentlich können sie aber auch auf eine bedeutsame Herzerkrankung hinweisen. Kammerflimmern beginnt typischerweise mit einer Extrasystole in der relativen Refraktärzeit (Zeitraum nach Auslösung eines Aktionspotenzials, in dem die auslösende Nervenzelle oder das Aggregat nicht erneut auf einen Reiz reagieren kann).

Fibrinkleber: Physiologischer Zweikomponentenklebstoff biologischen Ursprungs.

Folinsäure: Auch Citrovorum-Faktor (CF), oder Leucovorin (LV), kurz CHO-FH4, ist das 5-Formyl-Derivat der Tetrahydrofolsäure. Zur Anwendung kommen das Calcium-Salz (Calciumfolinat) sowie das Natrium-Salz (Natriumfolinat). Folinsäure wird in synergistischer Kombination mit dem Zytostatikum 5-Fluoruracil (5-FU) in der Chemotherapie zur Behandlung von Dickdarmkrebs und anderen Tumoren verwendet. Folinsäure bindet an das Enzym Thymidylat-Synthase und führt dadurch zur Erniedrigung der intrazellulären Thymidylat-Konzentration, wodurch die zytostatische Wirkung von 5-FU verstärkt wird.

Gastritis: Magenschleimhautentzündung. Kann durch Infektionen mit Bakterien oder Viren, Alkohol oder Medikamente (z. B. Antirheumatika) verursacht werden. Symptome bei akuter Entzündung sind Bauchschmerzen, Völlegefühl, Brechreiz, Übelkeit, Durchfälle. Bei chronischer Entzündung liegen oft keine

Beschwerden vor, es können aber längerfristig Geschwüre (Ulkus), Blutarmut (Vitamin-B12-Mangelanämie) und Magenkrebs als Komplikationen auftreten.

Hb-Wert / Hämoglobinwert: Blutfarbstoff der roten Blutkörperchen. Der Hb-Wert korreliert normalerweise mit der Zahl der roten Blutkörperchen. Bei Männern sollte der Hämoglobinwert bei mindestens 13,5 g/dl liegen, bei Frauen sollte der rote Blutfarbstoff eine Konzentration von 12,0 g/dl nicht unterschreiten.

Hypertonie: Erhöhung eines Drucks oder einer Spannung über die Norm hinaus. Dies kann bei erhöhtem Druck in Blutgefäßen, bei erhöhtem Hirndruck oder bei erhöhtem Spannungszustand der Muskulatur im Rahmen von Erkrankungen des extrapyramidalmotorischen Systems der Fall sein.

Intubation: Einführen eines Schlauches über Mund oder Nase in die Luftröhre zur Sicherung der Durchgängigkeit der Atemwege.

Krebs: Bezeichnung für maligne (bösartige) Tumoren.

Künstliche Ernährung: Ernährung eines Patienten, der nichts essen kann, darf oder will unter Einsatz von medizinischen Hilfsmitteln. Die Gründe hierfür können physische oder psychische Erkrankungen, Operationen oder Alterserscheinungen sein. Bei der künstlichen Ernährung wird eine Wegstrecke der Nahrung von der Aufnahme über den Mund bis zur Aufnahme der Nährstoffe im Darm durch den Organismus ersetzt. Je nachdem welche Wegstrecke ersetzt wird, wird funktionell zwischen *Enteraler* (durch den Darm) und *Parenteraler* Ernährung (unter Umgehung des Magen-Darm-Trakts) unterschieden.

Laparoskopie: Untersuchungsmethode, bei der die Struktur der Bauchhöhle und die darin liegenden Organe mit Stablinsen-Optiken (starren Endoskopen) durch kleine, vom Chirurgen geschaffene Öffnungen in der Bauchdecke sichtbar gemacht werden.

Leberzirrhose: Oberbegriff für chronische Lebererkrankungen; gilt als irreversibel, auch wenn einzelne Berichte über Heilungen existieren. Typischerweise entwickelt sich eine solche Zirrhose über einen Zeitraum von Jahren bis Jahrzehnten, selten finden sich schnellere Verläufe von unter einem Jahr. Fast alle chronischen Lebererkrankungen können im Endstadium zu einer Leberzirrhose führen.

Magenblutung: Blutung im Magen, die sich als Bluterbrechen oder Ausscheiden mit dem Stuhl zeigen kann. Chronische, geringe Sickerblutungen im Magen können auch völlig unbemerkt bleiben. Akute Blutungen mit großem Blutverlust können zu einem Kreislaufschock führen.

Magensäure: Sehr starke Säure (Salzsäure) zur Verdauung der Speisen; macht bestimmte Krankheitskeime aus der Nahrung unschädlich. Die Magenwand ist mit einer Schutzschicht ausgekleidet, die Öffnungen zur Speiseröhre und zum Zwölffingerdarm sind mit Schließmuskeln abgedichtet, damit der Speisebrei in Richtung von der Speiseröhre in den Magen und vom Magen in den Dünn- und Dickdarm fließen kann. Die Magensäure wird in der Magenschleimhaut hauptsächlich in der Nacht produziert und dort auch gespeichert. Tagsüber wird sie nach Bedarf aus den Speichern in den Magen abgegeben. Die Freisetzung hängt von vielen verschiedenen Faktoren ab. Besonders viel Säure wird bei reichhaltigem Essen freigesetzt, aber auch durch Stress.

Metastase: Hypothetisch definierte Absiedelung einzelner Zellen eines bösartigen Tumors oder eines Infektionsherdes in entferntem Gewebe.

Neoadjuvante Chemotherapie: präoperative Chemotherapie zur Verkleinerung des Tumors und zum Erreichen der angestrebten RoResektion.

Onkologie: Teilgebiet der Medizin, das sich mit der Diagnose und Behandlung von Tumoren befasst.

Operation: Chirurgischer Eingriff in den menschlichen Organismus.

Pankreaskarzinom: ein schnell wachsender Tumor der Bauchspeicheldrüse. Kennzeichnend für eine bereits fortgeschrittene Tumorerkrankung ist Gelbsucht. Bauchspeicheldrüsenkrebs ist das Ergebnis krankhafter, bösartiger Veränderungen der Zellen in der Bauchspeicheldrüse. Betroffen von der Erkrankung sind vorwiegend Menschen zwischen dem 60. und 80. Lebensjahr, Männer häufiger als Frauen. In letzter Zeit finden sich allerdings gehäuft jüngere Patienten schon im dritten Lebensjahrzehnt.

Peridural-Anästhesie: Die Periduralanästhesie (PDA) gehört zur Gruppe der rückenmarksnahen Anästhesieformen. Durch Betäubung der aus dem Rückenmark austretenden Nervenwurzeln, die alle durch den Periduralraum ziehen, schaltet sie Schmerzen in den Beinen, im Bauchraum oder im Bereich des Brustkorbes aus.

Peritoneum: Bauchfell.

Portsystem: Subkutaner, dauerhafter Zugang zum venösen oder arteriellen Blutkreislauf oder in die Bauchhöhle. Besteht aus einem Topf mit Silikonmembran sowie einem angeschlossenen

Schlauch, der eine Version eines zentralvenösen Zugangs ist und dessen Ende kurz vor dem rechten Vorhof des Herzens liegt. Der Topf kann entweder aus Kunststoff, kunststoffummanteltem Titan oder Keramik bestehen. Das venöse Portsystem wird im Rahmen eines operativen Eingriffs implantiert.

Protonenpumpenhemmer (*Magenschutz*): Arzneistoffe, welche die Bildung von Magensäure über die Hemmung der $H+/K+$-ATPase – der sogenannten Protonenpumpe – in den Belegzellen des Magens unterdrücken. Sie sind in der Humanmedizin angezeigt zur Behandlung der Refluxösophagitis, von Magen- und Zwölffingerdarmgeschwüren und in der Eradikationstherapie von Infektionen mit Helicobacter pylori. Eine weitere Indikation einiger Protonenpumpenhemmer ist das Zollinger-Ellison-Syndrom.

Psyche: Ist die Seele, als Gegensatz um Leib. Unter Psyche wird ein Wirklichkeitsphänomen bezeichnet, das Lebewesen zu bewusstseinsfähigen Lebewesen macht, also umgangssprachlich etwas, das dem Unterbewusstsein gleichgesetzt wird.

Schlaganfall: Eine plötzlich auftretende Erkrankung des Gehirns, die zu einem anhaltenden Ausfall von Funktionen des Zentralen Nervensystems führen kann; wird durch einen akuten Mangel der Blut- und Sauerstoffversorgung des Gehirns verursacht.

Sievert: 1 Sv = Einheit der Strahlungsäquivalentdosis. 1 Sv = 1 Joule/kg Materie. Die Dosis von 1 Sievert setzt also in 1 kg Materie (z. B. Gewebe) die Energie von 1 Joule frei. Die Strahlenexposition des Menschen durch Abgabe radioaktiver Stoffe in Luft oder Wasser beim Betrieb von kerntechnischen Anlagen und beim Umgang mit Strahlung und radioaktiven Stoffen wird durch die Strahlenschutzverordnung mit streng limitierenden Werten geregelt. Der den Schutz der Bevölkerung und der Umwelt regelnde Paragraph der Strahlenschutzverordnung legt folgende Dosisgrenzwerte als Folge der Ableitung radioaktiver Stoffe mit Luft oder Wasser fest: 0,3 mSv/ Jahr für Keimdrüsen, Gebärmutter, rotes Knochenmark; alle anderen Organe 0,9 mSv/Jahr; Knochenoberfläche, Haut 1,8 mSv/Jahr. Eine CT-Aufnahme ist mit einer signifikanten Strahlungsbelastung verbunden, die um ein Vielfaches über den oben genannten, sehr niedrigen Werten liegt, die für die allgemeine Bevölkerung festgelegt wurden. Ihr sollte daher eine Belastungs-Nutzen-Betrachtung vorausgehen.

Staging: Stadieneinteilung. Diagnostisches Vorgehen der Onkologie im Anschluss an die Diagnose eines bösartigen Tumors. Feststellung des Ausbreitungsgrades als Basis zur Entscheidung einer Therapie. Dazu gibt es verschiedene Ansätze. Solide Tumoren werden normalerweise nach dem TNM-System klassifiziert. Dabei steht T für *Tumor* (dessen lokale Ausbreitung), N für *Nodes* (Lymphknotenbefall) und M für *Metastasen* (Tochtergeschwulste außerhalb des primär betroffenen Organs).

Stenose: Verengung beispielsweise von Blutgefäßen. Stenosen können auch im Darmlumen, Wirbelkanal (als Cauda-equina-Syndrom), an Harnleitern, in den Gallengängen und anderen Hohlorganen vorkommen.

Stent: Medizinisches Implantat, das in Gefäße oder Hohlorgane eingebracht wird, um diese offen zu halten. Es handelt sich um ein kleines Gittergerüst in Röhrchenform aus Metall oder Kunststoff.

Tumormarker: Eiweißstoffe oder andere biologische Substanzen im Blut oder anderen Körperflüssigkeiten, deren erhöhte

Konzentration auf einen Tumor oder das Rezidiv eines solchen hinweisen können.

Ultraschall: Jener Schall mit Frequenzbereich zwischen 20 kHz und 1 GHz, also oberhalb der menschlichen Hörschwelle. Schall mit noch höherer Frequenz wird als Hyperschall, Schall mit einem Frequenzbereich kleiner als 20 Hz, also unterhalb der für Menschen hörbaren Schallfrequenz als Infraschall bezeichnet. Mittels Ultraschall lassen sich lokale Gewebeverdichtungen, also beispielsweise Geschwüre, entdecken.

Ultraschalldiagnostik: Ein bildgebendes, nichtinvasives Verfahren der inneren Medizin, Gynäkologie und Gewebeuntersuchung: Ein Sende-Empfangs-Kopf wird langsam über die Haut geführt, die zuvor mit einem speziellen Gel zur Kontaktverbesserung zwischen diesem Ultraschall-Kopf und der Haut eingerieben wurde. Die in der Gewebestruktur entstehenden Interferenzen zwischen den einlaufenden und reflektierten Ultraschallwellen werden mittels Computer in Bilder umgesetzt. Das Verfahren ist mittlerweile in der medizinischen Diagnostik etabliert und wird technisch laufend weiterentwickelt.

Vorsorge: Sorge um die Zukunft; der Versuch, Erscheinungen schon im Vorfeld, also in der Entstehungsphase, zu entdecken und dagegen etwas zu unternehmen, um weiteren, größeren Schaden zu vermeiden oder diesen zu minimieren. Bestimmte, altersabhängige Untersuchungen zur Krebsvorsorge werden in Deutschland von den Krankenkassen bezahlt.

Zwölffingerdarmgeschwür: Tiefreichende Schädigung der Wand des Zwölffingerdarms; häufigste Ursache ist eine übermäßige Absonderung (Hypersekretion) von Magensaft.